中华人民共和国史研究文库

编刊余墨：当代中国史研究

李正华 主编

当代中国出版社
Contemporary China Publishing House
2020年·北京

图书在版编目(CIP)数据

编刊余墨：当代中国史研究 / 李正华主编 . -- 北京：当代中国出版社，2020.8
ISBN 978-7-5154-1040-1

Ⅰ . ①编… Ⅱ . ①李… Ⅲ . ①中国历史—现代史—文集 Ⅳ . ① K270.7-53

中国版本图书馆 CIP 数据核字（2020）第 132108 号

出 版 人 曹宏举
责任编辑 聂文聪 吴 婕
责任校对 康 莹
印刷监制 刘艳平
封面设计 胡椒书衣
出版发行 当代中国出版社
地 址 北京市地安门西大街旌勇里 8 号
网 址 http://www.ddzg.net 邮箱：ddzgcbs@sina.com
邮政编码 100009
编 辑 部 （010）66572264 66572154 66572132 66572180
市 场 部 （010）66572281 66572161 66572157 83221785
印 刷 北京润田金辉印刷有限公司
开 本 720 毫米 × 1020 毫米 1/16
印 张 20.5 印张 2 插页 304 千字
版 次 2020 年 8 月第 1 版
印 次 2020 年 8 月第 1 次印刷
定 价 62.00 元

《中华人民共和国史研究文库》

编辑委员会

《中华人民共和国史研究文库》

总　序

历史研究是一切社会科学的基础，重视历史、研究历史、借鉴历史是中华民族5000多年文明史的优秀文化传统。中国共产党继承了这一优秀文化传统，积极倡导学习历史、研究历史，尤其是学习中共党史、中华人民共和国史（或简称“新中国史”）、改革开放史和社会主义发展史。习近平总书记指出：“重视历史、研究历史、借鉴历史，可以给人类带来很多了解昨天、把握今天、开创明天的智慧。”

党的历史、新中国的历史，是中国共产党为中国人民谋幸福、为中华民族谋复兴的奋斗史，是我们党、国家和民族的宝贵精神财富。中华人民共和国的成立，开启了中华民族发展进步的历史新纪元。从那时起，即有学者开始对中华人民共和国史进行研究。1956年6月，黄炎培在一届全国人大三次会议上提出，应“及时收集和保存建国史料”，并“加以整理”。

党的十一届三中全会后，伴随党的思想路线的重新确立和对中华人民共和国正反两方面历史经验的深刻总结，新中国史研究逐渐引起党和国家以及学术界的高度关注。经过多年的艰辛探索与开拓创新，新中国史研究取得了众多学术成果，成为中国历史研究中一个最年轻的学科。

党的十八大以来，以习近平同志为核心的党中央高度重视历史，特别是党史和新中国史。习近平总书记强调："历史是最好的教科书。""学习党史、国史，是坚持和发展中国特色社会主义、把党和国家各项事业继续推向前进的必修课。这门功课不仅必修，而且必须修好。"在开展"不忘初心、牢记使命"的主题教育中，党中央专门印发通知，要求各地区各部门各单位把学习党史、新中国史作为主题教育重要内容，不断增强守初心、担使命的思想自觉和行动自觉。

当代中国研究所于 1990 年 6 月 28 日经中共中央批准成立，研究和编纂中华人民共和国史、收集和编辑国史资料、出版国史研究著作，是当代所的主要职责，也是当代所人的崇高使命。当代中国研究所成立 30 年来，撰写并经中央审定出版了《中华人民共和国史稿》序卷和一至四卷，目前正在撰写五至七卷；编纂出版了每卷 100 万字的《中华人民共和国史编年》，该书为集资料性、研究性和学术性为一体的大型编年史书。在此期间，当代中国研究所和其主管的当代中国出版社，还参与组织编辑出版了 152 卷、210 册、总计 1 亿字的大型史料性丛书——《当代中国》丛书；与中国大百科全书出版社合作编写了《中华人民共和国国史百科全书》。为迎接新中国成立 70 周年，受中央委托，当代中国研究所组织编写出版了《新中国 70 年》《中华人民共和国简史（1949—2019）》《新中国社会主义发展道路 70 年》等新中国史基本著作和六卷本《中华人民共和国史研究丛书》。此外，为了普及国史知识和消除历史虚无主义的影响，还编写出版了大众读物《中华人民共和国史小丛书》，并计划到2022年出版80种，向党的二十大献礼。上述图书均在国内外产生了重要影响，树立了新中国史研究的学术标杆，成为全国干部群众学习新中国史的基础性教材。

今天，我们已经进入中国特色社会主义新时代，正在向着社会主义现代化强国迈进，并日益走近世界舞台的中心，为整个人类社会做出越来越大的贡献。新中国的发展不是一帆风顺的，在探索建设社会主义的过程中，中国共产党遇到许多困难，也遭遇不少挫折。一些别有用心的人抓住新中国史上的曲折失误不放并夸大渲染，使一些领域成为历史虚无主义的重灾区。当代中国正经历着我国历史上最为广泛、深刻而急剧的社会变革，也正进行着人类历史上最为宏大而独特的实践创新。习近平总书记指出："当代中国是历史中国的延续和发展。新时代坚持和发展中国特色社会主义，更加需要系统研究中国历史和文化，更加需要深刻把握人类发展历史规律，在对历史的深入思考中汲取智慧、走向未来。"

历经30年不懈努力，当代中国研究所已经成为以马克思主义为指导、具有一流学术水平、汇聚一流科研人才的国史研究基地。30年来，当代所人始终以为国家写史、为人民立传为己任，牢记党和人民重托，真实记录中国共产党带领全国人民进行社会主义革命、建设和改革的光辉历程，全面反映中华民族从站起来、富起来到强起来的历史性进步，科学总结新中国每个历史阶段各方面建设的经验教训。

今年是当代中国研究所的"而立之年"，为进一步落实中央赋予当代中国研究所"存史、资政、育人、护国"的神圣职责，当代中国研究所决定设立《中华人民共和国史研究文库》（以下简称《文库》），为当代中国研究所以及国内外从事新中国史研究的专家学者提供一个发表学术成果的平台。入选本《文库》的标准为：以毛泽东思想、邓小平理论、“三个代表”重要思想、科学发展观和习近平新时代中国特色社会主义思想为指导，坚持辩证唯物主义和历史唯物主义的立场、观点、方法，坚持实事求是、论从史出的原则，书写和记录中国共产党领导中国人民进行社会主义和新中国建设与发展的理论创新和伟大实践，总结历史经验。《文库》的目标是打造一个能够充分展示中华人民共和国史研究成果，发挥经世致用、资政育人功能的高端权威学术平台。

“装点此关山，今朝更好看。”伴随着新中国前进的步伐，中华人民共和国史研究空间广阔，任重道远。我们希望中华人民共和国史研究工作者继承优良传统，以高度的历史自觉和历史意识、宽广的历史视野和唯物史观、强烈的文化自信和历史担当，总结历史经验，揭示历史规律，把握历史趋势，服务当代，垂鉴后世，承先启后，继往开来。当代中国研究所作为党中央赋予职能、中国社会科学院直接领导的专门研究中华人民共和国史的科研机构，有责任努力构建中华人民共和国史的学科体系、学术体系、话语体系，打造史学研究的中国学派。这一目标的实现，不仅有赖于所内全体人员的不懈奋斗，也需要所外各个方面的支持和参与。本《文库》就是这样一个服务于上述目标的开放的、持久的学术成果前沿阵地，我们期待所内外的学者写出无愧于时代和人民的历史著作并列入本《文库》，在存史、资政、育人、护国工作中做出更大贡献。

姜　辉

2020 年 5 月 22 日

目　录

史学理论

政治史

经济史

文化史

社会史

前 言

2015年8月23日，习近平主席在致第二十二届国际历史科学大会的贺信中指出：“历史研究是一切社会科学的基础，承担着‘究天人之际，通古今之变’的使命。”“今天世界遇到的很多事情可以在历史上找到影子，历史上发生的很多事情也可以作为今天的镜鉴。”“重视历史、研究历史、借鉴历史，可以给人类带来很多了解昨天、把握今天、开创明天的智慧。”①2019年1月3日，习近平致信祝贺中国社会科学院中国历史研究院成立，他在贺信中指出：“历史是一面镜子，鉴古知今，学史明智。重视历史、研究历史、借鉴历史是中华民族5000多年文明史的一个优良传统。当代中国是历史中国的延续和发展。新时代坚持和发展中国特色社会主义，更加需要系统研究中国历史和文化，更加需要深刻把握人类发展历史规律，在对历史的深入思考中汲取智慧、走向未来。”②

中华人民共和国史研究是一门新兴学科。虽然自1949年以来伴随着中华人民共和国的成立和发展对它的研究就同步展开了，但中华人

---

① 《习近平致第二十二届国际历史科学大会的贺信》，《人民日报》2015年8月24日。

② 《习近平致信中国社会科学院中国历史研究院成立》，《人民日报》2019年1月4日。

民共和国史不是作为中国现代史的延伸而是作为一门独立的学科出现，则是改革开放以来的事情。1978年初，时任中国社会科学院院长的胡乔木首次郑重提出中华人民共和国史研究的问题，邓小平深表赞成并给予了有力的支持；1979年，叶剑英在庆祝中华人民共和国成立30周年大会上的讲话中对新中国的历史作了初步总结；1981年6月，中共十一届六中全会通过《关于建国以来党的若干历史问题的决议》以后，系统地总结新中国成立以来历史经验的条件臻于成熟，中华人民共和国史的研究全面展开。于是就有了1982年底《当代中国》大型丛书工程的全面启动，于是就有了1990年和1992年当代中国研究所和中华人民共和国国史学会的相继成立，于是就有了1994年我国第一种专业国史学术杂志——《当代中国史研究》的诞生。

孔子曰："吾十有五而志于学，三十而立。"30年前，党中央批准成立了专门编纂研究中华人民共和国史的机构——当代中国研究所。30年来，当代中国研究所认真贯彻中央要求，"总结历史，说明现在，探索规律，启示未来"，继承发扬中华民族修史治史的优良传统，牢牢把握正确的政治方向，始终坚持以科研为中心，坚持学术研究与理论宣传相结合、多出成果与多出人才相结合，扎实开展重大国史问题研究，精心组织国史研究学术交流，推出了一批在史学界有较大反响的学术成果。在纪念建所30周年之际，国史研究取得了丰硕成果，当代中国研究所国史研究工作呈现空前的繁荣，奉献了一批地方史、行业史的研究成果，其中既有系统叙述新中国成立以来历史过程的专史著作，又有就国史中某一事件、某一人物、某一领域、某一思潮开展的专题研究，更有数量浩繁的学术论文和各种档案资料、大事记、国史普及读物等。特别是编纂出版的国史史书《中华人民共和国史稿》《新中国70年》《中华人民共和国简史》《中华人民共和国史研究丛书》等，国史工具书《中华人民共和国史编年》《中华人民共和国国史百科全书》《中华人民共和国年鉴》等，国史教育普及读物《新中国国史教育干部读本》《新中国国史教育学生读本》《新中国国史教育士兵读本》等，以及参与组织编辑出版的150多卷大型史料性丛书《当代中国》，为中华人民共和国写史立传、为更好地发挥国史研究资政育人的作用作出了积极贡献。

1994年，由当代中国研究所主办、陈云题写刊名的中华人民共和国史研究领域唯一的专业性学术期刊——《当代中国史研究》创刊。创刊26年来，《当代中国史研究》始终坚持以马克思主义历史唯物主义为指导，服务于党和国家工作大局，不断增强理论性、学术性、客观性、针对性和权威性；编发的文章忠实记录和反映新中国成立以来各个时期的伟大实践，实事求是地总结曲折和失误中的沉痛教训，为新时期的改革、开放、发展提供了历史借鉴，很好地起到了以史鉴今、资政育人的作用；刊发的论文注重把握历史学期刊的特点，有历史感和学术厚度，同时注重把握当代中国史暨中华人民共和国史的主流和本质，通过对历史背景、历史条件、历史过程的客观分析，充分反映新中国取得的辉煌成就和宝贵经验，推出了一批具有较高学术水平和较大学术影响的原创性代表作，产生了重要的学术影响和社会影响。《当代中国史研究》在本学科中发挥了引领和导向作用，是中国社会科学院“学术名刊建设工程”重点建设项目，是国家社科基金资助期刊，已成为本学科的权威期刊，为中国当代史研究的学术创新和人才培养作出了积极贡献，深得学术界好评。

在打造国史学术阵地的同时，《当代中国史研究》注重培育特色作者队伍、优秀编辑队伍。在当代中国研究所的支持下，在文章优质优酬的前提下，扶植有特色的作者群，努力培育学派。坚持与当代中国研究所的各研究室、研究中心及其他相关学术机构合作，坚持每年举办两次有影响力的专题学术研讨会，同时开展不定期的学术研讨活动。围绕国史研究中的重大理论问题和热点、焦点问题，组织院内外、国内外专家进行深度交流与对话，广泛接触中国当代史研究领域的学者，密切同老作者的联系，积极结交新作者，努力扩大刊物的稿源和影响，加速国史学科研究成果的传播和利用，不断提升刊物的学术水平和影响力，对推动国史学科的发展发挥了重要作用。《当代中国史研究》每年都制订科学、系统、规范的培训计划，定期组织编辑参加相关业务培训，不断提高编辑队伍的思想政治素质、职业道德素质和业务素质，注重培养好的学风，尊重学术、尊重作者的辛勤劳动，通过编辑的努力，使刊物真正体现学术研究的科学态度和精神，真正实现一流质量和一流学风的统一；积极创造条件，鼓励并倡导编辑参加学术活动，及时了解学科的前沿状况及发展动向，编研结合，使编辑逐渐成长为业务精通、学有专长的学者型编辑；注重加强编辑的职业自律教育，提高编辑责任意识与法律意识、精品意识与问题意识、竞争意识与创新意识，促进整体编辑业务水平的提高。经过 20 多年的努力，《当代中国史研究》形成了一支政治强、业务精、素质高的编辑队伍。

在《当代中国史研究》创刊 10 周年之际，我们从创刊以来所发表的近千篇文献中精选了 70 余篇汇编成辑奉献给读者，这 70 余篇文献未必篇篇都是精品，但具有一定的代表性，几乎覆盖了国史研究的方方面面，从一定程度上反映出当代中国史研究的全貌。今天，我们再次向大家奉上 20 多年来我们的编辑在“为他人做嫁衣裳”的同时，在自己分管的国史研究领域中辛勤耕耘取得的部分成果，以此作为《当代中国史研究》编辑部全体同仁献给当代中国研究所建所30周年的一份生日礼物。

浩瀚而宝贵的历史知识既是人类总结昨天的记录，又是人类把握今天、创造明天的向导。一部人类文明史，就是人类不断在以往历史的基础上有所发现、有所发明、有所创造、有所前进的历史。中华民族历来就有治史、学史、用史的传统。我们党在领导革命、建设和改革的过程中，一贯重视对历史经验的借鉴和运用。在新形势下，我们要更加重视学习历史知识，更加注重用中国历史特别是中国革命史来教育党员、干部和人民。党的十八大向全党发出了学习党史、国史的号召，习近平总书记在主持中共中央政治局第七次集体学习讲话时又进一步指出："历史是最好的教科书。学习党史、国史，是坚持和发展中国特色社会主义、把党和国家各项事业继续推向前进的必修课。这门功课不仅必修，而且必须修好。"[①] 正因为这样，我们需要不断总结党史、国史，去总结成功经验，去吸取挫折教训，去不断地从中找到坚毅前行的伟大力量。这是我们国史编研人员义不容辞的责任。

习近平指出："长期以来，在党的领导下，我国史学界人才辈出、成果丰硕，为党和国家事业发展作出了积极贡献。希望我国广大历史研究工作者继承优良传统，整合中国历史、世界历史、考古等方面研究力量，着力提高研究水平和创新能力，推动相关历史学科融合发展，总结历史经验，揭示历史规律，把握历史趋势，加快构建中国特色历史学学科体系、学术体系、话语体系。"[②] 习近平希望广大历史研究工

① 《习近平在中共中央政治局第七次集体学习时强调：在对历史的深入思考中更好走向未来，交出发展中国特色社会主义合格答卷》，《人民日报》2013年6月26日。

② 《习近平致信中国社会科学院中国历史研究院成立》，《人民日报》2019年1月4日。

作者，"坚持历史唯物主义立场、观点、方法，立足中国、放眼世界，立时代之潮头，通古今之变化，发思想之先声，推出一批有思想穿透力的精品力作，培养一批学贯中西的历史学家，充分发挥知古鉴今、资政育人作用，为推动中国历史研究发展、加强中国史学研究国际交流合作作出贡献"[①]。

我们编研国史，必须把深入理解国情、切实解决中国问题作为立足点。要坚持以辩证唯物主义和历史唯物主义为指导，不断提高对共产党执政规律、社会主义建设规律和人类社会发展规律的认识水平，不断提高自觉运用这三个规律的能力，更好地促进社会主义物质文明、政治文明、精神文明、社会文明、生态文明协调发展；要通过学习历史知识，深入了解党的基本理论、基本路线、基本纲领和基本经验产生的历史背景和实践基础，进一步增强贯彻党和国家大政方针的主动性和自觉性；要十分珍惜我国在革命、建设和改革的长期实践中积累的宝贵经验，也要认真研究和借鉴其他国家历史发展提供的经验教训，站在世界文明发展的历史高度，进一步认清当今世界风云变幻的规律和趋势，进一步认清我国的基本国情和发展大势，更好地掌握3加快我国发展的主动权。

习近平总书记的指示对我们国史编研具有很强的指导性和针对性，切实增强了我们做好国史研究的责任感和使命感，我们愿同广大国史研究工作者一道，坚持正确政治方向，办好我们的刊物，团结凝聚国史研究英才潜心治学、研以致用，不断提升国史研究水平，刊发更多更好的国史研究成果，深刻认识社会主义中国的曲折探索、历史进步和光明前途，为中华民族伟大复兴作出应有贡献。

---

① 《习近平致信中国社会科学院中国历史研究院成立》，《人民日报》2019年1月4日。

史学理论

毛泽东的唯物主义历史观与指导历史研究的实践

郑　珺

毛泽东与中国史学结下了不解之缘。他对中国历史的熟悉，得心应手运用之妙，对史学理论贡献之大，都是世所罕见的。渊博的历史知识、敏锐的历史洞察力，使他成为站在时代前列有雄才大略的伟人。毛泽东既是伟大的马克思主义者、无产阶级革命家、战略家和理论家，同时也是卓越的历史学家。从他身上，我们可以看到尊重历史、学习历史的重要性。恩格斯说过：对马克思主义者来说“历史就是我们的一切，我们比任何一个哲学学派，甚至比黑格尔，都更重视历史”①。毛泽东正是这样的马克思主义者，他的科学历史观，是毛泽东思想不可分割的部分与基石。他的史学理论对引导中国走出近代历史低谷起了重大作用。

一、唯物主义历史观是毛泽东历史认识的基本观念

毛泽东的历史观继承了马克思主义的唯物史观，并成为其史学思想的理论基础。毛泽东的历史观最主要的内容是他对历史发展前进方向的坚定信念。他认为共产主义的思想体系和社会制度，是自有人类历史以来最完全最进步最革命最合理的思想体系和社会制度。坚信人类历史发

---

① 《马克思恩格斯全集》第 1 卷，人民出版社 1956 年版，第 650 页。

展的前途是共产主义，体现了他明确的历史观念。

早在中国共产党建党之前的1921年上半年，毛泽东在给蔡和森的一封信中，就非常明确地指出："唯物史观是吾党哲学的根据。"[①] 这被视为毛泽东正式确立唯物史观的标志。1949年9月，毛泽东为抨击美国国务院白皮书和美国国务卿艾奇逊提出的一系列错误的历史观，在《唯心历史观的破产》一文中，旗帜鲜明地宣告："我们是反对历史唯心论的历史唯物论者。"[②] 同年11月，毛泽东阅读了吴晗撰写的《朱元璋传》后，写信给吴晗："在方法问题上，先生似尚未完全接受历史唯物主义作为观察历史的方法论。倘若先生于这方面加力用一番功夫，将来成就不可限量。"[③]1955年3月，毛泽东在中国共产党全国代表会议上发表谈话，进一步向全党提出："我们要作出计划，组成这么一支强大的理论队伍，有几百万人读马克思主义的理论基础，即辩证唯物论和历史唯物论，反对各种唯心论和机械唯物论。"[④] 从毛泽东的这些论述中可以看出，毛泽东是以马克思主义的唯物史观作为中国共产党人的历史观，并号召人们将其用于历史研究和历史学习之中的。

毛泽东的唯物主义历史观主要体现在以下几个方面：

（一）阶级斗争史观

毛泽东从接受唯物史观开始，就接受了阶级斗争的观点。他说："记得我在一九二〇年，第一次看了考茨基著的《阶级斗争》，陈望道翻译的《共产党宣言》，和一个英国人作的《社会主义史》，我才知道人类自有史以来就有阶级斗争，阶级斗争是社会发展的原动力，初步地得到认识问题的方法论。可是这些书上，并没有中国的湖南、湖北，也没有中国的蒋介石和陈独秀。我只取了它四个字：'阶级斗争'，老老实实地来开始研究实际的阶级斗争。"[⑤] 从此，毛泽东在中国社会实际中用阶级斗争的

---

① 《毛泽东书信选集》，中央文献出版社2003年版，第11页。

② 《毛泽东选集》第4卷，人民出版社1991年版，第1515页。

③ 张贻玖：《毛泽东读史》，当代中国出版社2005年版，第171页。

④ 《毛泽东选集》第5卷，人民出版社1977年版，第144页。

⑤ 《毛泽东文集》第2卷，人民出版社1993年版，第378—379页。

理论和方法研究和分析社会现象，看出了中国历史和中国社会中一系列阶级存在和阶级斗争存在的现象，由此提出并制定了一系列推进中国革命的重大原则和方略。毛泽东运用阶级斗争史观分析问题最精彩之笔是对20世纪30年代中国社会的历史背景和现状做了分析。他在《中国革命和中国共产党》中写道：经历了3000年左右的中国封建社会内部，由于商品经济的发展，已经孕育着资本主义的萌芽，如果没有外国资本主义的入侵，中国也将缓慢地发展到资本主义社会。外国资本主义的入侵，一方面破坏了中国自给自足的自然经济的基础，破坏了手工业，另一方面又促进了城乡商品经济的发展。但是，帝国主义者的入侵，绝不是要把封建的中国变成资本主义的中国，而是使中国逐渐变成了半殖民地和半封建社会，"帝国主义和中华民族的矛盾，封建主义和人民大众的矛盾，这些就是近代中国社会的主要矛盾。……伟大的近代和现代的中国革命，是在这些基本矛盾的基础上发生和发展起来的"[①]。正是在对中国社会的历史背景和现状作出上述科学分析的基础上，毛泽东正确地确定了新民主主义革命的对象、任务、动力和性质，指明了新民主主义革命的前途。这是毛泽东运用马克思主义的历史观，分析历史和现状，解决中国革命中的根本问题的一个光辉范例。

毛泽东强调在研究历史时，必须以阶级分析的方法为主要武器，通过对人们经济地位的考察来区分社会阶级的分野并认识他们的政治态度。他从现实的革命斗争形势出发，根据新民主主义革命各个阶段的任务和特点对各个阶级进行了分析，将封建时代的人们划分为不同阶级，这就十分有利于确定主要矛盾和次要矛盾。这些在马克思主义的书本上是读不到的，它是马克思主义与中国革命实际相结合的结果，也是毛泽东将马克思主义辩证唯物主义的方法论应用于历史研究的最为明显的体现。而且在毛泽东的影响下，在中国史学界也确立了这一方法论。

（二）人民史观

中国史学源远流长，向有"三千年史乘"之美谈，数千年中优秀史

---

① 《毛泽东选集》第2卷，人民出版社1991年版，第631页。

家代有人出，然而由于时代与阶级的局限、生产和科学发展的制约，以往的历史记载在不同程度上存在偏见甚至歪曲。封建统治者的“正史”多是帝王将相的历史，而社会的主体——人民则被排除在外。历代农民起义的领袖大多被污蔑为“贼、匪、寇、盗”。

人民是创造世界历史的动力，这是唯物史观的根本观点，是毛泽东的历史观的根本着眼点。[①] 毛泽东在他的史学研究中，贯彻了唯物主义路线，他对中国近代社会矛盾、性质的分析以及解决中国革命的任务、目标、对象、动力等一系列问题，都闪耀着唯物史观的光辉。他与其他马克思主义史学家一道，恢复了“历史是人民群众创造的”[②] 历史本来面目。他反复指出：“人民，只有人民，才是创造世界历史的动力。”[③] 在《论联合政府》中，毛泽东说：“我们共产党人区别于其他任何政党的又一个显著的标志，就是和最广大的人民群众取得最密切的联系。全心全意地为人民服务，一刻也不脱离群众；一切从人民的利益出发，而不是从个人或小集团的利益出发；向人民负责和向党的领导机关负责的一致性；这些就是我们的出发点。”[④] 毛泽东进一步指出要“依靠人民，坚决地相信人民群众的创造力是无穷无尽的”[⑤]，把人民群众正确地看作是社会实践的主体，也就是承认群众是认识活动的主体，由此出发，毛泽东制定的新民主主义的政治纲领、经济纲领、文化纲领，以及提出的建立人民民主专政的国家，建设社会主义的四个现代化等论述，都是以人民的利益为依归的。

（三）民族史观

毛泽东通过中华民族史的宏观研究，揭示了中国的历史也是走着人类社会发展的共同道路，中华民族是一个刻苦耐劳、富有革命传统的民族，从而奠定了爱国主义、共产主义的深厚思想基础。

---

① 张海鹏：《试论毛泽东的历史观》，《中央党史研究》2004 年第 5 期。

② 毛泽东：《看了〈逼上梁山〉以后写给延安平剧院的信》，《人民日报》1967 年 5 月 2 日。

③ 《毛泽东选集》第 3 卷，人民出版社 1991 年版，第 1031 页。

④ 《建国以来毛泽东文稿》第 11 册，中央文献出版社 1996 年版，第 1094 页。

⑤ 同上书，第 1096 页。

毛泽东在社会发展史与中华民族史的研究中，认清了历史发展规律与趋势，论证了马克思社会形态更替论的科学性，明确指出中国的历史也是走着人类社会发展的共同道路："中华民族的发展（这里说的主要地是汉族的发展），和世界上别的许多民族同样，曾经经过了若干万年的无阶级的原始公社的生活。而从原始公社崩溃，社会生活转入阶级生活那个时代开始，经过奴隶社会、封建社会，直到现在，已有了大约四千年之久。"[①] 毛泽东还指出我们民族在漫长的历史发展中的优点，"我们中国是世界上最大的国家之一"，"中国是一个由多数民族结合而成的拥有广大人口的国家"，"在中华民族的开化史上，有素称发达的农业和手工业，有许多伟大的思想家、科学家、发明家、政治家、军事家、文学家和艺术家，有丰富的文化典籍。……中国是世界文明发达最早的国家之一，中国已有将近四千年有文字可考的历史"。[②] 他对中国古代文明史的正确阐述，无疑是对民族虚无主义最好的批判，其深远意义还在于对中国现代化建设的启示与激励。通过对祖国历史的研究，毛泽东不仅自己确立起民族自信心，而且不断向人们宣传，指出"我们中华民族有同自己的敌人血战到底的气概，有在自力更生的基础上光复旧物的决心，有自立于世界民族之林的能力"[③]。毛泽东的这种民族自豪感，不是盲目的陶醉，而是建立在对民族发展史深刻认识基础上的坚强信心。他寄望于未来，着眼于当前，十分冷静地指出："我们必须尊重自己的历史，决不能割断历史。但是这种尊重，是给历史以一定的科学的地位，是尊重历史的辩证法的发展，而不是颂古非今，不是赞扬任何封建的毒素。"[④] "对于中国古代文化，同样，既不是一概排斥，也不是盲目搬用，而是批判地接收它，以利于推进中国的新文化。"[⑤] 毛泽东的坚定信念来自对历史发展规律的深刻理解。他对中华民族的正确认识，有利于提高民族自信心。

---

① 《毛泽东选集》第 2 卷，人民出版社 1991 年版，第 622 页。

② 同上书，第 622—623 页。

③ 《毛泽东选集》第 1 卷，人民出版社 1991 年版，第 161 页。

④ 《毛泽东选集》第 2 卷，人民出版社 1991 年版，第 708 页。

⑤ 《毛泽东选集》第 3 卷，人民出版社 1991 年版，第 1083 页。

二、毛泽东对我国史学研究的杰出贡献

毛泽东虽然一生没有写过大部头的史学专著，但是他终身酷爱史学，是一位历史知识渊博、历史见识卓越的理论家。他具有深厚的史学素养，在平时的讲话、诗文、闲谈中，对历史人物、成语、典故、传说等的引用，可以说是信手拈来，且恰到好处。毛泽东以唯物主义历史观为指导，对我国的史学研究作出了杰出的贡献。

（一）关于历史学的社会功能

历史学的社会功能是什么？这是每个学习历史的人必然提出的第一个问题，也是每个史学工作者必须回答的一个基本问题。毛泽东在 1956 年 8 月 24 日同音乐工作者谈话时说："向古人学习是为了现在的活人，向外国人学习是为了今天的中国人。"[①]1964 年 9 月 27 日，他在一个批示中更明确地说："古为今用，洋为中用。"[②]毛泽东对史学目的的这一高度概括，表达了史学的价值取向。概括地说，史学的最终目的就是要把历史经验变为现实财富，史学最大的社会价值就体现在这里。

毛泽东的"古为今用，洋为中用"包括三个方面的内容：一是强调历史是一个连续不断的发展过程，历史的连续性、继承性构成了各个历史阶段的基本联系，历史研究者要用发展的观点考查历史，不能割断历史；二是认为历史研究者应当把研究对象放到一定的历史范围来考察；三是强调历史发展都是一个相互联系的过程，要用全面的、联系的观点来考察历史，研究历史要有宽广的视野，要放到国内外大背景下进行，不能孤立地、片面地看问题，这种历史观对新中国史学的发展产生了深远影响。

（二）关于历史学的研究方法

毛泽东将马克思主义研究问题的方法概括为"实事求是"。列宁曾把

① 《毛泽东文集》第 7 卷，人民出版社 1999 年版，第 82 页。
② 《建国以来毛泽东文稿》第 11 册，中央文献出版社 1996 年版，第 172 页。

马克思主义研究历史的方法总结为："即把历史当作一个十分复杂的矛盾、但毕竟有规律的统一过程来研究。"[①] 毛泽东则把实事求是概括为我们党思想路线的核心内容，共产党人世界观、方法论的基石，指出，"'实事'就是客观存在着的一切事物，'是'就是客观事物的内部联系，即规律性，'求'就是我们去研究"。[②] 在社会主义建设时期，毛泽东一再教育全党，要继续保持和发扬实事求是的优良传统和作风，他不仅写了《论十大关系》《关于正确处理人民内部矛盾的问题》等系统论述坚持实事求是原则的著作，而且在许多讲话和文件中都强调实事求是。实事求是是毛泽东思想的精髓，也是毛泽东方法论的根本点，同时也是对马克思主义历史科学方法论的重大贡献。

毛泽东在与党内各种错误倾向，特别是在反对"左"的教条主义的斗争中，反复强调要学习和了解中国的社会实际和历史实际。他指出："指导一个伟大的革命运动的政党，如果没有革命的理论，没有历史知识，没有对于实际运动的深刻的了解，要取得胜利是不可能的。"又说："学习我们的历史遗产，用马克思主义的方法给以批判的总结，是我们学习的另一任务。我们这个民族有数千年的历史，有它的特点，有它的许多珍贵品。……今天的中国是历史的中国的一个发展；我们是马克思主义的历史主义者，我们不应当割断历史。从孔夫子到孙中山，我们应当给以总结，承继这一份珍贵的遗产。这对于指导当前伟大的运动，是有重要的帮助的。"[③] 这就从理论与实践结合上，从历史和现实的关系上，从指导革命斗争的高度上，强调了尊重历史、学习历史、正确地对待历史的重要性。正是在毛泽东的倡导之下，以马克思列宁主义为指导研究中国历史，特别是研究中国近百年历史的工作才有了明显的开展，而且出现了一些开创性的研究成果。

毛泽东在历史研究中采用了分析与综合相结合的方法。毛泽东指出，应摒弃历史唯心主义的方法，运用历史唯物主义的方法，由部门到综合的科学方法。他主张"详细地占有材料，加以科学的分析和综合的研

---

① 《列宁全集》第 21 卷，人民出版社 1999 年版，第 39 页。

② 《毛泽东选集》第 3 卷，人民出版社 1991 年版，第 801 页。

③ 《毛泽东选集》第 2 卷，人民出版社 1991 年版，第 533 页。

究”，[①] 并在《改造我们的学习》一文中提议：“对于近百年的中国史，应聚集人材，分工合作地去做，克服无组织的状态。应先作经济史、政治史、军事史、文化史几个部门的分析的研究，然后才有可能作综合的研究。”[②] 分析和综合是辩证思维的一个基本方法。毛泽东提倡在分门别类研究的基础上，运用分析与综合的方法研究中国近代史，是对中国古往今来一切历史研究方法的继承、发展和超越。

（三）十分重视史学对指导革命实践活动的重要意义

毛泽东高度重视历史具有的启示意义和借鉴意义。这是因为，第一，现实是历史的延续。毛泽东说：“今天的中国是历史的中国的一个发展。”[③] 人类是带着历史烙印走入现实社会的，又将带着现实的烙印走向未来。毛泽东在对历史、现实和未来内在联系的把握上，一再强调“不能割断历史”。割断历史，就不可能了解现实社会的来龙去脉；而只要学习历史，就可以扩展我们的思维空间，可以对现实社会产生更深刻的认识，从而使我们的行为更符合实际，更有成效。所以，毛泽东说，我们“不但要懂得中国的今天，还要懂得中国的昨天和前天”[④]。第二，历史是一座智慧宝库，它蕴藏着人类几千年的生产实践、管理实践以及政治、军事实践积累下来的极丰富的经验教训。毛泽东说：“我们这个民族有数千年的历史，有它的特点，有它的许多珍贵品。……从孔夫子到孙中山，我们应当给以总结，继承这一份珍贵的遗产。”[⑤] 毛泽东本人堪称继承历史遗产的典范。在战争年代，他经常引用古代的战例来说明军事问题，如以“围魏救赵”的故事说明在抗日游击战中在根据地外围钳制敌人的必要性，以鲁齐长勺之战说明敌疲我打的方针，以楚汉成皋之战、新汉昆阳之战、袁曹官渡之战、吴蜀彝陵之战、秦晋淝水之战等说明在敌强我弱的条件

---

① 《毛泽东选集》第 3 卷，人民出版社 1991 年版，第 799 页。

② 同上书，第 802 页。

③ 《毛泽东选集》第 2 卷，人民出版社 1991 年版，第 534 页。

④ 《毛泽东选集》第 3 卷，人民出版社 1991 年版，第 801 页。

⑤ 《毛泽东选集》第 2 卷，人民出版社 1991 年版，第 534 页。

下后发制人的意义。[①]第三，历史是励己育人的教材。1967年，毛泽东在一封信中，向人推荐《战国策》中《触龙说赵太后》这篇文章，并说“如果我们不注意严格要求我们的子女，他们也会变质，可能搞资本主义复辟，无产阶级的财产和权利就会被资产阶级夺回去”[②]。毛泽东正是从阅读史书中注意吸取历史经验教训，作为指导革命运动的借鉴。

（四）如何借鉴历史文化遗产

毛泽东另一个重要理论贡献和历史贡献，就是科学、辩证地对待和处理历史文化遗产的问题。怎样对待历史文化遗产，或者说怎样对待传统文化，这是自清末“西学东渐”以来，特别是自五四运动以来，中国思想理论界和学术文化界所面临的一个重要理论问题和现实问题。“新学”与“旧学”之争、“西学”与“中学”之争、“全盘西化”与“本位文化”之争，长期辩难，争论不休，各执一说，莫衷一是。自幼对传统文化，即“中学”和“旧学”有过深厚修养，对“西学”和“新学”也多方涉猎，又受过新文化运动和五四运动洗礼，成为坚定的马克思列宁主义者和中国共产党最杰出领导者的毛泽东，在这个重要的历史和现实问题上，在思想文化和意识形态领域的这个重大问题上，以他的高瞻远瞩和真知灼见，用辩证唯物主义和历史唯物主义的观点和方法，阐明了基本原则和科学态度。

自五四以来，在我国历史科学战线上，关于如何对待中国古代文化遗产的问题，存在着盲目崇古和对古代文化完全否定两种错误倾向。针对这两种错误倾向，毛泽东指出：“我们必须尊重历史，绝不能割断历史，但是这种尊重是给历史以一定的科学的地位，是尊重历史的辩证法的发展。”[③]1960年12月，毛泽东在对两个外国代表团的谈话中说：“中国几千年的文化，主要是封建时代的文化，但并不全是封建主义的东西，有人民的东西，有反封建的东西。要把封建主义的东西和非封建主义的东西区别开来。……应当批判地利用封建主义的文化，而不能不批判地

① 易孟醇：《毛泽东的历史观论纲》，《光明日报》2003年12月9日。

② 张贻玖：《毛泽东读史》，当代中国出版社2005年版，第146页。

③ 《毛泽东选集》第1卷，人民出版社1991年版，第668页。

加以利用。”[①] 这种尊重历史辩证法的发展，就是“剔除其封建性的糟粕，吸收其民族性的精华”，这是发展民族新文化、提高民族自信心的必要条件。

毛泽东认识到西方的物质文明和精神文明对于指导中国革命和建设的重要性和必要性，指出：“中国应该大量吸收外国的进步文化，作为自己文化食粮的原料，这种工作过去还做得很不够。这不但是当前的社会主义文化和新民主主义文化，还有外国的古代文化，例如各资本主义国家启蒙时代的文化，凡属我们今天用得着的东西，都应该吸收。”[②] 又说：“我们还要多多吸收外国的新鲜东西，不但要吸收他们的进步道理，而且要吸收他们的新鲜用语。”[③] 但这种吸收“决不能生吞活剥地毫无批判地吸收”[④]，应去粗取精、去伪存真。毛泽东在对待人类创造的一切文明财富的态度上，采取了“大量吸收”的博大胸怀，他是站在全人类文明的历史高度，来看待世界历史上一切文明成果包括资本主义世界的优秀成果的。他理直气壮地要求中国人吸收、继承、发展人类的一切文明成果，这是一种实事求是的历史唯物主义和辩证唯物主义的态度。

毛泽东在史学研究与革命实践中，坚持与发展了唯物史观，这是对马克思主义理论的一个重要贡献，也是在更高层次上对历史科学的贡献。毛泽东反复强调，要“学习我们的历史遗产，用马克思主义的方法给以批判的总结”，他善于把中国当今社会放在历史长河中进行观察，从历史中得到启迪，从发展中探索规律，把握机遇，指导实践，使古老的历史与时代精神相沟通，与改造中国、建设中国的新的历史创造的实践相联结。

三、毛泽东对新中国历史学的指导推动了中国马克思主义史学主导地位的确立

中国历史学的起源可以从远古的传说说起，有了历史学，才使中国

① 《毛泽东文集》第 8 卷，人民出版社 1999 年版，第 225 页。
② 《毛泽东选集》第 1 卷，人民出版社 1991 年版，第 667 页。
③ 《毛泽东选集》第 2 卷，人民出版社 1991 年版，第 794 页。
④ 《毛泽东选集》第 1 卷，人民出版社 1991 年版，第 667 页。

古代灿烂的文明得以延续下来。中华人民共和国的成立揭开了中国历史发展的新篇章。毛泽东一向重视史学工作，他对新中国历史学的指导推动了中国马克思主义史学主导地位的确立。

（一）编审学习马列主义理论的必读书籍

新中国成立初期，在中国共产党的号召下，全国掀起了学习马克思主义理论的高潮。正如毛泽东指出的："事变是发展得这样快，以至使很多人感到突然，感到要重新学习。"[①] 为了帮助广大干部、群众和知识分子学习马克思主义理论，1949 年 2 月，毛泽东亲自编审了一套干部必读书目，其中包括《共产党宣言》《社会主义从空想到科学的发展》等 12 种。[②] 这套书成为新中国成立初期广大干部、群众和知识分子学习马列主义理论的必读书籍，对于广大史学工作者"用科学的历史观点，研究和解释历史、经济、政治、文化及国际事务"[③] 大有裨益。

（二）"双百方针"的提出与史学界"五朵金花"的争鸣

中国古代史分期问题是郭沫若、范文澜等史学家以马克思主义社会发展理论探讨中国历史涉及的重要问题。早在 20 世纪三四十年代，史学界就出现了以郭沫若为代表的西周奴隶社会说和以吕振羽、翦伯赞为代表的自周封建论的分歧。50 年代初，中国古代史分期问题又起争论，郭沫若和范文澜的分歧和争鸣引起了中央有关部门的注意，1953 年时任中宣部历史问题委员会主任的陈伯达向毛泽东请示工作方针时，毛泽东就指示要"百家争鸣"，因此史学界贯彻和执行"百家争鸣"的方针远远早于其他部门。1956 年 4 月 28 日，毛泽东在中共中央政治局扩大会议上的总结讲话中明确提出："艺术问题上的百花齐放，学术问题上的百家争鸣，我看应该成为我们的方针。"[④]1957 年 3 月 12 日，毛泽东又进一步强调，"百花齐放，百家争鸣，这是一个基本性的同时也是长期性的方针"，

---

① 《毛泽东选集》第 4 卷，人民出版社 1991 年版，第 1472 页。

② 桂遵义：《马克思主义史学在中国》，山东人民出版社 1992 年版，第 480 页。

③ 《建国以来重要文献选编》第 1 册，中央文献出版社 1992 年版，第 11 页。

④ 《毛泽东文集》第 7 卷，人民出版社 1999 年版，第 54 页。

“这个方针不但是使科学和艺术发展的好方法，而且推而广之，也是我们进行一切工作的好方法。这个方法可以使我们少犯错误”。[①]在“双百方针”的指引下，历史学界围绕中国古代史分期问题、中国封建土地所有制形式问题、资本主义萌芽问题、中国封建社会农民战争问题、汉民族形成问题等史学基本理论问题展开了争鸣，可以说，20世纪50年代我国史学界围绕若干重大问题的讨论，极大地推动了中国马克思主义史学的全面发展，从而最终确立了马克思主义史学的主导地位。

（三）知识分子思想改造运动以及对胡适思想的批判

新中国成立之初开展了马克思主义思想教育运动，这场运动是在以毛泽东为首的中共中央指导下展开的，对史学界产生了极其重要的影响。

正如杨荣国所说：“就我们历史工作者来说……通过一系列的运动与学习，大家都有了极大的进步，立场、观点和方法都初步地改变过来，初步地以工人阶级的立场、唯物的观点和辩证的方法来讲授和撰著历史了。”[②]原来从事实证研究的一些史学家开始认真地检查和反思自己多年习惯的考据研究方法。如陈垣、吕思勉、吴晗等史学家都接受毛泽东的建议，进一步学习历史唯物主义的基本原理，思想认识有了很大的提高。[③]

1955年全面开展的对胡适反动思想的批判运动，是毛泽东亲自发动的一场对广大知识分子进行广泛深入的思想教育运动。中国科学院历史学者和全国高等院校的绝大多数史学家都参加了这场运动，使广大史学家的思想认识得到了进一步的提高。虽然在今天看来，这些运动存在一定历史和时代局限性，但从总体上看，这次运动对广大知识分子清除旧的思想的影响、树立马克思主义的世界观和人生观产生了积极作用，一批非马克思主义史学家在这次运动中逐步掌握了马克思主义的理论和研究历史的方法，这就使新中国的历史研究逐步确立了马克思主义的指导地位。

---

① 《毛泽东文集》第7卷，人民出版社1999年版，第278—279页。

② 杨荣国：《史学工作者的进步》，《历史教学》1952年第10期。

③ 张剑平：《新中国史学五十年》，学苑出版社2003年版，第49页。

（四）指导《中国通史简编》的写作

在毛泽东故居的书房中有一套《中国通史简编》，书中留下了他读过后所作的各种读书标记。这本书的作者是范文澜，新中国成立后，范文澜从事中国近现代史研究，写出了许多有影响的著作。范文澜走上通史研究的道路，毛泽东起了决定性的作用。1939 年，范文澜到延安后，组织上交给他编写一本十几万字中国通史以作为干部学习文化之用的任务。从此，编撰一部符合新时代的要求、具有科学性内容的中国通史便成为范文澜长期致力的目标。当时正值抗击日寇侵略的战争年代，中国共产党的中心任务是组织和指挥这场轰轰烈烈的民族解放战争，而能将各级干部学习中国历史与如此紧迫的民族解放战争相联系，并且提到日程上来，则显然是毛泽东的远见卓识。毛泽东正是在这一时期，在党的重要会议上和他所撰写的重要文章中，一再突出地论述学习历史、了解中国国情是指导当前伟大运动的重要任务之一，也是培养爱国精神、增强民族自信心的必要条件这一精辟的思想。[①]《中国通史简编》的编写工作始终受到毛泽东的重视、支持和关怀。当范文澜就这部书的写法请示毛泽东时，毛泽东曾答复他：用“夹叙夹议”的写作方法比较好。后来这部书就是按照毛泽东的意见写的。[②]范文澜作为我国杰出的史学家，在 30 年治学生涯中，以研治中国历史作为毕生的学术取向，特别是把近代史研究作为治学的一个重点之形成，确立以唯物史观原理与中国历史实际相结合为毕生治史的指导思想，倡导和模范地实行百家争鸣的方针，都是受到了毛泽东的巨大影响。[③]

在毛泽东的关注下，新中国成立前后我国的史学工作者积极开展研究，中国通史的编修出现了一个繁荣的局面，如吕振羽的《简明中国通史》、翦伯赞的《中国史纲要》、郭沫若的《中国史稿》、范文澜主编的十卷本《中国通史》，等等。这些著作把考古成果与历史文献紧密结合，开创了史学研究的新局面。

---

① 陈其泰：《范文澜与毛泽东：学术的关联和风格的共鸣》，《当代中国史研究》2001 年第 2 期。

② 张贻玖：《毛泽东读史》，当代中国出版社 2005 年版，第 158 页。

③ 陈其泰：《范文澜与毛泽东：学术的关联和风格的共鸣》，《当代中国史研究》2001 年第 2 期。

综上所述，毛泽东一生酷爱史学且历史知识渊博，对历史学的社会功能有着极为深刻的认识，他对历史学理论有着深刻的理解，并运用马克思主义唯物史观对中国历史进行深入分析研究，得出了许多科学论断。在毛泽东的指导下，我国的史学工作者以唯物史观为指导，并遵循一切从实际出发的原则，将马克思主义原理与我国的历史实际相结合，在史学研究领域取得了许多突破性的研究成果，马克思主义史学开始成为中国史坛的主流。毛泽东对史学理论的阐述和对中国历史的研究，极大地丰富、发展了马克思主义史学理论，从理论与实践的结合上给人以深刻的启示，为我们提供了发挥史学社会功能的范例，对我国的历史研究产生了重大影响。对毛泽东的史学思想进行回顾与总结，将有助于推进我国史学走向一个新的发展阶段。

［原载《湖南科技大学学报（社会科学版）》2007 年第 1 期］

国史学理论问题研究述评

郑　珺

中华人民共和国史（以下简称“国史”）是指 1949 年中华人民共和国成立后的历史。国史是改革开放后逐渐形成的一门新兴学科，也是整个史学领域中最年轻、最有活力和最有发展前途的学科之一。国史研究随着我国历史本身的发展而不断发展，国史研究的重要性也被越来越多的史学工作者所承认。

一、近年来关于国史学理论问题的研究状况

中共十一届三中全会以后，随着实事求是思想路线的深入贯彻、学术环境的日益宽松和国史资料的大量披露、出版，国史研究越来越受到学术界的关注和重视。据不完全统计，近 30 年来出版的国史通史、专著、工具书有百余种，涉及国史的文选、传记、年谱、大事记、回忆录、论文、资料汇编更是不计其数，这些都表明国史已经逐渐成为一门显学。历史研究的目的在于揭示历史的真相，然而如果不重视历史学的理论建设，终究难以促进自身研究水平的提高，对于历史经验的总结，归根到底应以理性的思考为首要，因此探讨国史学的理论问题显得尤为重要。遗憾的是，截至 2007 年，系统研究国史学理论问题的专著尚未问世。

国史学作为一门历史学科，要走向成熟，既要有历史过程的深入研究，也必须有研究的理论和方法以及为研究提供基础的文献史料和总结

研究成果的史学史，这样才能构成一个完整的学科体系。20世纪90年代以前，学术界系统论述国史学理论问题的文章很少见到，90年代中期开始，国史学理论研究取得了相当的进展。十余年来，从总体上探讨国史研究状况的有：李力安的《当代史研究的理论思考、政治思考和现实思考》[①]和《努力开创国史研究工作的新局面》[②]，朱佳木的《国史研究的现状与前景》[③]和《加强国史研究，为建设有中国特色的社会主义服务》[④]，程中原的《中华人民共和国史研究的回顾和前瞻》[⑤]，商翔的《加强中华人民共和国史的研究》[⑥]，杨亲华的《中华人民共和国史研究述评》[⑦]，杨凤城的《中华人民共和国史研究：概况与评价》[⑧]等；专门探讨国史理论问题的有：朱佳木的《史学理论建设三题》[⑨]，于文善的《中华人民共和国史学若干理论问题研究述评》[⑩]，张世飞的《进一步加强国史学历史理论的研究》[⑪]和《关于国史学理论的若干思考》[⑫]等；论述国史研究方法的有张启华的《研究国史的几个方法问题》[⑬]和《运用矛盾法则研究中华人民共和国史——兼谈对国史中几个问题的看法》[⑭]，邹兆辰的《国史研究理论与方法的思考》[⑮]，关海庭的《关于国史研究方法论的几个问题》[⑯]等；讨论国史分

① 李力安：《当代史研究的理论思考、政治思考和现实思考》，《当代中国史研究》1999年第1期。

② 李力安：《努力开创国史研究工作的新局面》，《当代中国史研究》2000年第4期。

③ 朱佳木：《国史研究的现状与前景》，《教学与研究》2002年第1期。

④ 朱佳木：《加强国史研究，为建设有中国特色的社会主义服务》，《当代中国史研究》2001年第4期。

⑤ 程中原：《中华人民共和国史研究的回顾和前瞻》，《当代中国史研究》2004年第5期。

⑥ 商翔：《加强中华人民共和国史的研究》，《当代中国史研究》1994年第3期。

⑦ 杨亲华：《中华人民共和国史研究述评》，《党史研究与教学》1994年第5期。

⑧ 杨凤城：《中华人民共和国史研究：概况与评价》，《教学与研究》1999年第10期。

⑨ 朱佳木：《史学理论建设三题》，《中国社会科学院研究生院学报》2005年第6期。

⑩ 于文善：《中华人民共和国史学若干理论问题研究述评》，《高校社科信息》2004年第6期。

⑪ 张世飞：《进一步加强国史学历史理论的研究》，《甘肃社会科学》2007年第3期。

⑫ 张世飞：《关于国史学理论的若干思考》，《求索》2007年第5期。

⑬ 张启华：《研究国史的几个方法问题》，《当代中国史研究》1995年第3期。

⑭ 张启华：《运用矛盾法则研究中华人民共和国史——兼谈对国史中几个问题的看法》，《高校理论战线》1996年第11、12期。

⑮ 邹兆辰：《国史研究理论与方法的思考》，《当代中国史研究》2001年第3期。

⑯ 关海庭：《关于国史研究方法论的几个问题》，《当代中国史研究》2001年第3期。

期的有：葛仁钧的《论新中国的历史分期》[①]，刘国新等的《改革开放新时期历史阶段划分的探讨》[②]，胡安全的《论新时期国史的分期》[③]，张世飞的《关于新时期历史阶段划分的几点思考》[④]；探讨国史学学科建设的有：朱佳木的《当代史研究与学科建设的几个问题》[⑤]，李彦宏的《中华人民共和国史学科体系的几个问题》[⑥]，耿化敏的《学术视角下的当代中国史研究》[⑦]，等等。这些文章是新时期国史学理论研究的学术总结，为国史学的学科发展作出了有益的探索。2001 年 4 月《当代中国史研究》编辑部召开了"国史研究的理论与方法"学术座谈会，这次座谈会深入讨论了国史研究的对象、方法、国史与新中国成立后党史的区别等问题，对促进国史学理论与方法的研究产生了重要影响。

国史学理论研究问题包含两方面的内容，即国史学学科建设中的史学理论问题和国史领域内一些重大问题的理论探讨和争鸣，本文囿于篇幅只着重探讨第一方面的内容。

二、国史学理论研究中的几个重要问题

（一）国史研究的指导思想

开展国史研究，首要的问题就是要解决好国史研究的指导思想问题。国史研究是一门政治性和意识形态性都很强的历史分支学科，指导思想不同，历史观不同，即使是对于同一个历史事实也会得出不同甚至完全相反的结论。指导思想和历史观错了，得出的结论肯定是错误的。因此，坚持马克思主义的唯物史观，还是坚持资产阶级的唯心史观，是国史研究中最根本的问题。

列宁说过，"马克思的历史唯物主义是科学思想中的最大成果"[⑧]，"是

① 葛仁钧：《论新中国的历史分期》，《当代中国史研究》1996 年第 4 期。

② 刘国新等：《改革开放新时期历史阶段划分的探讨》，《北京党史研究》1998 年第 3 期。

③ 胡安全：《论新时期国史的分期》，《当代中国史研究》2004 年第 2 期。

④ 张世飞：《关于新时期历史阶段划分的几点思考》，《当代中国史研究》2004 年第 2 期。

⑤ 朱佳木：《当代史研究与学科建设的几个问题》，《中国特色社会主义研究》2003 年第 5 期。

⑥ 李彦宏：《中华人民共和国史学科体系的几个问题》，《历史教学》1997 年第 9 期。

⑦ 耿化敏：《学术视角下的当代中国史研究》，《教学与研究》2006 年第 7 期。

⑧《列宁选集》第 2 卷，人民出版社 1995 年版，第 311 页。

唯一科学的历史观"[①]，因此，唯物史观是我们从事史学工作的根本指导思想。一直以来，中共中央反复强调要从对马克思主义错误的教条式的理解中解放出来，不能拘泥于马克思主义经典作家的某些个别论断，要根据新的情况不断发展马克思主义。中国社会科学院副院长兼当代中国研究所所长朱佳木明确指出，开展国史研究"应当坚持用发展了的马克思主义和历史唯物主义作指导"，没有发展就没有生命力，"在国史研究中不应当脱离马克思主义的指导"[②]。但是近年来随着共产主义运动进入低潮，马克思主义特别是历史唯物主义的指导地位受到越来越多的质疑和攻击。2001年，有学者提出，"从当代社会和社会发展水平来看，唯物史观确实存在着相当多而且是严重的理论缺陷"，"今后如果还以这种唯物史观做指导，可以断定这种马克思主义史学便决难继续保持我国史学主流的地位"，这些都表露了这些学者为马克思主义历史科学前途担忧的迫切心情，但由此认为，唯物史观主张的社会存在决定社会意识、生产力决定生产关系、经济基础决定上层建筑"这些最基本原理存在着严重的理论缺陷"，而应由这些学者提出的"唯物辩证的以实践为基础的系统史观"[③]来代替，这一系列论说令人难以信服，由此史学界围绕着唯物史观进行了一系列理论争鸣。

吴英、庞卓恒撰文指出："蒋文（指蒋大椿——编者注）所指的唯物史观'最基本原理存在着严重的理论缺陷'，实际上并不是马克思、恩格斯创立的唯物史观基本原理的缺陷，而是后人对唯物史观的误释或曲解造成的问题；而蒋文对那些理论缺陷的纠正，不但未使我们更接近于真理，反而增加了更多的困惑。"[④]马捷莎[⑤]、陈先达[⑥]、王也扬[⑦]等都就唯物史

---

① 《列宁选集》第1卷，人民出版社1995年版，第10页。

② 朱佳木：《国史研究的现状与前景》，《教学与研究》2002年第1期。

③ 蒋大椿：《当代中国史学思潮与马克思主义历史观的发展》，《历史研究》2001年第4期。

④ 吴英、庞卓恒：《弘扬唯物史观的科学理性——与蒋大椿先生商榷》，《历史研究》2002年第1期。

⑤ 马捷莎：《"超越"还是"回复"——与〈当代中国史学思潮与马克思主义历史观的发展〉一文商榷》，《社会科学辑刊》2002年第4期。

⑥ 陈先达：《论唯物主义历史观的本质与当代价值》，《高校理论战线》2002年第5期。

⑦ 王也扬：《关于唯物史观流行理论的几个问题——兼评〈历史研究〉近期发表的两篇文章》，《社会科学战线》2002年第6期。

观的基本原理提出了各自的看法，这场争论使史学界更加明确了必须坚持以历史唯物主义为指导这一思想。为了应对唯心主义的挑战，众多专家、学者不断重申唯物史观的指导地位，如朱佳木指出“要不要坚持历史唯物主义的指导地位，这对于史学尤其是当代史研究来说，不仅仅是一个政治方向问题，而且是一个关乎自身学科建设的大问题”①；“在社会主义社会，让马克思主义占据指导地位，把马克思主义占指导地位的意识形态作为主流意识形态，完全符合人类普遍的社会规律”，“在指导思想上只能是一元的，绝不能搞多元化”；②田居俭认为“唯物史观是唯一科学的历史观”“唯物史观永远引导历史研究接近客观真理”③；庞卓恒认为“唯物史观是我们迄今所知的最具科学性的历史观”④；等等。

中共十六届六中全会正是通过把唯物史观的基本原理与当前中国社会的实际问题相结合，作出了关于构建社会主义和谐社会的重大决策；同时，全会要求加强马克思主义理论的研究和建设，在意识形态领域中坚持马克思主义的指导地位，在史学等哲学社会科学研究中坚持以马克思主义为指导。国史研究是历史学的分支学科，如果不以历史唯物主义的观点为指导，不以毛泽东思想、邓小平理论、“三个代表”重要思想作为衡量判断是非功过的标准，就不能透过表面现象揭示历史的本质，也就不可能从大量纷繁复杂的事物中厘清历史发展的脉络，因此，国史研究应当坚持以历史唯物主义为指导，应该把学习和掌握历史唯物主义的基本观点作为首要任务，并勇于和善于进行理论创新，不断丰富和发展历史唯物主义的理论。

（二）国史研究的主线

把握历史研究的主线，不仅能够了解历史本身，知道历史事件之间的联系，而且能够深刻地理解各种重大事件出现的历史原因及相互之间的内在联系。早在1994年，杨亲华就对国史研究的主线作出了归纳，他

---

① 朱佳木：《关于当代中国当代史学科建设的几个问题》，《当代中国史研究》2003年第6期。

② 朱佳木：《坚持和发展唯物史观与构建社会主义和谐社会》，《历史研究》2007年第1期。

③ 田居俭：《唯物史观是唯一科学的历史观》，《中国社会科学院院报》2007年4月26日。

④ 庞卓恒：《历史观与历史学家的社会责任》，《中国社会科学院院报》2007年4月26日。

认为当时对国史主线问题的研究存在四种意见："一种意见认为，中华人民共和国史的主线应当侧重于宪法第一条，即'中华人民共和国是工人阶级领导的，以工农联盟为基础的人民民主专政的社会主义国家'……因此，国史要写建国前，中国人民是怎样在党的领导下，为建立人民民主专政的共和国而奋斗，建国后，又经过什么步骤，由新民主主义的国家转变为社会主义国家的；另一种意见认为，探索和形成建设有中国特色的社会主义道路应该是中华人民共和国史的主线；第三种意见认为，上述两种意见并不矛盾，基本精神是一致的……只是视角不同而已，两者可以相互参照和补充；还有一种意见认为，中华人民共和国的发展，是以社会主义事业的发展为基础和中心内容的，或者说是以社会主义事业的发展为主线展开的。"①

近年来，关于国史研究的主线学界主要有以下几种观点：

第一，认为国史研究的主线只有一条，但研究者们在表述上存在一些差异，如李铁映强调："写国史，就要真实反映亿万人民建设有中国特色社会主义的伟大实践，认真总结历史经验，努力探索有利于中国发展、有利于振兴中华民族的道路，写出中国人民的探索史、进步史和发展史。"② 刘国新也认为应"把发展作为国史研究的主线，进一步加强对建国以来历史规律的研究，为党和国家政策的制定提供历史依据"③。杨凤城在对中华人民共和国史进行概括分析后认为："国史的主线可以概括地表述为围绕社会主义目标模式和建立、建设道路而展开的理论和实践，即怎样建设社会主义、如何发展社会主义生产力。"④ 程中原则明确指出"以建立、巩固和发展人民民主专政的社会主义国家，探索和形成建设中国特色社会主义道路，建设社会主义现代化强国为主线"，更为简明的表述是"中国特色社会主义的奠基、开创和发展就是中华人民共和国历史的

① 杨亲华：《中华人民共和国史研究述评》，《党史研究与教学》1994年第5期。

② 李铁映：《在当代中国研究所春节座谈会上的讲话》，《当代中国史研究》2002年第2期。

③ 刘国新：《论国史研究为党和国家的工作大局服务》，载张启华主编：《中国共产党与新中国建设》（上），当代中国出版社2003年版，第150页。

④ 杨凤城：《中华人民共和国史研究：概况与评价》，《教学与研究》1999年第10期。

主线”。[①]

第二，认为不同阶段对国史研究主线的表述不同，如张启华指出，1949—1956年我国历史发展的主线是“恢复和发展国民经济，巩固新生的共和国政权，建立起社会主义的制度”；1956—1966年历史发展的主线是“建设社会主义，为发展生产而斗争”；这10年我国社会主义建设取得了重大成就，但“文化大革命”的发动却使历史进入了又一重大的曲折；中共十一届三中全会以后，通过改革使生产关系更加适合于现阶段的生产力，不但是进行社会主义改革的根本原因和根本目的，也是我们制定改革的基本方针的唯一依据。[②]

第三，认为国史研究的主线是三条，如朱佳木提出，“当代中国的历史是一部探索中国社会主义道路的历史，一部为实现工业化、现代化而不懈奋斗的历史，一部坚定维护国家主权、领土完整和民族尊严的历史”[③]，他提出了当代中国历史发展三条主线的观点。

（三）国史研究的特点

一些研究者认为国史研究的特点是具有鲜明的政治性。李铁映强调：“国史研究是一门特殊的历史学科，其特殊性就在于，它是一门政治性很强、意识形态性很强的学科。”[④]李力安提出，国史“不仅仅是学术研究，因为它是中国社会主义的国史，所以它有着鲜明的政治性和阶级性”[⑤]，新文指出，在共和国史研究中应该讲政治，这是“国史学科特点使然”，“国史是研究社会主义制度在中国是怎样确立、巩固并不断完善的；建设有中国特色的社会主义道路是经过怎样的探索形成的；社会主义思想是如何指导人们的实践并在实践中不断丰富其内涵的；社会主义运动在中国的命运以及在国际环境变化的大背景下如何发展的”，讲政治首要的是坚持正确的政治方向，就是坚持建设中国特色社会主义的方向，因此“讲

① 程中原：《中华人民共和国史研究的回顾和前瞻》，《当代中国史研究》2004年第5期。

② 张启华：《研究国史的几个方法问题》，《当代中国史研究》1995年第3期。

③ 朱佳木：《在第五届国史学术年会上的开幕词》，《当代中国史研究》2005年第6期。

④ 李铁映：《在当代中国研究所春节座谈会上的讲话》，《当代中国史研究》2002年第2期。

⑤ 李力安：《谈谈国史研究的指导思想和方法问题》，《当代思潮》2000年第5期。

政治是国史研究题中应有之义”[①]。

还有一些学者提出国史研究应具有科学性和学术性。苏东海认为，在当代史研究中应该坚持科学性，当代人研究当代史不能停留在个人感性认识上，必须实现向理性的飞跃，只有立足社会实践的历史陈述才能达到严格意义上的历史的科学形态。[②]陈其泰认为，国史是一门方兴未艾的学科，应当强调其学术性。“鼓励学者发扬实事求是、求真求实、秉笔直书的精神，做到勇于探索。”[③]

随着国史学研究的发展，对国史学研究对象的表述也日趋全面。如朱佳木指出，当代史研究是史学的一个分支学科，与史学一样具有鲜明的学术性和科学性，同时还具有很强的政治性和现实性。“这首先表现在当代史的研究必须遵守党关于新中国成立后历史的各种决议、决定和指导性意见”，“其次，当代史研究的政治性和现实性还表现在涉及政治敏感问题的研究成果，发表时必须遵守‘研究无禁区、宣传有纪律’的原则”，从事当代史学研究的工作者应当从当代史研究的特点出发，坚持正确的研究方向，提高政治敏锐性和政治辨别力，注意维护党和国家工作的大局。“再次，当代史研究的政治性和现实性还表现在它的资治教化、资政育人的功能上”；“另外，还要看到当代史是一个正在发展着的历史，历史和现实之间的界限往往不是分得很清楚……当代史学的这个特点决定了当代史学工作者要密切关注现实问题”。[④]张世飞认为国史学具有“理论性、政治性、综合性、实践性等特点”，因为“同所有的历史科学一样，国史学需要以马克思主义理论为指导，而且具有很强的学术性”；从研究主题看，“由于国史学研究的是中国共产党领导的社会主义中国的历史并且涉及中华人民共和国的主权和尊严，因此具有很强的政治性”；从研究范围看，“国史学几乎涵盖了当代中国的经济、政治、社会、文化、教育、科学、外交、国防、民族、宗教等方方面面，具有综合性的特点”；从研究时限看，“国史学研究的许多问题，不仅来源于实践，而且

---

① 新文：《国史研究与讲政治》，《高校理论战线》1996年第6期。

② 苏东海：《把握当代史研究的特性》，《党史研究资料》1996年第5期。

③ 陈其泰：《国史研究应发扬探索和开拓的精神》，《当代中国史研究》2001年第3期。

④ 朱佳木：《当代史研究与学科建设的几个问题》，《中国特色社会主义研究》2003年第5期。

对实践有很强的现实指导意义，又具有实践性的特点”。[①]

（四）国史研究的对象和功能

对于国史研究的对象，国史学界没有原则性的分歧，只是表述语言有所不同。李力安将国史研究的对象概括为“国史研究是以中华人民共和国建立、发展和壮大的历史进程为研究对象”[②]。李茂盛认为“中华人民共和国史是中国通史的一部分。作为一门学科，它的研究对象包括当代中国社会的政治、经济、文化、国防、外交等各个领域；包括社会的各个阶级、阶层、政党、社团、民族等各个方面的活动。也就是说，中华人民共和国史是当代中国社会整体的历史反映”[③]。杨凤城认为“国史是研究中华人民共和国建立、巩固和发展壮大的历史进程及其规律的科学，以中华人民共和国为研究对象，以国家的活动为主体”，“是中国人民在中国共产党的领导下创建人民民主专政的国家政权，逐步实现对生产资料私有制的社会主义改造，进而展开全面的社会主义建设，探索具有中国特色的社会主义道路的历史”；“国史是研究当代中国社会、政治、经济、文化、教育、科学、外交、国防、民族、宗教以及重大社会事件等各方面内容的全史、综合史”；“属于断代史性质，有很强的综合性”。[④]

邹兆辰的表述更为全面，他认为国史研究的对象应该从两方面来理解：“从狭义讲，它是研究中华人民共和国国家政权的建立和发展的历史；从广义讲，它应该包括中华人民共和国成立以来整个历史时期的中国社会各个方面的变迁。”“在整个中华人民共和国的历史背景下发生的各种事物的历史变迁，都应该成为历史研究的对象。这部分内容，虽然不一定都是‘国史’，但它是属于当代中国史范围内的历史事物，也应属于这门学科的研究对象。这是国史所独有的研究对象。”[⑤]张世飞认为“国史

① 张世飞：《试论国史学理论的科学体系》，《国史研究参阅资料》2006年第17期。

② 李力安：《当代史研究的理论思考、政治思考和现实思考》，《当代中国史研究》1999年第1期。

③ 李茂盛：《对国史研究中的几个问题的思考》，《中共党史研究》1994年第4期。

④ 杨凤城：《中华人民共和国史研究：概况与评价》，《教学与研究》1999年第10期。

⑤ 邹兆辰：《国史研究理论与方法的思考》，《当代中国史研究》2001年第3期。

学的研究对象，就是中国共产党领导的社会主义中国的历史。国史学的研究内容主要包括中共执政史、政党制度史、政权建设史、机构改革史、法制史、经济史、科技史、文化史、教育史、社会史、民族史、国防史、外交史等，此外，疆域、气候、灾害、人口、婚姻、宗教、民俗、语言等自然环境与人文因素的变化，也都是国史学的研究内容”[①]。

许多学者还把目光集中在国史与党史的区别上，以便更加准确地把握国史学科的特点。杨亲华将国史与党史的区别归纳为研究对象、内涵与外延、研究目的和功用都不尽相同。[②]朱佳木认为“党史的建国后部分与国史在研究对象、内容上有交叉，有重合”，但也有很多不同之处，即研究的角度、重点、范围都不同，“党史和国史好比两个同心圆，党史是内圈，国史是外圈；党史决定着国史的走向，是国史的核心部分，而国史的范围比党史大得多”[③]。此外，李向前[④]、尚艳琼[⑤]等也对国史和新中国成立后的党史进行了比较。

最近，还有学者对国史、当代史和现代史三者的关系重新进行了思考，朱佳木指出：过去很长一段时间里学界一直把中国1919—1949年的历史称为中国现代史，把始于1949年的国史称为当代中国史或中国当代史，但是现在一方面有人把中国现代史的研究或编纂延伸到1949年以后；另一方面，国史、当代史的研究或编纂又被排斥在史学学科之外，造成国史、当代史、现代史三者概念与关系的混乱，为了改变这种状况，应当首先改变中国现代史的现有定义，将它的上限由原来的1919年推至1949年，在这个前提下把中国现代史与国史和当代史合并，合并后可以称中国现代史，也可以称中国当代史或广义的国史。[⑥]这种观点得到了越来越多史学工作者的支持，在2007年出版的《中国近现代史纲要》[⑦]一书中就将1949年中华人民共和国成立以来的历史定义为中国现代史，突破

① 张世飞：《试论国史学理论的科学体系》，《国史研究参阅资料》2006年第17期。

② 杨亲华：《中华人民共和国史研究述评》，《党史研究与教学》1994年第5期。

③ 朱佳木：《国史研究的现状与前景》，《教学与研究》2002年第1期。

④ 李向前：《党史与国史：在怎样的意义上应有区别》，《当代中国史研究》2001年第3期。

⑤ 尚艳琼：《国史与建国后党史研究之比较》，《河西学院学报》2003年第3期。

⑥ 朱佳木：《共和国史、当代史与现代史三者关系的思考》，《光明日报》2007年3月30日。

⑦ 《中国近现代史纲要》，高等教育出版社2007年版。

了自20世纪50年代中期以来以1919年为现代史的开端的划分方法，在理论上取得了重大进展。

关于国史研究的功能，学界达成的基本共识是国史研究具有“资政育人”的功能，正如商翔指出，“开展中华人民共和国史的研究，可以为党和国家制定和实施大政方针提供历史的借鉴，这就是所谓‘资政’”；“有利于对人民群众进行国史、国情教育，加强社会主义精神文明建设，这就是所谓‘育人’”；“有利于树立社会主义中国在世界上的正确形象”。[①]

朱佳木强调指出，国史研究还具有护国功能，他说：“古人早就讲过：‘灭人之国，必先去其史。’反过来，护己之国，也必先卫其史。中华人民共和国是无数先烈用生命换来的，国史工作者要为中国特色社会主义建设服务，为中华民族的伟大复兴做贡献，就要在国史研究中把科学性与政治性更紧密地结合起来，不断拿出有创造力、说服力、感染力的高质量的科研成果，用科学的研究成果驳斥虚无化、妖魔化当代中国历史的言论，充分发挥国史研究资政、育人、护国的功能。”[②]

新文认为国史还具有借鉴作用和醒世功能。“其借鉴作用表现在通过有针对性的研究，及时地从正反两个方面系统地总结建国以来的经验，得出规律性的认识，为改革、开放和现代化建设服务，提高决策的原则性、系统性、预见性和实践上的自觉性与创造性，以便少走弯路，沿着建设有中国特色社会主义的道路不断前进，实现国家富强、民族振兴和社会的长治久安。其醒世功能表现在以生动的史实为教材，引导广大干部和群众正确认识什么是社会主义，怎样建设社会主义，认识国家的命运和发展前途，在全社会形成共同的理想和精神支柱。”[③]

（五）国史研究的方法

国史研究的方法是学术界探讨的热点问题，许多学者都对此问题进行了探讨。张启华在《研究国史的几个方法问题》一文中以新中国成立之后的前30年主要是1956—1966年为例，阐述了研究国史把握历史发

① 商翔：《加强中华人民共和国史的研究》，《当代中国史研究》1994年第3期。
② 朱佳木：《第六届国史学术年会开幕词和闭幕词》，《当代中国史研究》2006年第6期。
③ 新文：《国史研究与讲政治》，《高校理论战线》1996年第6期。

展的逻辑线索和历史主干，并认为把握历史内在的逻辑线索的根本方法是运用矛盾的法则。[①]关海庭将国内外研究国史的方法归纳为四种：历史唯物主义方法、比较现代化的方法、国家—社会关系分析方法以及新制度主义的研究方法。关于国史研究的具体方法，他提出“从交叉学科的视角来研究国史，注重定量和实证分析”[②]。马树功提出在国史研究中要运用历史比较的方法，通过正确的比较可以激励人们更加努力地发挥社会主义的优越性，坚定人们对社会主义的信心。[③]

很多学者都提出了国史研究的方法要创新的问题。邹兆辰认为，国史研究的方法需要不断创新，其根本方法是所有史学研究的基本方法，即理论与实践相结合的方法。“国史研究者既要眼睛向上，密切注意党和政府的各项方针、政策，各种决策的过程；同时又要眼睛向下，密切关注这些精神在下面贯彻的实际情况。缺乏任何一个方面，都不会有真正好的国史研究。”史学研究需要研究方法的突破和更新，当代中国史研究是史学领域里最适合进行跨学科研究的领域。历史学者也应该“注重田野调查，注重搜集民间资料，注意剖析社会各种类型的典型，注意搜集口述史料，注意进行比较研究，注意进行社会心理分析”。只有在方法问题上真正有所突破，国史研究才能逐步深化。[④]杨凤城也持同样的观点，“国史研究的视野和方法必须开阔和多样，必须注意与其他学科的交流，注意吸取其他学科的研究方法和成果，特别是要注意借鉴政治学、社会学、文化学、政府经济学等领域的研究方法和成果”[⑤]。朱佳木指出，国史学“除继承了我国古代史学的优良传统外，还继承了我国史学界马克思主义的史学传统”，国史学也要在“创新中继承，在继承中创新”，另外还必须要“借鉴国外史学，特别是西方新史学派的一些有价值的研究观念和研究方法”。[⑥]

---

① 张启华：《研究国史的几个方法问题》，《当代中国史研究》1995 年第 3 期。

② 关海庭：《关于国史研究方法论的几个问题》，《当代中国史研究》2001 年第 3 期。

③ 马树功：《关于“国史”研究之我见》，《河南大学学报（社会科学版）》1996 年第 4 期。

④ 邹兆辰：《国史研究理论与方法的思考》，《当代中国史研究》2001 年第 3 期。

⑤ 杨凤城：《关于国史研究的几个问题》，《当代中国史研究》2001 年第 3 期。

⑥ 朱佳木：《国史研究的现状与前景》，《教学与研究》2002 年第 1 期。

20世纪80年代后期特别是90年代以来，口述史料大量在历史纪实著作中被运用，一大批口述史著作问世。其中比较重要的有薄一波的《若干重大决策与事件的回顾》(上下册)①、《胡乔木回忆毛泽东》②、《汪东兴回忆：毛泽东与林彪反革命集团的斗争》③、《吴德口述：十年风雨纪事——我在北京工作的一些经历》④，等等。

系统研究口述史的论文有朱佳木的《努力建设中国特色的马克思主义口述史学》⑤、程中原的《谈谈口述史的若干问题》⑥、姚力的《我国口述史学发展的困境与前景》⑦、秦汉的《当代中国口述史的发展及其文化身份》⑧，等等。口述史学方法的运用为我们的国史研究提供了丰富的材料和独特的研究视角，但口述史学目前还存在没有完备的规范、资料如何保存等问题亟待解决。

(六)国史分期问题的研究

国史分期是一个重要理论问题，如何对中华人民共和国的历史作出科学的划分是研究国史的重要问题。关于国史的分期，由于划分的依据不同，主要有“两阶段说”“三阶段说”“四阶段说”“五阶段说”。

胡绳从党史角度出发，把新中国的历史以十一届三中全会为标志分为前后两个时期，他认为十一届三中全会“之所以能够成为划时期的坐标，就因为以邓小平为核心的党中央能够总结以往的好的经验、好的思想，继承下来加以发扬光大；又深刻地而不是肤浅地，全面地而不是片面地总结了以往犯错误的经验，吸取教训，纠正错误，得出正确的路线、方针、政策”⑨。苏志纬也认为新中国成立后50年的历史可以分为两个阶

---

① 薄一波：《若干重大决策与事件的回顾》(上下册)，中共中央党校出版社1993年版。

② 《胡乔木回忆毛泽东》，人民出版社1994年版。

③ 《汪东兴回忆：毛泽东与林彪反革命集团的斗争》，当代中国出版社1997年版。

④ 《吴德口述：十年风雨纪事——我在北京工作的一些经历》，当代中国出版社2004年版。

⑤ 朱佳木：《努力建设中国特色的马克思主义口述史学》，《中国地方志》2005年第2期。

⑥ 程中原：《谈谈口述史的若干问题》，《扬州大学学报》2005年第2期。

⑦ 姚力：《我国口述史学发展的困境与前景》，《当代中国史研究》2005年第1期。

⑧ 秦汉：《当代中国口述史的发展及其文化身份》，《中国图书评论》2006年第5期。

⑨ 胡绳：《中国共产党的七十年》，中共党史出版社1991年版，第563、565页。

段，即前30年和后20年，前30年是毛泽东时代，后20年是邓小平时代，这两个阶段“前后可以分段，却不能割断；前后可以对比，却不能对立”[①]，要从历史的深度去研究。

葛仁钧持“三阶段说”，认为1949年10月1日中华人民共和国成立至1956年12月社会主义改造基本完成为第一阶段；1957年1月开始进入社会主义初级阶段至1978年12月中共十一届三中全会召开为第二阶段；1978年中共十一届三中全会召开至今为第三阶段。[②]王德新也把新中国的历史划分为三个阶段，但具体时段的划分与上述“三阶段说”略有不同，他主张将1949年10月至1956年12月为中华人民共和国成立和向社会主义过渡时期；1957年1月至1976年10月为社会主义建设道路的探索时期；1976年10月至今为社会主义现代化建设的新时期。[③]《中国近现代史纲要》一书也将新中国成立后的历史划分为“社会主义基本制度在中国的确立”“社会主义建设在探索中曲折发展”“改革开放与现代化建设新时期”三个阶段。[④]

大部分国史教材以1981年中共十一届六中全会通过的《关于建国以来党的若干历史问题的决议》为依据，将中华人民共和国史划分为四个时期，即1949年10月至1956年8月为由新民主主义向社会主义过渡阶段；1956年9月至1966年4月为全面建设社会主义时期；1966年5月至1976年10月为“文化大革命”时期；1976年10月至今为社会主义现代化建设新时期。[⑤]河南人民出版社出版的丛书《1949—1989年的中国》也按此划分阶段，只是将这四个阶段概括为凯歌行进的时期、曲折发展的岁月、大动乱的年代和改革开放的历程。[⑥]

李彦宏以国家现代化建设的发展变化过程为具体标准，将国史划分

---

① 苏志纬：《国史研究的几个认识问题》，《西安航空技术高等专科学校学报》2000年第2期。

② 葛仁钧：《论新中国的历史分期》，《当代中国史研究》1996年第4期。

③ 王德新：《对国史研究中的几个问题的探讨》，《石油大学学报（社会科学版）》2005年第4期。

④ 《中国近现代史纲要》，高等教育出版社2007年版。

⑤ 参见王桧林主编：《中国现代史》（下），高等教育出版社1989年版；王幼樵、肖效钦主编：《当代中国史》，首都师范大学出版社1994年版；等等。

⑥ 《1949—1989年的中国》丛书，河南人民出版社1989年版。

为五个时期：从新民主主义向社会主义过渡时期（1949 年 10 月至 1956 年 12 月）；中国式社会主义现代化道路的探索与曲折发展时期（1957 年 1 月至 1966 年 5 月）；“文化大革命”与中国社会主义现代化建设全面受挫时期（1966 年 5 月至 1976 年 10 月）；改革开放与全面复兴社会主义现代化建设时期（1976 年 10 月至 1989 年 5 月）；理性建设中国特色社会主义现代化新时期（1989 年 6 月以后）。[①] 李良玉虽然也将 1949 年以后的历史划分为五个阶段，但认为就目前的认识而言，可以将 2001 年作为中国当代史临时的下限。2001 年中国加入世贸组织，这是一个影响当代社会的重大事件。“入世”进一步加强了改革发展的压力与动力，是中国现代化进程中的一个极其重要的阶段性标志。由此，中国当代史可以划分为五个阶段：1949—1956 年的中心内容是接管政权、稳定经济、建立计划经济模式与完成所有制改造；1956—1966 年的中心内容是反右运动、人民公社化运动、“大跃进”运动和纠正“大跃进”的极“左”错误；1966—1976 年的中心内容是十年“文化大革命”；1976—1989 年以贯彻实事求是的思想路线、推行改革开放的方针为主要内容；1989—2001 年的主要特点是由维护稳定转向改革和发展的新高度。[②]

总体来看，对于改革开放以前历史阶段的划分学界争议并不是很大，但对于改革开放以来新时期历史阶段的划分在学界曾经引起过热烈的讨论。

刘国新认为应将改革开放以来的历史划分为五个阶段：1976—1978 年的主题是“实现伟大的转折”；1978—1984 年的主题是“国民经济第二次调整，改革的重点在农村”；1984—1988 年的主题是“改革的全面开展”；1988—1992 年的主题是“治理整顿，深化改革”；1992 年至今的主题是“改革开放进入新阶段，社会主义市场经济体制形成”[③]。胡安全将新时期的历史划分为四个阶段：1978 年底至 1982 年 8 月为全面拨乱反正时期；1982 年 9 月至 1992 年 9 月为开创新局面时期；1992 年 10

① 李彦宏：《中华人民共和国史学科体系的几个问题》，《历史教学》1997 年第 9 期。

② 李良玉：《中国当代史研究的几个问题》，《江苏大学学报（社会科学版）》2007 年第 3 期。

③ 刘国新：《改革开放新时期历史阶段划分的探讨》，《北京党史》1998 年第 3 期。

月至 2000 年底为新的历史阶段；2001 年初以来为全面建设小康社会时期。[①] 葛仁钧[②]、孙大力[③]认为中共十一届三中全会以来的历史可以分为三个阶段：从中共十一届三中全会到 1984 年十二届三中全会为拨乱反正和改革起步时期；十二届三中全会到 1992 年邓小平的南方谈话为全面进行改革开放时期；1992—1998 年为改革和现代化建设的新时期。汤应武、张宏志和籍援朝都认为新时期到 1998 年的历史应从党的十一届三中全会开始，以 1992 年邓小平南方谈话和党的十四大为界分为前后两个时期。前一阶段是不断进行改革探索，直至确定确立社会主义市场经济体制的改革目标，并基本形成建设中国特色社会主义理论体系的阶段；后一阶段是根据既定的改革目标继续全面深化改革，直到社会主义市场经济基本建成的阶段。[④] 张世飞也持这种看法，不同的是他将这两个大的阶段又细化为四个小的阶段。即 1978 年 12 月党的十一届三中全会到 1982 年 9 月党的十二大，主题为“拨乱反正和改革开放的起步”；1982 年 9 月至 1992 年 10 月党的十四大，主题为“改革开放的全面展开”；1992 年 10 月至 1997 年 9 月党的十五大，主题为“改革开放和现代化建设进入新时期”；1997 年 9 月至今，主题为“继续沿着中国特色社会主义道路胜利前进”。[⑤]

目前对中华人民共和国历史阶段的划分学界并没有达成共识，但不管何种划分方法，我们都应该以唯物史观为指导，以国史的发展实践为依据，以中华人民共和国历史上的重大事件为标志，只有这样才能对国史分期问题得出科学的认识。

---

① 胡安全：《论新时期国史的分期》，《当代中国史研究》2004 年第 2 期。

② 葛仁钧：《论新中国的历史分期》，《当代中国史研究》1996 年第 4 期。

③ 孙大力：《改革开放新时期历史阶段划分的探讨》，《北京党史》1998 年第 3 期。

④ 汤应武、张宏志、籍援朝：《改革开放新时期历史阶段划分的探讨》，《北京党史》1998 年第 3 期。

⑤ 张世飞：《关于新时期历史阶段划分的几点思考》，《当代中国史研究》2004 年第 2 期。

三、对目前国史学理论研究的几点思考

史学理论是历史学科的重要组成部分，没有科学的史学理论就没有历史科学。史学理论历来为史学家尤其是马克思主义史学家所重视，史学的发展任何时候都离不开史学理论的发展。中华人民共和国史作为一门新兴的学科，自党的十一届三中全会以来经过广大学者的努力，取得了丰硕的成果，研究领域日趋广泛，研究质量不断上升，成绩斐然。在国史研究呈现深入发展之势时，国史学科的理论建设显得尤为重要，许多学者对国史的指导思想、国史研究的主线、方法、功能、新中国历史的分期等理论问题进行了积极探讨，发表了很多有影响、有分量的研究成果，为进一步深化国史学的理论研究奠定了重要基础。但是应该指出的是，国史学理论的研究相对于具体的国史研究来说仍比较薄弱，以下几个方面亟待加强：

第一，要提高对国史学理论和方法重要性的认识。一门成熟的学科，必须有开展研究所依据的理论和方法，国史学的理论与方法的研究虽然日益引起国史学研究者的重视，但是重视程度还远远不够。在国史学研究队伍中，系统接受过史学理论教育的人可能并不多，一些同志甚至对史学理论和方法的概念比较陌生，专业从事国史学理论与方法研究的人可谓凤毛麟角，这些情况说明国史学理论与方法的研究任重道远。要解决这个问题，国史研究工作者必须要在思想上高度重视国史学理论的研究，加强史学理论的学习并组织学者进行系统研究，建立国史学概论、国史史学史、国史史料学等相关学科。有了理论和方法的指导，才能促进国史学的学科发展。

第二，国史学的理论与方法要体现国史的研究特点。目前，国史学理论建设已经取得了一些成果，但是从整体上看，国史学的历史理论概括主要借鉴了一般史学理论的内容，并没有反映出国史学的特色来。如果说现在历史学科中史学理论的研究相对滞后，那么国史学理论的研究则滞后于一般史学理论的研究。当然，国史学作为历史学的一个分支学科，它的历史理论自然和一般的史学有相同之处，因而相互借鉴是必须

的，但是不能停留在低水平的重复上。由于国史学具有政治性、现实性、学术性等特点，因此在国史学理论的研究中必须体现出这种特点。目前的研究还停留在初步研究的水平上，有些甚至是低水平的重复，缺乏深入的分析。

第三，要注意研究方法的创新和多样性。中国历来有治史的传统。国史学继承了我国古代史学的优良传统和马克思主义的史学传统，借鉴了国外史学中一些有价值的研究观念和研究方法，并在研究中不断创新。近年来，国史研究中已经运用了一些新的研究方法，并取得了一定的研究成果。一些研究者独辟蹊径，借鉴了政治学、经济学、社会学、人口学等学科的研究方法；还有的研究者利用心理史学的研究方法，或利用计算机、互联网对一些历史事件进行分析，为我们的国史研究提供了独特的研究视角。另外，重视运用口述资料是国史学研究的一个优势，因为许多重大事件的亲历者还健在，是“活的材料”，口述历史可以为国史研究提供大量丰富的史料，因此口述历史的研究方法已经更多地为国史研究所采用，成为国史研究重要的资料来源。当代中国出版社出版了一系列口述史专著，丰富了国史研究的内容和方法。现在越来越多的研究者运用历史人口学、历史地理学、历史生态学等进行多学科的综合研究，开拓出了新的研究领域，对一些重大历史课题的研究得出了更加深入、更加全面的结论，促使我们的国史研究领域不断深化、进一步走向繁荣。在引入新的研究方法的同时，要注意端正使用新史学方法的目的是帮助研究不断深入，而不是为了突出研究手段的高明；要加强与国外史学界的交流，相互学习新的、好的研究方法并应用于历史研究的实践中。

第四，要提高国史学研究者自身的素养。搞好国史研究，除了要具备一般史学研究者所具有的正确史观、良好史德和广博史学外，还必须加强政治理论和史学理论的学习并刻苦地钻研，这样才能从当代中国政治、经济、文化的发展过程中找出规律性的东西，使我们的国史研究按照更科学、更正确的轨道前进。研究国史尤其是研究国史的基础理论，需要有较长时间的学术积累，非一朝一夕之功，正所谓“板凳要坐十年冷，文章不写半句空”，没有踏踏实实坐下来做学问的耐心，是研究不出成果的。国史学研究工作者不仅要对中国历史理论的发展趋势有所了解，而且要密切关注西方史学理论的最新进展，并注意将其运用于国史学理论的研究中。搞理论研究不像实证研究那样，只要搜集材料并认真归纳总结就能出研究成果，理论研究需要研究者付出更多的艰辛努力，因此更需要提高自身理论修养、加强学术积累、提高分析问题解决问题的能力。

［原载《当代中国史研究》2008 年第 2 期］

中华人民共和国史研究队伍特点分析
——基于《当代中国史研究》的考察

郑珺、张蒙、杨文利、叶张瑜、李强

《当代中国史研究》是中国社会科学院主管、当代中国研究所主办的我国国史学界唯一的一份专业学术期刊。该刊自1994年创刊以来，秉承“研史通变，资政育人”的办刊方针，紧扣时代主题，密切关注国史研究的重大课题，注意拓宽研究领域和培养人才，刊发了大量有较高水平的学术文章，为国史学的学科建设和队伍建设作出了重要贡献。本文拟以《当代中国史研究》的作者队伍建设为基础，通过统计分析，考察国史研究工作者主要在中国大陆的构成、分布及其特点，从中管窥国史研究队伍的全貌，把握这支队伍不断演进的脉络和形态。

一、对作者所属单位的统计分析

除去社论、座谈会纪要、专题讲话汇编、论点摘编等约290篇无法详细统计作者资料的文章，从1994年第1期至2009年第6期《当代中国史研究》共发表论文、述评、考证、译文、书评等文章1493篇。表1是对作者所属单位（系统）发表的文章数量及作者数量的统计。详细分析各单位（系统）的作者队伍，可以发现他们各自的特色：

表 1　1994—2009 年《当代中国史研究》发文数量、作者数量统计表

	发表篇数 *	占总发表篇数的比例（%）	作者人数 **	占总作者人数比例（%）	人均发表 ***（篇）
高等院校	431	28.87	335	36.37	1.29
社科院系统 其中：当代中国研究所	339 206	22.71	137（2） 32	14.88	2.46
党研室系统 ****	146	9.78	98（1）	10.64	1.48
党政机关	125	8.37	110（4）	11.94	1.10
党校系统	95	6.36	74（1）	8.03	1.27
军事系统	92	6.16	59（1）	6.41	1.54
外国作者	23	1.54	21（0）	2.28	1.10
其他	242	16.21	87（135）	9.45	1.23
合计	1493	100.00	921	100.00	1.46

注：*　以文章的第一作者所属单位为统计依据。

** 括号内为集体署名，合计作者人数时未包括在内。

*** 计算人均发文数量时没有计算集体署名的文章。

**** 包括中央文献研究室。

资料来源：《当代中国史研究》1994 年第 1 期至 2009 年第 6 期，以下数据均出自此处，不再一一注明（因数字四舍五入，合计比例数不一定等于 100%）。

（一）发表文章最多、作者数量最多——高等院校

在 1493 篇文章中，有 431 篇文章的作者来自高校，约占 1/3；在总计 921 名作者中，高等院校的作者为 335 名，约占全部作者的 1/3，这些作者可以说是《当代中国史研究》作者队伍中的主力军。作为学术研究的主阵地，来自高校的作者们能够不断追踪学术前沿、提出新观点新理论、展现最新研究成果，活跃在国史研究的各个领域。其中还有不少在校博士、硕士研究生发表或参与发表了文章，约占高校发表文章总数的 1/5，这些研究生毕业后，很多人留在高校或进入了专业的研究机构，继续从事国史研究工作。可以说，高校师生是国史学科作者队伍的主要源泉和稳固的基石。

从表 2 可以看出，在各个高等院校中，中国人民大学、北京大学、国防大学、中南财经政法大学的学者在国史学领域的研究成果较为突出。中国人民大学不仅设有中共党史系，还与当代中国研究所在 2001 年合作创办了“当代中国研究中心”，并设立了国史专业的博士点，推动了该学科的人才培养；北京大学是全国名列前茅的综合性大学，其在国际关系和政治学方面的研究成果较为突出；国防大学的作者侧重于新中国成立以来军事史的研究和中国特色社会主义理论的研究，中南财经政法大学的成果相对集中在中国现代经济史领域。

表 2　1994—2009 年作者所属高等院校发文数量一览（前 10 名）

排名	高等院校名称	发表篇数	作者人数	排名	高等院校名称	发表篇数	作者人数
1	中国人民大学	36	28	6	北京师范大学	13	9
2	北京大学	30	20	7	东北师范大学	12	12
3	国防大学	23	11	8	福建师范大学	11	10
4	中南财经政法大学	18	11	9	安徽师范大学	10	6
5	南京大学	14	13	10	安庆师范学院	10	2

从最近几年的情况看，高校系统的科研投入较大，对教师的考核在机制、力度上都有较大改革，在不同程度上促进了研究成果的涌现。如中国人民大学、北京大学、国防大学、中南财经政法大学等高校保持了他们的传统优势，在《当代中国史研究》的发稿上稳居高校系统前四名；南京大学、福建师范大学和安徽师范大学的发文量有明显增加，排名有较大幅度的跃升。

高校系统的国史研究队伍相对集中在中共党史、中国近现代史和马克思主义中国化三个领域（或称三大板块），近年来中共党史学界的研究重点向后推移，高校的近现代史方面的课程和课题有所增加，有的还开始招收以国史为研究方向的硕士和博士研究生，这样就使一部分教师和学生的研究兴趣和注意力转到国史方面来，因而高校系统的来稿近年明显增多。但由于多数作者转行时间较短，对国史的研究还停留在了解和熟悉阶段，所以投稿质量较差，具体表现在选题、史料较为陈旧，问题意识不强等。

（二）人均发文篇数最多——社会科学院系统

中国社会科学院是国内研究人文学科的专业权威机构。在《当代中国史研究》的作者队伍中，社科院的学者是科研成果最为集中的一个群体，人均发表 2.46 篇论文，体现了社科院系统的研究人员在国史研究方面的重要地位和作用。

从表 3 可以看出，社科院系统的发文主要还是以中国社科院为主，地方社科院发文相对较少。这种差距在近两年还有继续扩大的趋势。从来稿上分析，主要有两个原因：一是地方社科院的来稿没有紧扣地方特点和优势，如在选题上过多地选择全国性题目、在史料上没有挖掘地方档案等；二是地方社科院更多地关注现实问题和对策研究，历史研究相对不足，这也导致了在本刊发文的难度。

表 3　1994—2009 年中国社会科学院及部分地方社会科学院作者发文数量一览

	作者人数	发表篇数	其中合作发表篇数
中国社会科学院 其中：当代中国研究所	98 49	308 206	12 4
河北省社会科学院	7	7	3
江西省社会科学院	4	7	2
上海社会科学院	4	4	0
湖北省社会科学院	3	3	0
安徽省社会科学院	2	2	0
贵州省社会科学院	2	2	1
江苏省社会科学院	2	2	0

需要指出的是，社科院系统中当代中国研究所（当代中国研究所行政上挂靠在中国社会科学院）无论是作者数量还是发文数量都占有绝对优势，如将当代中国研究所剔除出去，则发文篇数略低于党研室系统。关于当代中国研究所的情况后文详谈。

（三）国史研究的重要力量——中央文献研究室、中央党史研究室及地方党史研究室

党史研究单位的作者数量和发文数量均排在第 3 位，这是由于国史与中共党史的新中国成立后部分在内容上多有交叉、重合所致，因此，党史研究单位的作者也是国史研究队伍中的重要力量。

表 4 1994—2009 年党史研究系统各单位发表文章排名

排名	单位名称	发表篇数	作者人数	排名	单位名称	发表篇数	作者人数
1	中央文献研究室	77	43	5	福建省龙岩市委党史研究室	1	1
2	中央党史研究室	48	31		福建省莆田市委党史研究室	1	1
3	中央档案馆	5	5		福建省龙岩地委党史研究室	1	1
	广东省委党史研究室	5	5		河南省委党史研究室	1	1
	北京市委党史研究室	5	4		四川省委党史研究室	1	1
4	福建省厦门市委党史研究室	2	2		安徽省合肥市党史研究室	1	1

党研室系统的发文情况同社科院系统大体是相同的，即发文也相对集中在中央文献研究室和中央党史研究室；地方党研室来稿没有紧扣地方特点和优势的原因也基本相同。其不同的地方在于，21 世纪以来，中央文献研究室和中央党史研究室开始拓宽党史研究的领域，更多地进入国史研究领域，而地方党研室在这方面的意识和转变相对滞后，选题过于紧扣纯党史问题，这是地方党研室在本刊发文量不高的重要原因。

（四）具有某些专业优势——中央国家机关、各大部委及地方各级党政机关

中央及地方各级党、政机关的作者队伍是一支不可忽视的力量，尽管他们绝大多数不从事历史研究、教学工作，但往往能从历史学以外的角度来阐述历史问题，为读者提供了许多新的思维和视角，很多人的研究成果丝毫不逊于专业学者。还有一个显著特点就是在这些作者当中领导干部的比例很大，其中司局级以上的领导干部就有 27 人，占作者总数

的近1/4。从作者来源分布上看，总计61个部门当中排名前五名的部门发文数量占总数的1/3，作者数量占总数的将近1/2（见表5），这说明中央、地方国家机关所发表的文章及其作者的集中度较高。

表5 1994—2009年中央、地方国家机关发表文章前五名

	发表篇数	所占比例（%）	作者人数	其中司局级以上领导干部	
				发表篇数	作者人数
农业部	13	11.8	11	2	2
国家民族事务委员会	11	10.0	7	4	1
财政部	9	8.2	7	3	3
（原）国家计划委员会	5	4.5	3	2	1
全国人大常委会办公厅	5	4.5	4	0	0

国家机关作者发表的文章还有一个很重要的特点，就是自由来稿少、约稿较多。从我们了解的情况看要注意两点：一是国家机关人员的主要工作不是研究，因此，国家机关中非专业研究机构人员写文章较少，而且大多是公务性文章，内容以现实问题和对策研究为主；二是国家机关人员对我刊和相关类史学刊物了解较少，不少从历史角度分析本行业发展的文章往往交给行业刊物发表。因此，为了争取这方面的稿件，除了努力扩大我刊的影响外，还需要重视和扩大对国家机关人员的约稿工作。

（五）牢固稳定的“第二梯队”——中共中央党校及地方党校

教育系统还有一个不能忽视的群体，就是中央及地方党校。作为政治理论研究及干部人才培养基地，各级党校发挥着不可替代的作用。在作者单位的分布上，中共中央党校学者的发文量占党校系统总发文量的60%，共有37位作者发表了52篇论文，而其余各地方党校发文则较为分散（见表6），37位作者合计发表了43篇论文。从来稿情况看，党校系统的作者相对集中在党史教研室，其他教研室像马克思主义理论、哲学、经济学、科学社会主义、党的建设等都少有来稿，这也导致了党校系统的来稿选题大多集中在新中国成立后的党史问题上。

表 6　1994—2009 年地方党校作者发表论文数量一览

单位名称	发表篇数	作者人数	单位名称	发表篇数	作者人数
中共江苏省委党校	7	3	中共上海市委党校	1	1
中共福建省委党校	7	4	中共成都市委党校	1	1
中共黑龙江省委党校	6	8	中共深圳市委党校	1	1
中共北京市委党校	5	3	中共安徽省委党校	1	1
中共江西省委党校	3	3	中共四川省委党校	1	1
中共广东省委党校	2	2	中共河南省委党校	1	1
中共南阳市委党校	2	2	中共湖北省委党校	1	1
中共山东省委党校	1	1	中共宁波市委党校	1	1
中共甘肃省委党校	1	2	中共齐齐哈尔市委党校	1	1

（六）国史研究中不可或缺的力量——离退休老同志、军队武警系统、外国作者及其他

创刊以来，《当代中国史研究》通过不断增大信息含量来增加影响度、扩大读者队伍和提高学术地位，这就要求其作者队伍的组成也要多样化，不能过于集中，因此刊物在选题上非常注重兼收并蓄。

例如，刊物登出了许多现在已经离开工作岗位的老同志撰写的回忆录。这些回忆录涵盖了从新中国成立到“文化大革命”及之后的改革开放时期各阶段的若干历史事件，内容则反映了政治、经济、军事、外交、文化等各个领域的不同侧面。近几年来，口述史成为史学研究的一个重要分支，其学术价值也逐渐得到传统史学的认可与重视，同时，这些老同志特别是那些从新中国成立时就参与工作的老干部和老学者越来越少，我刊应当更加支持和鼓励整理和发表他们的著述，以便了解那些在文献中难于查核的史实、人物和其他知识，尽可能地多做些抢救性的工作。

《当代中国史研究》还刊登了不少国防和军事领域的相关研究文章，反映了共和国成长的一个侧面。重视历史、善于吸收前人的经验教训是共和国军队的优良传统。许多优秀作者对于国史理论和国史学科所做的相关研究也非常深入。本刊国防和军事领域的论文作者相对集中在军事科学院和国防大学。

另外，伴随着中国改革开放事业的不断深入、国内外学术交流逐步

增加，以及我国国际影响力的迅速提高，《当代中国史研究》近年来陆续刊登了一些外国学者的最新成果，比较及时地反映了世界主要国家的学者目前对当代中国史研究的水平，能够帮助读者从更广泛的视角、观点去思考现实中的问题。尤其是从2004年以来，当代中国研究所每5年举办一次的“当代中国史国际高级论坛”，使国内外研究中国问题的学者增加了一个重要的交流平台，一些论坛入选论文在我刊发表后，在社会上和党史、国史学界产生了良好的反响。

（七）正在蓬勃发展的基础力量——当代中国研究所的作者队伍

2001年，当代中国研究所的研究机构发生了变化，由原来的两个研究室变成了现在的四个研究室，招收了大量的博士研究生和硕士研究生进所充实科研力量。经过几年的发展，当代中国研究所的国史研究队伍已经成长起来，并在国史研究、编著和学科建设中发挥出越来越大的作用（见表7）。

表7　2001—2009年当代所人员发表文章情况

	发表篇数	占总发表篇数比例（%）	作者人数	占总作者人数比例（%）	人均发表（篇）
第一研究室	40	19.41	9	28.12	4.44
第二研究室	21	10.19	5	15.63	4.2
第三研究室	32	15.53	6	18.75	5.33
第四研究室	11	5.34	2	6.25	5.5
编辑部	15	7.28	5	15.63	3
其他	87	42.23	5	15.63	17.4
总计	206	100.00	32	100.00	6.44

注：“其他”项包括所领导、退休人员、科研办人员；第一研究室和第三研究室包括返聘人员。

除上述分类统计的作者之外，还有一些作者没有进入相关的统计，原因有几个：有的文章没有注明作者单位等相关信息；某些文章的作者无法归属于上述分类，例如来自银行、出版社、报社等；专题座谈会的发言汇总，未将刊登的发言稿按作者一一罗列；有些文章由于是团体署名，如某个课题组、某个编写委员会、编写组等，无法具体归并到某个单位系统中。另外，自2004年第2期起，《当代中国史研究》杂志每期刊登一些文摘，使读者能够更广泛、更全面地了解当代中国史研究的动态，扩大、延伸了杂志的信息量，但没有计入上述统计。

二、对作者发文量、合作度的统计分析

对于学者而言，发表论文的数量是衡量其学术水平和科研能力的重要指标之一。而随着国史研究的不断深入，同许多其他学科一样，相互之间的交叉渗透日益增强，因此合作研究也成为优势互补的重要研究方式。以下将对《当代中国史研究》的作者队伍在发文量、合作研究等方面的情况进行统计分析，从中可以大致了解国史学科研究队伍的整体状况。

表8　1994—2009年《当代中国史研究》作者发文量统计

发表篇数	1	2	3	4	5	6—10	>10	合计
作者人数	697	114	44	29	8	20	9	921
百分比（%）	75.68	12.38	4.78	3.15	0.87	2.17	0.98	100.00

表9　1994—2009年《当代中国史研究》发文合作情况统计

一人署名		二人署名		三人以上署名		团体署名		发表总篇数	合作率（%）
发表篇数	百分比（%）	发表篇数	百分比（%）	发表篇数	百分比（%）	发表篇数	百分比（%）		
1241	89.41	91	6.56	16	1.15	40	2.88	1388	10.59

注：另有105篇文章无作者署名，未计入本表。

（一）对作者发文量的统计分析

如果以发表或参与发表文章的数量对作者队伍进行分类，我们会发现其呈明显的金字塔型分布（见图1）：发表1篇文章的作者，即基础作者人数占整个作者队伍的75.68%，而发表5篇文章以上的核心作者人数则只占全部作者队伍的4.02%。

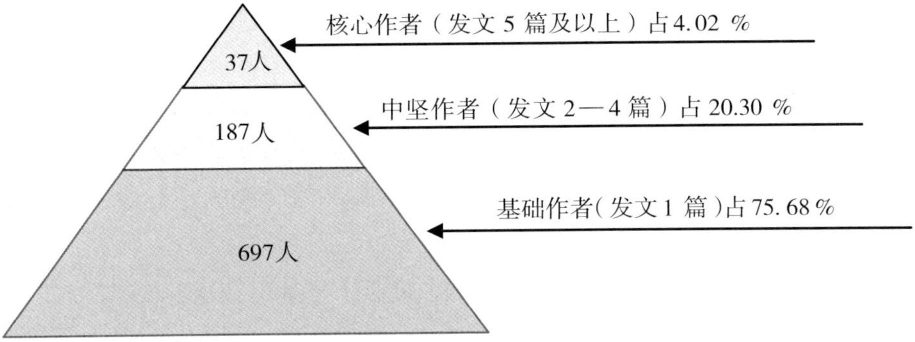

图 1 《当代中国史研究》作者发文量分布

《当代中国史研究》的作者队伍分布，客观、真实地反映了当前国史学研究队伍的建设情况，主要有以下几个特点：第一，核心作者主要分布在社科院（包括当代中国研究所）、高等院校、党史研究系统当中，而中坚作者和基础作者的分布则与各单位系统的作者队伍基本成正比。其中社科院系统核心作者、中坚作者、基础作者的分布比例明显高于平均水平。第二，从总体上讲，国史研究作者队伍比较分散，但来自高等院校的研究人员构成了基础作者队伍的核心（多为在校或者刚毕业的研究生）。同时，从表 10 也可以看出，核心作者队伍相对比较稳定。第三，国史研究的综合性表现得比较明显，许多政治、经济、文化、外交、军事等领域的学者会视研究的需要不确定地进入国史研究领域。

表 10　1994—2009 年《当代中国史研究》核心作者、中坚作者、基础作者发表文章情况

	核心作者（发表 5 篇及以上）		中坚作者（发表 2—4 篇）		基础作者（发表 1 篇）		
	人数	百分比（%）	人数	百分比（%）	人数	百分比（%）	合计
高等院校	8	2.39	62	18.51	265	79.10	335
社科院系统	17	12.41	36	26.28	84	61.31	137
党研室系统	4	4.08	26	26.53	68	69.39	98
党政机关	2	1.82	18	16.36	90	81.82	110
党校系统	0	0	17	22.97	57	77.03	74
离退休老同志	3	17.65	3	17.65	11	64.70	17
军事系统	3	5.08	17	28.81	39	66.10	59
外国作者	0	0	1	4.76	20	95.24	21
其他	0	0	7	10.00	63	90.00	70
合计	37	4.02	187	20.30	697	75.68	921

（二）对作者合作度的统计分析

创刊以来，《当代中国史研究》的作者合作率（合作署名文章占总发表文章的比率）平均为 10.59%，这一方面说明大多数作者的独立研究能力很强，另一方面也说明目前国史研究仍以个体研究为主，多人合作研究的形式并没有成为研究的主要方式。

从统计数据上看，历年所发表文章的合作率基本在 5%—16% 之间波动，合作撰写的文章每年都在 10 篇左右，2004 年以后刊发的团体署名文章减少。不过创刊时的 1994 年情况有些特殊，当时为庆祝中华人民共和国成立 45 周年，第 4 期（当年为季刊，自 1995 年起改为双月刊）共 18 篇文章都是集体署名。

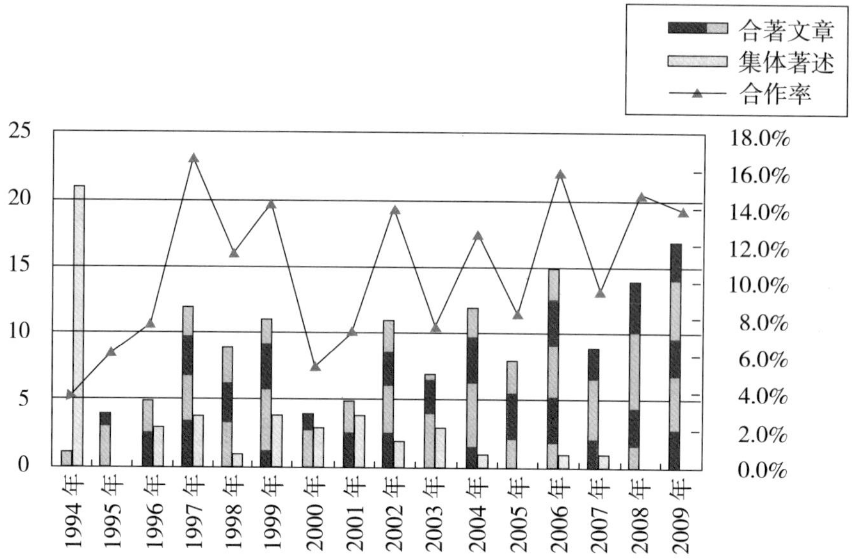

图 2　1994—2009 年《当代中国史研究》作者合作情况

从表 11 的排名中可以看到，党政机关的合作率最高，这与作者队伍相对专业性不强、跨学科和跨专业的合作取向更大有关。而高校的合作率高，则很大程度上得益于导师与学生之间非常方便的合作机制。社科院系统及党校系统的合作率明显低于平均水平，体现出了作者的独立研究能力比较强的特征。

表 11　1994—2009 年《当代中国史研究》作者所属单位（系统）合作率前六名

	单独署名发表篇数	合作署名发表篇数	合计篇数	合作率（%）
党政机关	103	22	125	17.60
军事系统	82	10	92	10.87
高等院校	390	41	431	9.51
党校系统	88	7	95	7.37
社会科学院系统	318	21	339	6.19
党研室系统	137	9	146	6.16

三、对作者队伍构成的统计分析

对作者队伍构成类型进行统计分析，可以清晰地看出从事国史研究的学者分布情况。自创刊以来《当代中国史研究》刊发的研究论文总计 1493 篇，共有作者 921 人，集体作者 144 个（详细分类见表 12），无作者署名文章 105 篇。

表 12　1994—2009 年《当代中国史研究》作者构成类型

	有职称	有学位	领导人	工作人员	外国	不详	合计
作者人数	628	106	29	44	21	93	921
百分比（%）	68.19	11.51	3.15	4.77	2.28	10.10	100.00

注：为避免重复统计，在对作者进行分类时，同一作者只统计一次。即如作者有职称则按职称统计，如作者尚未取得职称则按学位统计。对外国学者、国家相关部门工作人员等进行统计时亦未按他们的职称、学位分类。本表的领导人专指党和国家领导人；本表的工作人员指国家各部委、各相关行业的作者，其中含司局级领导人。

从表 12 不难发现，本刊作者中近 70% 是有职称的作者。下面我们对这一部分作者做进一步分析。

（一）对有职称作者的统计分析

1. 职称分布情况及其构成

职称是衡量作者整体素质、科研水平和取得科研成果能力的一个重要指标。在可以统计作者职称的628人中，正高级职称286人、副高级职称217人、中级职称121人、初级职称4人，可见本刊的作者主要是拥有高级职称的学者，约占有职称作者总数的4/5。从事国史研究的学者经过多年的研究工作，已在相关领域产生一定的学术影响，他们的研究成果具有一定的学术性、代表性，研究成果发表的机会就较多。而中级尤其是初级职称的学者受他们研究深度以及学术积累的影响，成果一般逊色于高级职称的学者，他们发文率与拥有高级职称的学者相比要低许多。这一统计结果也与本刊的定位相符，反映出我刊重视论文学术性的一贯办刊宗旨。

拥有高级职称的学者作为本刊的作者主体（其构成见表13、表14），其分布情况呈现出如下特点：高等院校的教授和研究机构中的研究员基本相当。这一分析结果表明在作者队伍中，高等院校和研究机构学术水平差异性不大，各自占据了“半壁江山”。

表13　正高级职称作者的详细分析

	研究员	教授	编审	其他	合计
作者人数	131	132	14	9	286
百分比（%）	45.80	61.29	4.90	3.15	100.00

注：按作者发表文章时的职称统计，下同。

表14　副高级职称作者的详细分析

	副研究员	副教授	副编审	其他	合计
作者人数	51	133	13	20	217
百分比（%）	23.50	61.29	5.99	9.22	100.00

2. 不同单位系统作者职称分布的差异性

除了对职称进行综合比较，还可以对这些作者进行分部门比较。如各所属单位系统的作者职称分布比例也有差别，体现出了各自的特色，以发文最多的几个单位系统为例，其差异就十分明显（见图3—图6）：

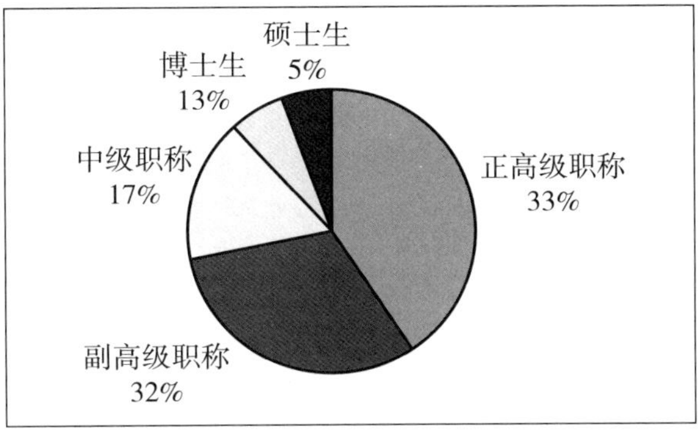

图 3　高校系统作者职称分布

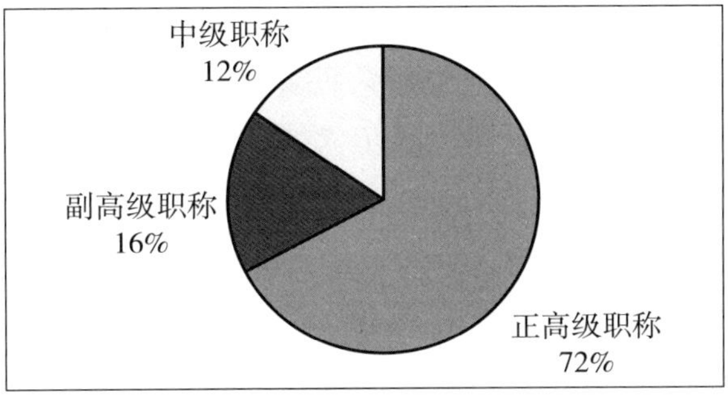

图 4　社会科学院系统作者职称分布

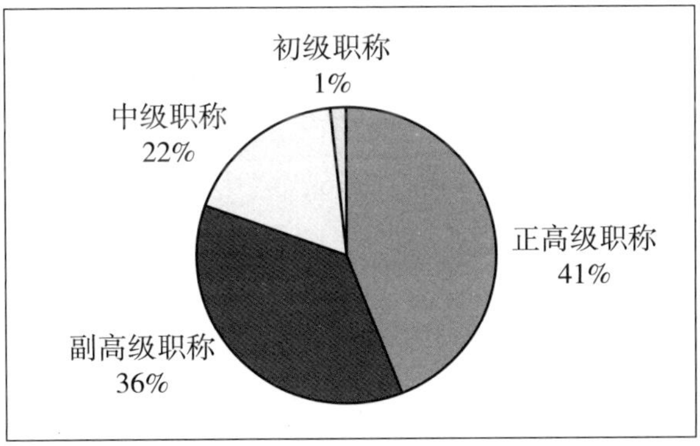

图 5　党研室、党校系统作者职称分布

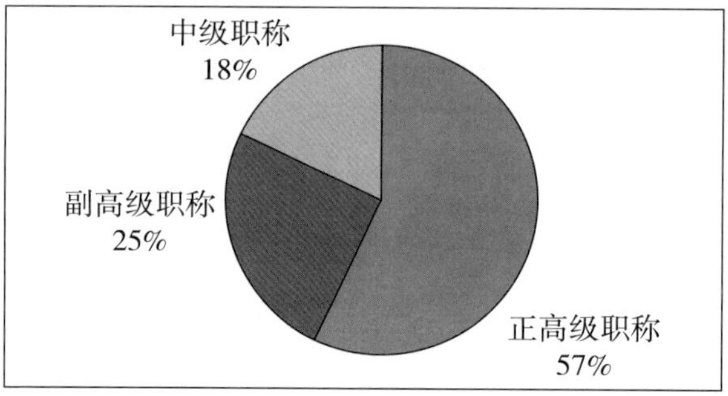

图 6 中央及地方党校机关作者职称分布

社科院系统具有正高级职称的作者占了 72%，是副高级、中级职称作者之和的 2 倍多，充分体现了从事国史研究的社科院系统的专家、学者具有的高素质、高水平；高校和党研室、党校系统的作者职称分布合理，基本反映了现阶段国史研究队伍人才济济的局面，特别是高校作者中有 1/5 是在校生，他们成为国史学研究的后起之秀；中央及地方党政机关有 1/3 的作者是各级领导干部，没有包含在职称统计数据当中，从能够进行职称统计的数据上看，具有正高级职称的作者人数明显高于具有副高级和中级职称的作者人数，虽然他们发表文章是靠部门领域的专业性取胜，但同样反映出需要具备较高的学术水平和研究能力才能把握国史研究的相关课题。

3. 对作者职称与合作率的统计分析

从表 15 可以看出，《当代中国史研究》作者队伍的整体趋势是：随着职称等级的提高，合作率也下降了，说明职称与作者的独立研究能力是呈正相关关系的。其中，具有正高级职称的作者合作率略高是由于导师与学生合作撰文，如果扣除师生合作的 17 篇文章，则具有正高级职称的作者合作率为 9.45%。

表 15 1994—2009 年《当代中国史研究》作者职称统计

职称等级 / 发表篇数	正高级职称	副高级职称	中级职称	初级职称
单独署名发表篇数	583	345	197	1

续表

发表篇数 \ 职称等级	正高级职称	副高级职称	中级职称	初级职称
合作署名发表篇数*	81	36	24	3
合作率（%）	12.2	9.4	10.9	75.0

注：* 合作署名的文章按第一作者的职称统计。

4. 对作者职称与发表文章分类的关系比较

从表 16 中不难发现，论文和书评类文章对于作者的水平要求比较高，与作者职称等级的高低有明显的对应关系；而述评类文章只要作者掌握足够的材料和具备一定的综合、分析、归纳能力，就可以比较好地完成课题，因此虽然也与作者职称有一定的对应关系，但级别之间的差异不那么明显；而能在学术会议上做专题发言的一般是已经取得正高级职称的学术权威或各部门领导就某个问题进行阐述；在校生没有涉及考证类文章，也说明从事这方面的研究还需要工作经验的积累。

表 16　1994—2009 年《当代中国史研究》作者职称与发表文章分类统计

职称等级 \ 发文分类	论文	述评	学术会议发言	书评	考证	回忆录	其他
正高级	360	19	13	23	5	5	29
副高级	258	19	——	5	1	——	9
中级	140	14	——	3	1	1	6
初级	3	1	——	——	——	——	——
博士	73	5	——	3	——	——	3
硕士	18	1	——	1	——	——	——
作者职称不详	62	11	——	10	1	——	3

说明：此表中博士、硕士指尚未取得学历的作者。另，博士中既包括博士、博士后，也包括在读博士研究生；硕士构成亦是如此。为避免重复计算，合作署名作者均按第一作者职称统计。

（二）对其他作者的统计分析

其他作者中包括的作者分类较多，由于这一部分作者合计人数在总数中只占到约 1/4 的比例，因此将其合并进行统计分析。

在这一类作者中，集体作者占了144个，党和国家领导人29人、各部委工作人员44人、外国学者21人、作者介绍不详的93人。另外还有一些尚未取得职称的作者，其中博士后工作人员、博士、博士生共75人，硕士、硕士生共31人。对这些拥有学位的作者进行分析发现，博士的独立研究能力明显高于硕士。

由于我刊主要刊登研究国史的学术成果，因此受到一些党和国家领导人的重视。作为共和国的亲历者，他们或写出回忆文章或就一些国史中的热点问题进行探讨，大大丰富了我刊的研究视野，对于澄清一些有争议的历史问题起到了很大的作用。而来自各部门、各行业的实际工作人员，由于熟悉本行业的工作，并掌握大量第一手的材料，因而他们撰写的研究论文也同样受到了研究者及读者的欢迎。

《当代中国史研究》还拥有一批集体作者，这些作者大都是国家重点课题的研究人员，他们取得的学术成果因极具学术性、创新性而受到我刊的重视，这亦是我刊今后需要努力加强的一个作者群。

随着当代中国研究所与国外当代中国史相关研究机构联系的加深，以及当代所举办的当代中国史国际高级论坛的举行，大大提升了本刊的国际知名度，因而吸引了一些在国际当代中国史研究领域中的知名学者。这批外国学者均是拥有正高级职称的研究人员，由于各国学者的研究方法、研究视角存在很大差异，因而加强国际交流就显得尤为重要。继续扩大我刊在国际上的知名度，进一步吸引国外学者投稿，是促进研究成果的交流和深化的一个重要手段，因而也是我刊今后的一个努力方向。

四、对作者研究领域的统计分析

对于当代中国史的分期，学界尚有争论。为了便于统计，本文按照《历史决议》把本刊所发表的文章划分为前7年（1949—1956年）、前10年（1956—1966年）、“文化大革命”时期（1966—1976年）、新时期（1978年至今）以及所述内容从时间跨度上超越了前面的分类标准（简称“跨时期”）5类，另外还有一些文章诸如叙述纯史学理论问题等内容，因从时间跨度上不好界定而归为“其他”。

通过表 17 的数据可以说明，除跨时期以外，学者的研究领域大多集中在前 7 年和新时期 2 个阶段，前 10 年和“文化大革命”时期所占比例较少，这是今后研究应该加强的领域。

表 17　1994—2009 年《当代中国史研究》作者研究时期分析表

时期	前 7 年	前 10 年	“文化大革命”时期	新时期	跨时期	其他	合计
发表篇数	249	113	95	419	596	21	1493
发表文章比例（%）	16.67	7.56	6.36	28.05	39.89	1.41	100.00

从表 18 统计数据中可以看出，发文量最多的政治史研究领域，其次是经济史，社会史亟待加强。

表 18　1994—2009 年《当代中国史研究》作者研究专业分析表

专业	国史学科	政治	经济	社会	文化	外交	军事	综合	合计
发表篇数	207	415	343	88	129	186	77	48	1493
发表文章比例（%）	13.86	27.78	22.96	5.89	8.63	12.45	5.15	3.21	100.00

（一）对《当代中国史研究》发文量变化的统计分析

从表 19 中可以看出，每到新中国成立逢十的年份，由于要集中刊发相关文章，因此当年关于“跨时期”的文章的数量以及发文总量会明显上升。

表 19　1994—2009 年《当代中国史研究》发表文章按时期数量变化统计

单位：篇

年份＼时期	前 7 年	前 10 年	“文化大革命”时期	新时期	跨时期	其他	小计
1994 年	11	5	4	5	21	6	52
1995 年	21	9	5	8	13	12	68
1996 年	12	7	6	26	27	3	81

续表

时期 年份	前7年	前10年	"文化大革命"时期	新时期	跨时期	其他	小计
1997年	12	15	15	22	21		85
1998年	12	8	9	21	33		83
1999年	14	1	4	30	58		107
2000年	18	5	6	29	35		93
2001年	10	11	4	22	39		86
2002年	11	6	6	34	37		94
2003年	11	5	7	34	45		102
2004年	12	6	3	49	38		108
2005年	19	9	4	27	48		107
2006年	21	9	5	23	46		104
2007年	22	6	5	30	44		107
2008年	21	6	8	25	35		95
2009年	22	5	4	34	56		121
合计	249	113	95	419	596	21	1493

从历年发文的总量来看，政治史、经济史文章所占比重较大，两者超过了发文总数的一半；社会史研究从无到有，呈上升趋势，2009年是1996年发文量的1.86倍；但总体来看，社会史和文化史仍比较薄弱（见表20）。

表20　1994—2009年《当代中国史研究》发表文章按专业数量变化统计

单位：篇

专业 年份	国史学科	政治	经济	社会	文化	外交	军事	综合	小计
1994年	6	14	20	—	4	2	3	3	52
1995年	8	21	22	—	3	7	6	1	68
1996年	13	19	21	7	9	7	4	1	81
1997年	3	33	17	7	4	14	4	3	85
1998年	3	23	20	6	6	14	6	5	83
1999年	4	27	19	6	8	13	2	28	107
2000年	10	20	16	2	14	16	14	1	93
2001年	3	30	18	8	11	11	1	4	86
2002年	18	22	23	7	8	11	5	—	94
2003年	17	29	19	9	9	12	7	—	102

续表

年份＼专业	国史学科	政治	经济	社会	文化	外交	军事	综合	小计
2004 年	44	19	22	2	7	10	4	—	108
2005 年	24	28	31	2	9	8	5	—	107
2006 年	13	29	23	5	11	19	4	—	104
2007 年	20	27	21	7	9	16	7	—	107
2008 年	10	36	24	7	4	14	—	—	95
2009 年	11	38	27	13	13	12	5	2	121
合计	207	415	343	88	129	186	77	48	1493

（二）不同单位（系统）作者的研究领域各有侧重

从表 21 可以看出，高校国史学的研究重点是“文化大革命”以前的时期，而社科院系统的研究人员和中央、地方党政机关的作者则以新时期为研究重点；党研室、党校系统的作者国史学研究的重点并不突出，与全部作者队伍的研究领域分布基本相当；各单位系统的作者的国史学研究重点都比较重视时间跨度较大的一些课题，涉及“跨时期”的文章数量约占总数的 1/3。

表 21　1994—2009 年《当代中国史研究》各单位作者研究时期统计

单位：篇

单位＼时期	前 7 年	前 10 年	“文化大革命”时期	新时期	跨时期	合计
高等院校	84	39	21	103	184	431
社科院系统	53	13	30	99	144	339
党研室系统	18	19	13	41	55	146
党政机关	18	10	8	37	52	125
党校系统	16	11	8	27	33	95
军事系统	28	6	8	16	34	92
外国作者	3	—	—	6	14	23
其他	27	15	7	90	103	242
总计	247	113	95	419	619	1493

从各单位作者研究领域分布来看，高等院校、社科院系统、党研室系统的研究覆盖面比较全面，各专业都有涉及；各部委的研究重点主要

集中在政治史和经济史方面；军事系统主要集中在军事史研究方面；外国作者偏重于政治史和外交史方面（见表22）。

表22 1994—2009年《当代中国史研究》各单位作者研究专业统计

单位：篇

单位＼专业	国史学科	政治	经济	社会	文化	外交	军事	综合	合计
高等院校	37	103	112	37	39	93	7	3	431
社科院系统	65	107	79	14	29	30	8	7	339
党研室系统	13	53	36	9	5	22	2	6	146
党政机关	3	39	55	8	8	7	2	3	125
党校系统	2	41	21	10	12	6	1	2	95
军事系统	4	20	7	3	3	9	45	1	92
外国作者	7	7	—	—	1	6	1	1	23
其他	76	45	33	7	32	13	11	25	242
总计	207	415	343	88	129	186	77	48	1493

五、小结

《当代中国史研究》自1994年创刊以来，在短短十多年里能在数百种史学刊物中脱颖而出，与它拥有一支高水平的作者队伍是分不开的。通过以上对《当代中国史研究》作者队伍状况的分析不难看出，随着国史事业的不断发展，越来越多的史学工作者开始关注对中华人民共和国史的研究，而且研究领域越来越广泛和深入，出现了很多专业领域里的学术带头人，同时也涌现了一批具有很强的综合素质，理论水平、科研能力和文字功底俱佳的国史研究工作者。在他们的带动下，着眼于反映当代中国的政治、经济、社会、文化、外交和国防事业等诸多方面不断演化的历史进程的国史学方兴未艾。

由于国史学研究的对象包括当代政治、经济、社会、文化、外交和国防事业等各个领域的不同侧面，因此作者队伍来源就更为广泛，甚至包括部分外国学者在内。同时，当代中国史的研究也是一门新兴学科，对外交往的历史不长，其自身发展的很多理论问题还处在探索阶段，如何更好地把握国内国外最新研究成果，把这些成果及时、准确、全面地介绍给读者，并使得专业研究人员之间可以相互得到启发，这是《当代中国史研究》义不容辞的责任。应该说，没有一支高水平作者队伍的支撑，这个目的是无法达到的。

历史研究不可能完全脱离现实世界的影响，历史学者们虽然着眼点是已经发生的事件，但他们的出发点是立足于当前、面向未来的，这是历史学能够随着时代的演进而不断创新的基础。随着社会的发展，历史学研究领域也体现出了跨学科渗透、研究方式方法不断创新、新理论新观点不断突破的特征，这就要求史学工作者不断更新观念、解放思想，使自己不断适应飞速发展的时代要求。《当代中国史研究》也一定能不断完善自我、超越自我，为推动国史学的发展和繁荣当代中国文化作出更大的贡献。

［原载《当代中国史研究》2010 年第 4 期］

政治史

历史人物研究与历史虚无主义批判

周　进

一段时间以来，历史虚无主义以所谓“学术研究”“还原历史”“重新评价”为幌子，颠倒是非，歪曲党史国史军史，污蔑诋毁党的领袖、英雄人物，无限放大一些领袖和英雄人物的缺点或错误，却抬高美化一些反面人物，以达到其“从根本上否定马克思主义指导地位、否定中国走向社会主义的历史必然性、否定中国共产党的领导”的目的。因此，正确研究宣传历史人物，是一项重要而艰巨的课题。只有用科学的理论、实事求是的态度去分析、研究、评价历史人物，才能真正发挥历史的“教科书”“清醒剂”的作用。

一、历史人物研究中的虚无主义表现

近年来，历史虚无主义逐步从学术研究领域扩展到宣传领域，从学术圈扩展到普通大众，从传统媒介扩展到互联网等新兴媒体，其攻击诋毁领袖和英雄人物的手法更为多样。

（一）抓住缺点，无限放大，诋毁领袖人物

历史虚无主义诋毁领袖人物最大的焦点就是诋毁毛泽东。毛泽东同志在社会主义建设道路的探索中走过弯路，特别是在“文化大革命”中犯了严重错误。但必须强调的是，就毛泽东一生而言，他对中国革命的

功绩远远大于他的过失，他的功绩是第一位的。然而，历史虚无主义以“重新评价历史”“重新反思‘文化大革命’”为名，夸大毛泽东晚年错误，全盘否定毛泽东，否定毛泽东是一个伟大的马克思主义者，否定毛泽东思想的当代价值，借机否定新中国前30年的历史，否定中国革命史。

（二）打着“还原历史”“重新评价”的幌子，恶搞、质疑、否定英雄人物

英雄人物是各个历史时期的先进楷模，推动了社会的进步，是民族的脊梁。搞历史虚无主义的人，假借学术研究之名质疑英雄及其事迹的真实性，丑化或矮化英雄现象，恶搞和调侃英雄人物。如对于狼牙山五壮士、刘胡兰、黄继光、雷锋等党史国史军史上英雄人物的事迹和精神，打着“还原历史”的幌子，进行翻案式“重新评价”或“污名化”，对英雄人物进行质疑、否定和恶搞，在社会上形成了极其恶劣的影响，也使英雄人物带给人们的精神激励和鼓舞不断被消解。

（三）以所谓“人性化”，用个体记忆、小众记忆，歪曲、解构、替代国家整体记忆、大众记忆

相对于宏观叙事的历史文本和政治史为主的历史研究范式，对个体处境、心理活动的剖析，见物见事见人，在历史研究中越来越受青睐。“人性化”“人道主义”成为认知和研究历史的热门视角。在各类媒体上，以个体和小众记忆为主的“揭秘”“档案”“真相”“口述历史”“历史人物访谈”等栏目（节目）颇受追捧。有人以个人传记、日记、回忆录为史料研究历史，炒作中国共产党在探索革命、建设和改革过程中正常的思想斗争，并以此得出了所谓的“新观点”“新结论”，把党史说成是“阴谋史”“整人史”，有人甚至称要改写国家大历史。

（四）颠倒是非，戏谑恶搞，消解对人物认知评价的历史根基和科学标准

搞历史虚无主义的人，假借所谓“学术研究”“艺术创作”的幌子，一些红色经典和原型人物遭到戏说、丑化、矮化，近现代历史上的一些

反面人物，如慈禧、袁世凯、蒋介石、汪精卫等却受到高度赞扬，认为他们都功大于过，是推动中国进步发展的重要人物，有人甚至认为他们才是“民族英雄”，这完全是颠倒是非黑白，这些都在不断侵蚀社会大众对历史人物认知和评价的价值观、是非观、历史观。有的网络游戏虚构历史，混搭历史人物，扭曲价值观和历史观，荆轲变成女的，诗仙李白成为刺客，名医扁鹊是用毒高手，让历史人物穿越千年在同一网络时空中交锋。长此以往，游戏迷们或许就把这些虚拟空间当成了历史，当成了真实，却把真历史当成伪历史、把真文化当成伪文化。

二、历史虚无主义攻击诋毁领袖和英雄人物的危害及其成因

搞历史虚无主义的人对于领袖和英雄人物的诋毁歪曲，往往具有主观臆造性、复杂性、煽动性、学术欺骗性、严重危害性等特点。他们颠倒是非，混淆视听，动摇马克思主义的信仰，消解中华民族精神和民族凝聚力。

（一）消解中国主流意识形态，推销西方所谓“普世价值”

搞历史虚无主义的人的言论具有极强的煽动性、渗透性和学术欺骗性，企图通过否定领袖、英雄人物及其思想精神，否定领袖和英雄人物的理想信念、政治品格，动摇马克思主义和中国特色社会主义理论体系的指导地位，瓦解中国人民的理论自信，裹挟推销西方的所谓“个人至上”“人性化”“人道主义”等价值观念，以达到西方反华势力“西化”“分化”中国的目的，进而消解我国的主流意识形态，导致人们政治信仰坍塌，导致社会主义核心价值观的错乱，甚至民族精神的丧失，进而阻遏中国特色社会主义伟大事业的进程。

（二）质疑中国共产党的领导，推销西方政治制度

搞历史虚无主义的人通过夸大领袖和英雄人物的缺点、错误，编造谣言，伪造档案及日记、口述历史等文献资料，否定中国历史、否定中

国共产党的领导、否定中华人民共和国历史，瓦解中国人民的道路自信和制度自信，其最终目的在于误导中国走资本主义道路、搞西方的政治制度。以苏联为例，原本是当时世界头号社会主义大国，却在戈尔巴乔夫上台后，全面否定英雄人物、否定斯大林、列宁等领袖人物，否定共产党和社会主义制度的成就与贡献，这些否定党的领袖的行动最终导致了苏联亡党亡国，教训极其深刻。虽然苏东剧变的历史条件不复存在，但西方敌对势力颠覆中国共产党的领导和社会主义制度之心不死，我们依然不能放松警惕。

（三）动摇民族精神文化认同，涣散民族凝聚力

搞历史虚无主义的人选择性地攻击污蔑领袖、英雄人物及其精神事迹，动摇人民群众对中华民族优秀传统文化的认同。尤其是伴随互联网成长起来、作为网民主要群体的青年一代，处于思想不稳定、价值观不成熟的成长发育期，接受新事物新思潮能力强、可塑性强，但分辨力弱，容易受历史虚无主义熏染，从而形成错误的历史观和价值观。

历史虚无主义之所以在近年来甚嚣尘上，主要有以下几点原因：一是西方敌对势力的反华图谋、和平演变图谋一直没有泯灭，甚至随着中国的快速发展和负责任大国形象的凸显而变本加厉；二是由于信息化时代的技术创新和网络新媒体具有传播即时性、交流互动性特点，信息传播速度快，而网络宣传鱼龙混杂，极易造成舆论事件；三是碎片化的信息获取方式、历史虚无主义者片面的妄加猜测和妄下结论、对领袖和英雄人物的传统“高大全”式脸谱化宣传教育的逆反，导致正面宣传公信力易受到挑战和质疑，影响了公众对历史人物科学、客观、全面的认知。

三、以马克思主义的评价标准和方法批判历史虚无主义

为应对历史虚无主义诋毁领袖和英雄人物所带来的严重危害，应遵循马克思主义的评价标准和方法，加强历史人物研究和研究成果的宣传教育，运用法治化手段净化媒体环境，推动形成崇尚英雄、学习英雄、争当英雄的舆论氛围，夯实社会主义核心价值观和主流意识形态基础。

一是以习近平新时代中国特色社会主义思想为指引，深化历史人物研究，牢牢把握对历史人物研究和宣传的主动权、话语权。习近平总书记指出："革命领袖是人不是神。尽管他们拥有很高的理论水平、丰富的斗争经验、卓越的领导才能，但这并不意味着他们的认识和行动可以不受时代条件限制。不能因为他们伟大就把他们像神那样顶礼膜拜，不容许提出并纠正他们的失误和错误；也不能因为他们有失误和错误就全盘否定，抹杀他们的历史功绩，陷入虚无主义的泥潭。"对历史人物的评价，应该放在他们所处时代和社会的历史条件下去分析，不能离开对历史条件、历史过程的全面认识和对历史规律的科学把握，不能忽略历史必然性和历史偶然性的关系，更不能把历史顺境中的成功简单归功于个人，也不能把历史逆境中的挫折简单归咎于个人，不能用今天的时代条件、发展水平、认识水平去衡量和要求前人，不能苛求前人干出只有后人才能干出的业绩来。这"六个不能"，为我们评价历史人物尤其是评价党史人物提供了基本遵循和科学的方法论。我们要以习近平总书记关于反对历史虚无主义的重要论述为强大思想武器，时刻保持清醒的头脑，用史实说话，杜绝主观臆断、人云亦云，既要有坚定的阶级观点和立场，又做到"不脱离实际，不苛求于古人"。我们要秉持马克思主义的评价方法，深化对党史国史军史历史人物的研究，积极批判错误思潮，牢牢把握历史人物研究评价的主动权、话语权。

二是加强马克思主义研究方法和人物评价体系的构建与宣传，牢固树立社会大众客观、理性、成熟的历史观和价值观，强化理论自信、道路自信、制度自信和文化自信。加强马克思主义理论的教育和指导，正确看待历史与人物，尤其是与领袖、英雄人物的关系。人物研究不能孤立地就人论人，而要考察人物生存的背景与时代，尤其要考察人物的生活经历，这样才能理解人物的思想与行动。评价历史人物必须从实践入手，坚持实践是检验真理的唯一标准。这才符合历史唯物主义评价历史人物的基本标准。邓小平指出："历史是人民创造的，但是这丝毫不排斥人民对于杰出的个人的尊敬；而尊敬，当然不是迷信，不是把他当作神。"推进马克思主义中国化、时代化、大众化，增强对马克思主义的认同和信仰，弘扬爱国主义，坚守民族精神阵地，唯此才能强化中国特色社会主义理论自信、道路自信、制度自信和文化自信。

三是运用法治化手段，维护领袖和英雄人物尊严，净化舆论和网络空间。法律对社会成员具有普遍约束力；社会需要法律法规规范社会秩序和人们的行为。健全相关法律法规，是运用法治化手段维护领袖和英雄人物形象的根本保证，更是大势所趋。“狼牙山五壮士”等英雄人物名誉权荣誉权案的宣判，充分证明，调适国家重要法律法规、制定具有针对性的法律法规势在必行。2014 年，全国人大常委会表决通过了关于设立烈士纪念日的决定，以法律形式将每年的 9 月 30 日设立为烈士纪念日，这为人民群众缅怀和尊敬英雄、弘扬爱国主义、增强中华民族凝聚力发挥了重要作用。2018 年 4 月 27 日，十三届全国人大常委会第二次会议全票通过了《中华人民共和国英雄烈士保护法》，并于 2018 年 5 月 1 日起施行。这部法律重在宣示国家和人民永远铭记、尊崇一切为国家和民族作出牺牲和贡献的英雄烈士，表明我们捍卫英雄烈士的鲜明价值导向，它的实施对维护社会公共利益，传承弘扬英雄烈士精神，培育和践行社会主义核心价值观将发挥重要作用。当然，有法可依是前提，执法必严才是保证。执行这部法律需要加强政府监管、网民自律、媒体（网络运营者）审查、群众监督，提升媒体从业人员的政治意识和知识能力、道德素养等方面的综合施策。

反对历史虚无主义责任重大，任务艰巨复杂。史学工作者和宣传部门、媒体要同心合力，以习近平新时代中国特色社会主义思想为指引，以习近平总书记关于反对历史虚无主义重要论述为强大思想武器，牢牢把握党史国史军史发展的主题和主线、主流和本质，构建马克思主义的历史人物评价体系和标准，加强对历史虚无主义观点现象的收集、分析、研判，深化对党史国史军史的研究和成果转化，主动出击、精准应对，对其中有代表性的观点要有针对性、有理有力开展批驳，带动更多的群众以马克思主义唯物史观为指导，学习、了解党的历史、新中国历史、中华民族历史，增强对历史虚无主义的辨别力和“免疫”力，为进行伟大斗争、建设伟大工程、推进伟大事业、实现伟大梦想作出积极贡献。

[原载《红旗文稿》2018 年第 17 期]

唯物史观视阈下口述史料价值与历史虚无主义批判

周　进

历史研究的根本原则和根本方法是从历史史实出发，以历史史料为依据，实事求是。唯物史观是科学的历史观和方法论的统一。习近平总书记在中共中央政治局第二十五次集体学习时强调，让历史说话、用史实发言。要做好亲历者头脑中活资料的收集工作，抓紧组织开展实地考察和寻访，尽量掌握第一手材料。

作为文献史料的重要补充，口述史料的最大价值是能够反映一些鲜为人知的历史事实，尤其是对于近现代、当代人物或事件的研究，可以补充文献资料的不足，让历史更生动、更鲜活、更有情感，是大众更易于、乐于接受的史料形式之一。但是，口述史料也有主观性、局限性的一面。历史虚无主义者们对待历史的态度，是违背实事求是的历史研究准则，不尊重历史，孤立、片面引用史料，任意打扮历史、假设历史，打着“反思历史”“还原历史”“重写历史”旗号，偏好口述史料。这正是他们夸大利用口述史料这种主观性、局限性的一面，惯以某某人物谈历史事件、历史人物，某某人告诉你不一样的历史等呈现形式，随意曲解历史，甚至篡改历史，企图消解主流意识形态。

一、历史虚无主义唯心主义的研究方法及其对口述史料的“利用”

对于历史史料的利用、取舍和把握的方法和态度，也就是历史观，对史料运用起决定性作用，也是决定历史认知科学与否、正确与否的关键。有什么样的历史观就会有什么样的方法论，一定的历史观也是通过它的研究方法表现出来的。对待历史事实的态度，是尊重史实的客观性，还是任意为我所用，把历史变成“任人打扮的小姑娘”，这是严肃的历史研究和历史虚无主义相区别的一个分水岭。

历史虚无主义者们采用唯心主义研究方法，不仅抛弃已有历史研究成果，积极鼓噪重新撰写所谓“真实”“客观”的历史，而且采用所谓微观实证、新史料公布的“碎片化”手段“孤立、静止地对待历史”，“混淆历史逻辑”，“为其所用地切换历史场景”，来质疑社会历史共识。历史虚无主义的研究方法具有反唯物史观、反科学的特征，主要采用否定和放弃阶级分析法、否定和放弃全面客观的史料分析法、夸大心理分析法等研究方法孤立、片面地利用口述史料。他们的手法如下：

（一）鼓吹所谓纯粹客观主义、“超阶级”“超党派”，否定和放弃阶级分析法

恩格斯在《社会主义从空想到科学的发展》一文中指出：“以往的全部历史，除原始状态外，都是阶级斗争的历史。”① 历史虚无主义基于唯心史观，在探索中国近现代历史时，把“客观公允”理解为“超阶级”“超党派”地分析研究历史现象和历史事件，不仅攻击马克思主义阶级分析法，而且把历史过程归结于人性的影响，归结为人的观念、视野、心理甚至性格等主观因素的作用，结果，离历史真实越来越远。如，有的人以所谓“口述史”和个人“回忆”的方式，否定党领导的“一化三改”，看不到它在奠定社会主义制度与开创人类历史新纪元中的重大历史意义。

① 《马克思恩格斯选集》第3卷，人民出版社1995年版，第739页。

事实上，纯粹的客观主义是根本不存在的，在阶级社会里，人不是抽象的人，而是处在一定社会关系中的具体的人，是具有一定世界观、历史观、人生观和价值观的人。任何历史口述者、研究者都是站在一定的立场上、自觉或不自觉地以一定的世界观、历史观为指导来记录、说明、研究历史。口述者、研究者的立场和政治态度必然会影响到他们的总体历史观，而且还直接影响到他们在具体的历史过程、事件、人物研究中的观察视野。在经济全球化时代，想超然于唯心史观和唯物史观两大历史观之外，是一种不切实际的幻想。只有以科学的唯物史观为指导，才能循着正确的认识路线不断还原、接近历史真相，得出更加接近客观历史实际的结论。

（二）鼓吹所谓微观实证研究，搞历史“碎片化”，否定和放弃全面、客观的史料分析法

历史研究需要在充分占有历史材料的基础上，对历史材料进行分析筛选，去伪存真，然后才能从正确地（近似正确地）反映客观历史史实的真实材料出发，进一步深入下去，向着历史的真理接近。历史虚无主义者们在研究中，虽然采用史料分析法，却存在三种错误。

其一，不是“靠大量的、批判地审查过的、充分地掌握了的历史资料”得出结论，而是片面地、选择性地、按图索骥地发掘史料。通常是以所谓“口述”“回忆”“揭秘”“重评”等形式，根据一两个“碎片化”材料进行论说，且对史料不辨析、不考证、不甄别。这样做，违背了孤证不立的原则，以点概面，以偏概全。如英国出版的《中国季刊》曾刊载一篇研究性长文，根据蒋介石自己的言论就荒谬地认定在“四一二政变”后，“蒋介石国民党占统治地位的领导是反资本家的”。

其二，“经常把文献的历史和现实的历史当作意义相同的东西而混淆起来”[1]，往往根据所用史料的真实性，判断所陈述历史的真实性。史料的真实只是为说明历史的真实提供了必要条件，但仅此还不够。即使根据史料把握了历史某个或者某些细节的真实，未必就能把握全

---

① 《马克思恩格斯全集》第3卷，人民出版社1966年版，第551页。

局的真实。历史学的主要任务不仅是史料的收集、整理与考证，还要从史料中找出各种史实之间的互相联系，发现历史的规律性，从而达到对历史整体真实的把握。例如，关于新中国历史中三年困难时期非正常死亡人数的问题，《毛泽东的大饥荒》的作者不仅臆测出“大跃进”时期所谓全国受饥饿而死的总人数，该作者为了归罪于毛泽东，竟将上海会议上毛泽东1959年3月26日关于安排第二季度工业计划、3月28日关于粮食购销问题，与3月25日关于人民公社问题的三个谈话相混淆，将针对削减基建项目的内容“移花接木”为吃饭问题，从而炮制出毛泽东曾说过“不够吃会饿死人，最好饿死一半，让另一半人能吃饱”的谎言。

其三，断章取义和篡改、伪造史料。伪造政治领导人物的日记，编造历史，传播谣言，是近年互联网环境下历史虚无主义者的一大惯用伎俩。如，近年来网上流传“某领导日记启封”一文，所谓的日记后来被权威机构或当事人证实都是伪造的。但是，历史虚无主义者并不死心，又接连炮制“胡绩伟谈某领导日记”等互作伪证，编造出许多抹黑攻击胡耀邦、邓小平等领导人的邪恶说法。又比如，有的人利用所谓口述和回忆录，极力渲染甚至编造“大跃进”期间发生的失误，以证明中国共产党不懂经济，根本没有抓经济建设的能力；有的无限夸大某些历史事件的“细节”和感受，涂黑历史，欺骗善良人们的感情，甚至捏造出“饿死几千万人”的谎言，企图煽起对党的领导的不满；有的以批判“文化大革命”为名，把党和新中国的历史说成是一系列“左”的错误的延续和叠加，以此否定中国共产党的执政能力。

（三）鼓吹还原论，夸大心理分析法作用

近年来，历史虚无主义者们追随西方心理史学，搞研究方法的所谓“创新”，在历史人物的分析研究上日益采用心理分析法。口述史料较档案文献资料的严肃、刻板，具有生动的细节、丰富的情感和强烈的历史代入感。历史虚无主义者们利用口述史料的这一特点解读历史，造成历史解读“绘声绘色”“像模像样”的假象。特别是在评价毛泽东上，一些研究者通过对毛泽东幼年、少年活动的分析，毫无根据地得出

其“心理阴暗”的结论；根据毛泽东的诗词、言行、文章等，把心理分析的模式生搬硬套，牵强附会地归纳出其有“偏执型人格”等结论，对毛泽东进行多方面的污名化。在历史研究中可以使用心理分析方法，但必须结合其他科学研究方法，特别是阶级分析方法来使用。口述史料作为历史史料之一，具有口述者参与的局限性、情感的个体性、认知的差异性。因此，心理分析法只能作为补充、辅助的方法，而不应成为主要方法。

二、辩证认识口述史料的价值与局限

（一）口述历史拓宽史料建构渠道，引起史学研究范式的更新

口述史，是一个现代意义上的具有严格定义和规范的专门学科。“口述史是围绕着人民而建构起来的历史。它为历史本身带来了活力，也拓宽了历史的范围。它认为英雄不仅可以来自领袖人物，也可以来自许多默默无闻的人们”，“它把历史引入共同体，又从共同体中引出了历史”。[①]它把历史学视为一门关于人、关于人类过去的科学，反对传统史学局限于政治史的狭隘性；它主张史学研究应包含人类过去的全部活动，主张对历史进行多层次、多方面的综合考察以从整体上去把握；在方法论上，它倡导多学科合作，即吸取其他相邻学科的理论和方法，而口述史恰恰在这些方面大有用武之地。法国有句谚语：“一个老人的离去，就是一座小型博物馆的倒塌。”近年来口述历史更进了一步，不仅把占人口绝大多数的普通人的行为，还把他们的愿望、情感和心态等精神交往活动当作口述历史研究的主题。这不仅使史学研究的视角产生了根本变化，也使史学研究的广度和深度都大大拓展了。例如，20 世纪 50 年代末 60 年代初，毛泽东提出“用村史、家史、社史、厂史（以下简称“四史”——编者注）的方法教育青年群众”[②]，激发了史学界尤其是高校历史系学生走

---

① ［英］保尔·汤普逊：《过去的声音：口述史》，覃方明等译，辽宁教育出版社 2000 年版，第 24 页。

② 《建国以来毛泽东文稿》第 10 册，中央文献出版社 1996 年版，第 297 页。

向厂矿、农村进行历史调查，撰写“四史”的热情。在“四史”编写中，口述访谈、回忆成为被较多运用的一种主要方法，尤其是家史，多着重结合大的历史背景，通过个人回忆反映时代面貌。

（二）口述史料丰富了历史信息记载，为全面、立体、客观地还原历史和认知历史提供可能

口述史料以形象、生动、鲜活的特性，和文献资料互为补充、互动互证。那些不仅来自领袖人物、也来自平民百姓和少数族群口述的人生故事，使史学家得以从耳熟能详的历史事件中，发掘出许多以往被忽略的历史侧面，或者为传统官、私方文献遗忘的历史段落。这些史料使人们可以观察到制度和结构以外的人性和他们的心态，这正是其他的史学研究方法难以企及而口述史特别擅长之处。这些亲历者具有重要的政治和历史地位，对于重大历史事件的内幕有着比较准确的了解，并且使用了很多不对外公开的档案资料，因此，不仅史实比较可靠，而且往往含有很多独特的资料，具有不可替代的价值。

（三）口述历史具有不可回避的主观性、不可靠性和一定的验证难度

口述历史是一项无法独立完成的工作，必须由口述者和采访者合作。在这个过程中，口述者同时立足于口述历史的客体和主体两个位置上，因此他们在这项工作中担任最重要的角色，但在这个过程中，口述者与采访者的交谈可能会产生不同的侧重点。口述者所诉说的事情中难免带有个人色彩，在对具体事物的评判上存在主观诱导性描述、对现代认识产生指涉性分析。同样，采访者也许会出于功利目的，在采访中更倾向于了解符合自己观点的角度，从而对口述者产生方向性引导。这些都能影响后人更客观、准确地了解那段不曾经历过的历史。同时，口述者因年龄、身体健康、情感、认识差异等，难免对过去的记忆存在遗忘、不完整、不准确的情况。口述史料的准确性也因口述者的离世或者旁证的缺失而增加了验证的难度。

三、坚持唯物史观，在批判历史虚无主义中科学运用口述史料

要遏止历史虚无主义的泛滥，增强与历史虚无主义斗争的自觉性、主动性、有效性、韧性，最根本的是要坚持运用马克思主义唯物史观观察世界、认知历史，坚持研究历史的客观性、规律性、正确性、整体性原则，加强口述史料的征集、整理、甄别与运用、宣传，加强专业体系建设和人才队伍建设。为此，应做到：

（一）勤于征集、整理、留存、甄别口述史料，坚持口述史料与文献资料相印证的原则，提供立体、准确的历史记载信息，避免被历史虚无主义者们所利用，为深化历史研究夯实基础

口述中往往会有太多有意或无意的记忆失误，也会出现有意或无意的谎言，这样的口述虽然也有保留下来以备后人研究的价值，但是作为采访者，如果不认真反映做访谈时的特定环境、背景和被访者的状况，事后对口述者提供的材料一放了事，不去核对、鉴定，任由这样的材料保存下去，谬种流传，就会被某些别有用心者利用，结果是为后人制造一系列混乱，被历史虚无主义者所利用。这是对历史不负责任的表现。所以，作为采访者、整理者，要通过回访、扩大采访对象范围、查找历史文献资料等方式进一步去考证、核实史实。只有加强积累，经过反复考证，才能挖掘出隐藏在口述史料背后的真相，口述史料的真正价值才能够体现出来。

（二）勇于在学术上运用口述史料与历史虚无主义者展开辩论，以其人之道还治其人之身，辨明历史虚无主义者史料运用的错误性

当下历史虚无主义的言论不少是从一些似是而非、以偏概全甚至错漏百出的口述史料展开的。这些言论在传播内容上更加注重“碎片化”，有的甚至把一些历史事件不顾前因后果地任意剪裁，特别是充分利用新

媒体、自媒体内容短小、精悍亲民的特点，用小细节小故事来剪裁、肢解、歪曲大历史。所以，要在学术研究上主动有针对性回应社会大众对历史与史实的关切，与历史虚无主义者展开深入辩论，用其矛攻击其盾，辨明是非曲直，对被历史虚无主义者颠倒的历史进行拨乱反正、正本清源。只有在学理上驳倒这些观点，才能有效阻止历史虚无主义的泛滥和传播。

（三）善于在传播上利用各种媒体形式做好传播、教育工作，以正向宣传引导，消解历史虚无主义的负面影响

一些新媒体、自媒体由于发布便捷、传播速度快、范围广等特点，日渐成为历史虚无主义者们发表各种论调和言论的新平台。一些聚焦历史话题的微博、网络大V以及某些公共微信平台或个人微信，已经成为歪曲历史甚至编造历史的主要推手，也使得一部分手机客户端、微信、微博成为历史虚无主义的集散地。与此同时，口述历史也顺应了互联网时代的潮流，积极地融入多元化的媒体之中，从口述历史的平民化等系列特征来看，与媒体的交融是进一步发挥其价值的必然选择。近年来，以口述历史为内容的电视、互联网节目层出不穷，如中央电视台的《国家记忆》是中国第一档国史节目。该节目以“为国家留史，为民族留记，为人物立传”为宗旨，展现党史、国史、军史中的重大历史事件、各领域重大工程建设、揭秘重大决策背后的故事、讲述各阶层各时代代表性人物的事迹，记录讲述党的奋斗史、创业史、中国特色社会主义探索史、改革开放进程史。国家图书馆的“中国记忆”项目，以传统文化遗产、现当代重大事件、各领域重要人物为专题，以传统文献体系为依托，系统性、抢救性地进行口述史料、影音资料等新型文献建设，并最终形成记忆资源体系，通过出版物、展览、讲座、专题片和体验活动等多种形式面向公众进行资源推广。这些借助平面媒体、广播媒体、电视媒体及互联网媒体、手机新媒体的宣传方式，打破了传统单一媒体传播范围窄、传播速度慢的迟缓态势，在微博、微信、手机等多媒体的交融中，拓宽了口述历史的传播渠道。历史工作者要不断加强对新媒体技术手段的学习运用，针对不同媒体受众，因地制宜地生产公共历史产品，激发媒体

的责任感和使命感，强化媒体对科学历史观和主流意识形态的引领、塑造作用。

（四）鉴于与历史虚无主义斗争的艰巨性、长期性、复杂性，应构建口述史专业体系，建立以马克思主义唯物史观为指导，具有价值立场、深厚史识功底和扎实知识背景的人才团队

由于长期以来口述历史理论体系的不健全，导致口述史创作团队的非专业性，相对性地欠缺专业的学术性。中国口述历史尚处于初始的采集、整理“口述史料”阶段，远未提升到“口述史学”的研究层面。全国高校中专职从事口述历史工作的专业人士也很欠缺，从而导致相关学术研究团队的专业水平不高。全国各地的口述历史研究者，主要集中于高校和专门研究所。这些研究人员多为本单位的学术骨干，肩负着繁重的科研任务，他们所进行的口述历史研究，主要是因为对口述史学感兴趣而进行的兼职性研究。很多人是抱着抢救口述史料的使命感和学术责任感来从事这项艰苦的工作，抱着牺牲与奉献精神来从事口述历史访谈及研究的。加上没有正规的研究机构作为学术依托，没有必要的经费加以支撑，从而导致口述史学发展缺乏长远规划，人们只是就自己感兴趣或有条件进行的口述历史访谈展开工作，对那些急需抢救的人物及口碑史料则难以有效地抢救。因此，要以马克思主义唯物史观为指导，着眼长远，加快构建学科体系和人才团队，使口述史学、口述史料工作更加科学化、规范化，为深化历史研究、批驳历史虚无主义、建设中国特色的哲学社会科学体系发挥积极作用。

［原载《红旗文稿》2017 年第 21 期］

中共第一代中央领导集体解决香港问题战略决策的历史考察

叶张瑜

新中国成立后，以毛泽东为核心的第一代中央领导集体从大局出发，在解决香港问题上，保持了沉着冷静的态度，尊重香港的事实，采取了特殊的策略和政策，为后来中国顺利解决香港问题、实现祖国和平统一作出了不懈的努力。

一、“暂时不动香港，维持现状”

实现中华民族的独立和统一是近百年来中国人民艰苦奋斗、梦寐以求的理想，更是中国共产党人执着追求的目标。1949 年，当中国共产党领导的中国人民解放军在全国战场上节节胜利，准备挥师南下解放全中国时，香港问题便凸显出来。事实上，以毛泽东为核心的第一代中央领导集体在 1949 年初就开始考虑如何处理包括中英两国之间历史遗留问题——香港在内的对外关系问题。1 月 19 日，中共中央在关于外交工作的指示中指出：“在原则上，帝国主义在华特权必须取消，中华民族的独立解放必须实现，这种立场是坚定不移的。但是在执行的步骤上，则应按问题的性质及情况，分别处理。凡问题对于中国人民有利而又可能解决者，应提出解决。其尚不可能解决者，则应暂缓解决。凡问题对于中国无害或无大害者，即使易于解决，也不必忙于去解决。凡问题尚未研究清楚或解决的时机尚未成熟者，更不可急于去解决。总之，在外交工作方面，我们对于原则性与灵活性应掌握得很恰当，方能站稳立场，灵活机动。”① 中共中央这一外交方针为解决香港等历史遗留问题提供了依据。香港问题是英帝国主义用坚船利炮强迫清政府签订不平等条约的产物，是强权外交的产物，是帝国主义在华的“特权”之一，是“必须取消”的，但当时香港问题“解决的时机尚未成熟”，“更不可急于去解决”。对此，毛泽东在2月与斯大林派来的代表米高扬谈话时对此做了明确的说明：“目前，还有一半的领土尚未解放。大陆上的事情比较好办，把军队开过去就行了。海岛上的事情就比较复杂，须要采取另一种较灵活的方式去解决，或者采用和平过渡的方式，这就要花较多的时间了。在这种情况下，急于解决香港、澳门的问题，也就没有多大意义了。相反，恐怕利用这两地的原来地位，特别是香港，对我们发展海外关系、进出口贸易更有利些。总之，要看形势的发展再作最后决定。”② 这实际上说明以毛泽东为核心的第一代中央领导集体已经作出“暂时不动香港，维持现状”的政策了。因此，当中国人民解放军进抵粤港边界时没有进兵香港，而是按兵于深圳河畔。③

“暂时不动香港，维持现状”，是中共领导人审时度势作出的战略抉择，是原则的坚定性和斗争策略的灵活性高度结合的战略决策。当时，毛泽东等中共领导人清醒地认识到，新中国成立后必然会彻底解决帝国主义侵略中国而留下的历史遗留问题；中国要恢复对香港行使主权不过是时间问题，但当时条件尚未成熟。首先，新中国刚刚成立，面临着复杂的国际国内形势：国际上面临着以美国为首的帝国主义国家军事上的

---

① 中央档案馆编：《中共中央文件选集（一九四九年一月至九月）》第18册，中共中央党校出版社1992年版，第44页。

② 《在历史巨人身边——师哲回忆录》，中央文献出版社1991年版，第380页。

③ 根据中央决策，当中国人民解放军挥师南下，广东全境即将解放之时，中共华南分局外事办公室还制订了可实际操作的“对港澳的方针和政策”，其主要内容为：暂时维持现状（各边界），对领土主权不做任何表示；采取一切正确的有效办法避免军事冲突并防止边界纠纷，但在边界上必须严加警戒，坚持“人不犯我，我不犯人”的原则；在平等、互利和互相尊重领土主权的原则基础上和对方进行贸易；在深圳地区设外事机构，以掌握政策和及时收集情报；迅速制定和公布对外贸易和通汇的各种条例，发表阐明我国对外贸易和保护外侨的政策。

包围和经济上的封锁；国内面临着新生政权尚未稳固、经济上千疮百孔的局面。在这种情况下，美国和退踞台湾的国民党残余势力是主要的敌人，如果过早提出解决香港问题会多方树敌。而把香港暂时留在英国人手里，有利于分化、瓦解资本主义阵营。其次，由于以美国为首的西方国家对新中国的封锁和禁运，暂时保留香港这个与西方世界的贸易和运输的通道，有利于新中国开展同西方国家以及海外华侨的来往，引进国内必需的物资、技术、资金和人才，开展进出口贸易。事实证明，“暂时不动香港，维持现状”战略决策执行的结果，初步达到了中共的预期目标。一是对分化西方资本主义阵营发挥了重要作用，迫使英国政府为了维护其在香港的特殊利益，不顾美国的反对于 1950 年 1 月 6 日正式承认新中国。而新中国在与英国讨论建交问题时，也没有就香港问题进行交涉。1950 年 1 月 29 日，在中英建交谈判过程中，毛泽东指示周恩来：“胡阶森[①]来时应谈英国与蒋介石关系问题及建立外交关系的其他问题，而不要谈收回兵营问题。”[②]二是香港作为大陆与外界联系的渠道发挥了应有的作用。当美国对新中国进行全面封锁和禁运时，香港为新中国提供了石油、化学品等重要物资的入境渠道。

“暂时不动香港，维持现状”这个战略决策的执行取得了成效。周恩来曾在 1951 年春同新华社香港分社社长黄作梅谈话时对这个战略决策进行了初步总结，系统阐述了中央制定这个决策的战略考虑：“我们对香港的政策是东西方斗争全局战略部署的一部分。不收回香港，维持其资本主义英国占领不变，是不能用狭隘的领土主权原则来衡量的、来作决定的。我们在全国解放之前已决定不去解放香港，在长期的全球战略上讲，不是软弱，不是妥协，而是一种更积极主动的进攻和斗争。……香港是大英帝国在远东政治经济势力范围的象征。在这个范围内，美国和英国存在着矛盾和斗争。因此，在对华政策上也有极大的分歧和矛盾。美国要蚕食英国在远东的政治经济势力范围，英国要力保大英帝国的余晖。那么，保住香港，维持对中国的外交关系是英国在远东的战略要着。所

① 胡阶森，当时是英国政府指定的驻中国的临时代办，负责同中国谈判中英建立外交关系问题。

② 《建国以来毛泽东文稿》第 1 册，中央文献出版社 1987 年版，第 253 页。

以，可以这样说，我们把香港留在英国人手上比收回来好、也比落入美国人的手上好。香港留在英国人手上，我们反而主动。我们抓住英国一条辫子。我们就拉住了英国，使她不能也不敢对美国的对华政策和远东战略部署跟得太紧，靠得太拢。这样我们就可以扩大和利用英美在远东问题上对华政策上的矛盾。在这个情况下，香港对我们大有好处，大有用处。我们可以最大限度地开展最广泛的爱国统一战线工作，团结一切可能团结的人，支持我们的反美斗争，支持我们的国内经济建设。在这种情况下，香港是我们通往东南亚、亚非拉和西方世界的窗口。它将是我们的望台、气象台和桥头堡。它将是我们突破以美国为首的西方阵营对我国实行封锁禁运的前沿阵地。近两年的发展证明我们在解放全国时留下个香港是正确的。"[①] 周恩来的话说明中共中央"暂时不动香港，维持现状"的决策，不仅是新中国对外整体战略的一个特殊组成部分，也是中共中央最大限度实行统一战线政策的重要布局。

20 世纪 50 年代中期，毛泽东和周恩来曾进一步就"暂时不动香港"做了重要指示。1954 年 8 月 12 日，周恩来在为接待英国工党访华代表团的一次干部会议上讲话指出："不成熟的问题，也不要去谈，例如香港问题。"[②]1956 年 6 月 11 日，毛泽东在听取广东省委关于香港问题的汇报时表示："香港还是暂不收回来好，我们不急，目前对我们还有用处。"[③]1984 年，吴学谦曾在《就提请审议中英关于香港问题协议文件向全国人大常委会的报告（一九八四年十一月六日）》中对香港问题进行历史回顾时，也谈到了中共中央关于"暂时不动香港"这一决策的确立情况："中华人民共和国成立后，我们政府曾多次阐明我国对香港问题的立场，即：香港是中国的领土，中国不承认帝国主义强加给中国的三个不平等条约。对于这一历史遗留下来的问题，中国政府一贯主张，在适当

---

① 金尧如：《保持香港现状和地位毛主席和周总理的战略思想——漫谈许家屯回忆录之三十八》，《香港经济日报》1993 年 7 月 2 日。

② 《周恩来外交文选》，中央文献出版社 1990 年版，第 83 页。

③ 1956 年 6 月 11 日毛泽东听取广东省林东明汇报时的谈话。转引自李月兰《中共领导人情系香港回归》，《党的文献》1997 年第 3 期。

时机通过谈判和平解决，在未解决之前暂时维持现状。”① 这说明，以毛泽东为核心的第一代中央领导集体对香港问题始终保持着冷静和慎重的态度，“暂时不动香港，维持现状”这一政策在新中国成立初期保持了稳定性，为后来我国“长期打算，充分利用”的战略决策的制定铺平了道路。

二、“长期打算，充分利用”及对香港实行的特殊政策

中共第一代中央领导集体一直把香港作为我国同外国进行经济联系的基地，充分尊重香港资本主义的现实，不允许影响香港社会的安定。自20世纪50年代后期起，中国面临美苏等国的侵略威胁与军事压力。香港作为中国从国外引进资金技术的渠道、开展进出口贸易的窗口、沟通中外民间往来的桥梁，其作用更加突出。1957年4月28日，周恩来在上海工商界人士座谈会上的讲话提出了保持香港地位“为我所用”的策略，他说：“香港是自由港，原料来得容易，联系的范围也很广，购买设备可以分期付款，成本低，有市场，技术人才容易训练出来。所以，香港发展生产具备很多有利条件。我们在香港的企业，应该适应那里的环境，才能使香港为我所用。……香港应该化为经济上对我们有用的港口。”“要进行社会主义建设，香港可作为我们同国外进行经济联系的基地，可以通过它吸收外资，争取外汇。”所以，“保持和扩展香港这个阵地有好处”。②20世纪60年代初，中共中央根据毛泽东的指示，总结过去十年的经验，对港澳工作明确提出了“长期打算，充分利用”的方针，即在不改变香港现状的同时，充分利用香港的特殊地位，为中国的社会主义建设和外交战略服务。

保证香港的繁荣和稳定是“长期打算，充分利用”政策的内在要求。为此，新中国成立后，以毛泽东为核心的第一代中央领导集体采取措施，从政治上稳定香港，在经济上支持香港。具体来讲，一方面，中共中央对香港采取了有别于内地的政策，不干预香港的内部事务，避免内地的

① 吴学谦：《就提请审议中英关于香港问题协议文件向全国人大常委会的报告（一九八四年十一月六日）》，《人民日报》1984年11月7日。

② 《周恩来统一战线文选》，人民出版社1984年版，第353—355页。

政治运动波及香港。当时，中国已经基本完成生产资料所有制的社会主义改造，正在进行社会主义建设，在这种情况下，对于如何认识香港存在资本主义这个问题，周恩来曾指出："我们不能把香港看成内地。对香港的政策同对内地是不一样的，如果照抄，结果一定搞不好。因为香港现在还在英国统治下，是纯粹的资本主义市场，不能社会主义化，也不应该社会主义化。香港要完全按资本主义制度办事，才能存在和发展，这对我们是有利的。""至于将来怎么办？我们不会来个七反八反的，不会像'三反'、'五反'那样的搞法。……香港的企业家是我们的朋友，他们搞的是资本主义，不是帝国主义。过去我们同民族资产阶级合作过，将来同香港的企业家还是可以合作的。港澳的同胞不要担心前途。"① 这个讲话无疑是后来邓小平提出"一国两制"的直接思想来源。在 1958 年"金门炮战"的过程中，尽管当时全党的注意力都集中在台湾上，但中央却并未忽视香港，8 月 18 日，毛泽东在《中国人民解放军在广州军区一九五八年八月十三日关于在深圳方向上进行演习的部署给军委的报告》上批示："准备打金门，直接对蒋，间接对美，因此不要在广东深圳方面进行演习了，不要去惊动英国人。"② "文化大革命"期间政治运动在一定程度上波及香港。1966 年 8 月 22 日，狂热的红卫兵甚至还放火焚烧了英国驻华代办处。但中央却没有动摇关于香港问题的既定方针。周恩来于 1971 年 8 月 7 日同缅甸联邦革命委员会主席、政府总理奈温谈话曾谈到这个问题，"群众包围了英国驻华代办处，我们事先毫无所知。等我知道时，已经来不及了，烧起来了。当时我们下命令要群众离开"，"我们广播命令时，英国代办听到了，他相信这是我们政府的意见，他就找我们解放军保护，结果他没有受伤"。③ 此外，对于发生在香港的涉及中英两国的政治敏感问题，新中国也始终坚持"有理、有利、有节"的原则并通过正常的外交途径加以解决。

另一方面，新中国政府一直对香港实行特殊的政策，以优惠的价格向香港提供生活必需品、淡水和工业原料等，即使是在内地经济遭遇严

① 《周恩来统一战线文选》，人民出版社 1984 年版，第 353—354 页。

② 《建国以来毛泽东文稿》第 7 册，中央文献出版社 1992 年版，第 348 页。

③ 《周恩来外交文选》，中央文献出版社 1990 年版，第 482 页。

重困难时，这种供应也没有中断。毛泽东对此有过重要指示。1959 年 1 月 22 日，新华通讯社编印的《内部参考》第 2691 期上登载的该社香港分社记者组写的报道说，香港副食品绝大部分是依靠内地供应的。最近一个月来，内地对香港供应量锐减，在各阶层人士中引起了很大波动。25 日，毛泽东对这则报道批语：此件有用，请印发到会同志们读一读，[①]敦请大家注意。周恩来对充分利用香港的特殊地位、搞好对港澳供应工作也做过一系列重要指示，要求“各地凡是有可能，对港澳供应都要负担一些，不能后退。这个阵地越搞越重要，对港澳供应确实是一项政治任务”[②]。1962 年秋至 1963 年初夏，由于久旱无雨，深圳水库和铁岗水库蓄水量急剧下降，香港人民用水十分紧张。为此，广东省政府不但允许香港巨轮驶向珠江吸取淡水以解燃眉之急，而且酝酿修建由东江引水到深圳的石马河供水工程。中央对这项工程十分重视，1963 年 12 月 8 日，周恩来在听取广东省水电厅厅长刘兆伦关于向香港增供淡水的石马河建设工程问题的汇报，并与广东省委第一书记陶铸、广东省省长陈郁以及程子华等谈话时指出：“香港居民百分之九十五以上是我们自己的同胞，供水工程应由我们国家举办，列入国家计划，不用港英当局插手。”[③]1965 年，石马河供水工程竣工，香港长期缺少淡水的困难局面得到很大改善。据统计，1954—1963 年香港进口的食品有 43% 是由内地提供的，1964—1973 年增至 50%，[④]而且价格低于国际市场。这些措施不仅对稳定香港物价、满足居民消费需要起到了积极作用，而且对于香港的稳定发展、抑制通货膨胀、降低生产成品、增强出口产品在国际市场的竞争力方面起着重要作用，对于香港的繁荣发展起到了不可估量的作用。

事实证明，以毛泽东为核心的第一代中央领导集体为实现祖国的完全统一，在“长期打算，充分利用”的策略下，暂时不动香港，保留了

---

① 《建国以来毛泽东文稿》第 8 册，中央文献出版社 1993 年版，第 21 页。

② 马洪：《怎样利用香港经济为加速我国四个现代化服务（一九七九年二月二十三日）》，《经济研究参考资料》1979 年第 39 期。

③ 《周恩来年谱（1949—1976）》（中），中央文献出版社 1997 年版，第 600 页。

④ 徐曰彪：《为顺利解决香港问题奠定扎实基础——中共第一代中央领导集体与香港回归》，《人民日报》1997 年 6 月 24 日。

香港的资本主义制度并采取了一系列有利于香港繁荣稳定的政策和措施，不仅保证了香港经济发展和社会稳定，使香港逐渐发展成为著名的国际金融、贸易和航运中心，而且也使香港与内地的关系日益密切，为后来和平解决香港问题奠定了坚实基础。

三、始终坚持“香港是中国的领土”

中共“暂时不动香港，维持现状”和“长期打算，充分利用”战略决策的实行，是以不失民族尊严和国家主权不受侵害为前提的。在涉及民族利益、民族感情和民族尊严的问题上，中国共产党人从来都毫不让步。事实上，以毛泽东为核心的第一代中央领导集体实施、贯彻对香港的特殊政策一直是以“香港的主权总有一天我们是要收回的”[①]为根本前提的，并在不同场合对外公开表达了这一坚定立场。1963 年 1 月 9 日，美国共产党发表了一篇关于中共在香港和澳门问题上的政策的声明，公开指责：在“社会主义国家竟然容许殖民地的存在”。3 月 8 日中共在《人民日报》发表社论，第一次就香港问题的原则和立场公开进行阐述。其中说：“我国政府在中华人民共和国成立时就宣布，对于历史遗留下来的历届中国政府同外国政府所订立的条约，要分别按其内容，或者承认，或者废除，或者修改，或者重订。在这方面，我们对社会主义国家的政策，同对帝国主义国家的政策是根本不同的。对各个帝国主义国家，我们在政策上也是根据不同情况区别对待的。事实上，历史上的许多条约有的已经失效，有的已经废除，有的则被新的条约所代替。还有一些历史遗留下来悬而未决的问题，我们一贯主张，在条件成熟的时候，经过谈判和平解决，在未解决以前维持现状，例如香港、九龙、澳门问题，以及一切未经双方正式划定的边界问题，就是这样。”[②]同年 8 月 9 日，毛泽东在同索马里总理舍马克谈话时再次就中共对香港问题的战略决策进行了说明，同时也表明中国不会永远不动香港。他说，“香港，

---

① 《周恩来统一战线文选》，人民出版社 1984 年版，第 353 页。

② 《评美国共产党声明》，《人民日报》1963 年 3 月 8 日。

英国没有多少军事力量，我们要占领是可以的。但过去有条约关系，小部分是割让的，大部分是租的，租期是九十九年，还有三十四年才满期。这是特殊情况，我们暂时不准备动它。”“香港人就是我们中国人。香港是通商要道，如果现在就控制它，对世界贸易、对我们同世界的贸易关系都不利。我们不动它并不是永远不动它，英国现在安心，将来会不安心的。”[①]1967 年 8 月 20 日，针对港英政府说广东人到新界种地是“侵犯”“英国领土”，《人民日报》发表的评论员文章《香港是中国的领土》指出：“香港自古以来就是中国的领土，只是被英帝国主义霸占去的，所以在传统上，我广东省邻近新界的农民世世代代都在新界种地。英帝国主义竟然把这说成是‘侵犯’‘英国领土’，简直是荒唐到了极点。”“必须告诉英帝国主义者，不仅中国农民有一切传统权利在新界种地，而且整个香港的土地都要重归祖国的版图。”[②]这篇评论员文章虽然篇幅不长，只有 800 多字，但“香港是中国的领土”共出现了两次，还有一处表达为“香港是中国领土不可分割的一部分”，充分表达了新中国对香港拥有主权的坚定立场。

另外，在新中国成立后的一段时间内，由于以美国为首的西方国家始终对新中国采取政治上孤立、经济上封锁和军事上包围的政策，国民党也一直叫嚣“反攻大陆”，在这种情况下，以毛泽东为核心的第一代中央领导集体在对香港采取“暂时维持现状”“长期打算，充分利用”战略决策的同时，也对香港的反华势力保持相当的警惕以免香港成为国外敌对势力的反华基地。针对港英当局纵容台湾当局利用香港机场作为起落地对大陆进行侦察和骚扰活动的行径，中国政府与之进行了多次交涉，并严正要求港英当局不得把香港变为国际反华军事基地，不准任何人在香港从事颠覆中国政府的活动。1958 年 4 月 9 日，中国外交部向港英当局严重抗议：“英国政府和香港英国当局显然是有意地纵容和鼓励蒋介石

---

① 《受压迫的人民总是要起来的》，载《毛泽东文集》第 8 卷，人民出版社 1999 年版，第 336 页；顾龙生编著：《毛泽东经济年谱》，中共中央党校出版社 1993 年版，第 584 页。后者与《毛泽东文集》大意相同，表述上略有出入，《毛泽东经济年谱》中还有一句：“香港与红海沿岸的亚丁情况相似，亚丁是个英国的军事基地（周恩来插话：也是个自由港）。”

② 《香港是中国的领土》，《人民日报》1967 年 8 月 20 日。

集团利用香港来作为对中国进行军事破坏活动的基地和庇护所，从而严重地威胁了中国的安全。……这种对中国政府和中国人民极不友好和怀有敌意的行为，必将使中英关系蒙受不利的影响；由此而引起的一切后果概应由英国政府负责。"[①] 对此，港英当局承诺"它无意容许香港被利用为对任何人进行敌对活动的基地"。越南战争期间，美国军舰曾多次利用香港港口为其侵越战争服务。仅从 1965 年 11 月到 1966 年 1 月，开到香港的美国军舰就有 100 多艘次。1965 年 9 月 29 日，陈毅副总理兼外交部部长举行中外记者招待会，在回答《正午报》《香港夜报》《国际文摘》的记者提出的有关美国在侵越战争中使用香港为据点的港口问题时指出："英国和香港当局让美国利用香港作为侵略越南的一个据点，使香港居民感到不安。中国政府认为，问题不仅是把香港作为侵略越南的据点，而且是准备把香港将来作为侵略中国的据点。中国政府对此坚决反对。"[②] 此外，中国政府还多次发表照会表示抗议，不仅充分表达了中国的坚定立场，同时也争取了国际社会的广泛同情和支持。

进入 20 世纪 70 年代，中美关系趋向缓和。1971 年 10 月，中国恢复了在联合国的合法席位。1972 年 3 月，中英两国达成正式建交的协议。但当时联合国非殖民地特别委员会却根据英国和葡萄牙的意见，把本来就是中国领土的香港和澳门列入《给予殖民地国家和人民独立宣言》所适用的《非自治领土名单》中，置于该特别委员会的监督之下。这样，香港和澳门就有可能在国际干预下走向"独立"或"国际共管"。在这种情况下，中国政府必须重申对港澳问题的一贯立场。3 月 8 日，我国驻联合国代表黄华在致联合国非殖民地化特别委员会主席的信中阐明了港澳问题的由来、性质和中国政府解决港澳问题的一贯主张："香港、澳门是属于历史上遗留下来的帝国主义强加于中国的一系列不平等条约的

---

① 《外交部关于严重抗议英国政府纵放窜扰大陆后降落香港的蒋介石集团军事飞机给英国代办处的照会》，载《中华人民共和国对外关系文件集（1958）》第 5 辑，世界知识出版社 1959 年版，第 87 页。

② 《陈毅副总理兼外长举行中外记者招待会发表重要谈话　中国决心为打败美帝作出一切必要的牺牲打败美帝之后，全世界结束帝国主义殖民主义的时代就会到来》，《人民日报》1965 年 10 月 7 日。

结果。香港和澳门是被英国和葡萄牙当局占领的中国领土的一部分，解决香港、澳门问题完全是属于中国主权范围内的问题，根本不属于通常的所谓‘殖民地’范畴。”[①] 因此，不应该把香港和澳门列入反殖民宣言所适用的殖民地地区名单之内。信函还强调了港澳问题与通常的殖民地问题有别，其前途应由中国政府来决定，“联合国无权讨论这一问题”[②]。中国政府的上述立场得到了国际社会的广泛同情和支持。11 月 8 日，第 27 届联合国大会正式通过决议，确认了中国对港澳的立场和要求。这个决议从国际法上确认了中国对港澳地区的主权，避免了港澳问题国际化，从而排除了联合国和其他国家插手港澳问题的可能性，为我国最终恢复行使对港澳的主权创造了条件。

随着中国国际环境的改善和国际地位的提高，中国解决香港问题的前途也日益明朗化。1974 年 5 月 25 日，毛泽东在会见英国前首相爱德华·希思时说：“都成了历史了。你们剩下一个香港问题。我们现在也不谈，到时候怎么办，我们再商量吧。是年轻一代人的事情了。”[③] 这又一次表明了中国政府的原则立场，那就是这一问题终归是要解决的。在当天晚上为欢迎希思举行的宴会上，邓小平代表中国政府声明：“尽管中英两国社会制度不同，在我们两国之间还存在着在适当时候予以解决的问题，我们完全可以在和平共处五项原则的基础上求同存异，交朋友，发展关系。”[④] 再次重申了中国要在“适当时候”解决香港问题的立场。

香港回归祖国的历史进程凝结着以毛泽东为核心的第一代中央领导集体的心血。尽管在他们有生之年未能解决香港问题，但他们审时度势提出的处理香港问题的一系列方针政策，不仅体现了原则坚定性和策略灵活性的高度统一，而且其中的某些解决香港问题的构想成为邓小平提出“一国两制”的思想来源。在坚持中国拥有对香港主权的大前提下，“暂

---

① 《香港是中国的神圣领土》，《人民日报》1984 年 9 月 27 日。

② 徐曰彪：《为顺利解决香港问题奠定扎实基础——中共第一代中央领导集体与香港回归》，《人民日报》1997 年 6 月 24 日。

③ 《毛泽东外交文选》，中央文献出版社、世界知识出版社 1994 年版，第 606 页。

④ 《在欢迎希思先生的宴会上邓小平副总理的讲话》，《人民日报》1975 年 5 月 26 日。

时维持现状”“长期打算，充分利用”以及对香港实施其他特殊政策，不仅充分发挥了中国通过香港与外部世界联系的作用，而且保持了香港的繁荣和稳定，为后来和平解决香港问题奠定了坚实基础。

[原载《当代中国史研究》2007 年第 3 期]

略论新中国成立初期陈云有关统战的重要论述
——以对资本主义工商业的社会主义改造为中心

叶张瑜

新中国成立后，国家对资本主义工商业的社会主义改造分为三个阶段，第一阶段是 1949 年至 1953 年，国家对资本主义工商业实行了赎买政策；第二阶段是从 1954 年到 1955 年下半年，国家对个别行业的资本主义工商业实行了公私合营；第三阶段是从 1955 年下半年到 1956 年，国家对全行业的资本主义工商业实行公私合营。陈云直接参与主持对资本主义工商业的改造是从第二阶段开始的。在对资本主义工商业改造的过程中，他针对民族资产阶级在国民经济恢复和发展中的特殊作用，提出了许多争取和团结民族资产阶级的正确主张，丰富和发展了中国共产党的统战理论，对党的统战工作作出了巨大贡献。

一、充分肯定私人资本主义的历史作用，主张给民族工商业者生活出路

陈云一直充分肯定私人资本主义的历史作用。1950 年 6 月，在谈到调整公私关系和工商业时，陈云明确指出，“五种经济成分是兼顾好，还是不兼顾好？当然是兼顾好。因为私营工厂可以帮助增加生产，私营商业可以帮助商品流通，同时可以帮助解决失业问题，对人民有好处”①，而

① 《陈云文选》第 2 卷，人民出版社 1995 年版，第 92 页。

且“民族资本家发展工业，向工业投资，是带进步性的，是对国家和人民都有利的……为着发展商品的交流，国家允许私人资本经营商业，这也是对国家和人民都有利的”[①]。因此，应该“充分利用市场关系变化和改组的有利条件，对私营商业积极地稳步地进行社会主义改造，采取一面前进、一面安排和前进一行、安排一行的办法，把现存的私营小批发商和私营零售商逐步改造成为各种形式的国家资本主义”[②]，应该“根据党在过渡时期的总路线，有计划地发展社会主义、半社会主义工业，利用、限制、改造资本主义工业，在国营经济的领导下，在保证社会主义成分不断稳步增长的条件下，对国营、合作社营、公私合营、私营工业实行统筹兼顾、各得其所的方针，进行合理安排”[③]。1954 年 12 月，陈云在国务院召开的关于私营工商业问题座谈会上再次指出：“我国是五种经济成分并存的国家，对各种经济成分要统筹安排。只管国营不管其他，是会出毛病的。”他主张，对私营经济必须大体上一视同仁，因为“私营工业的工人与国营工业的工人一样，都是中国的工人，不能另眼看待”[④]，并提出了解决公私之间的矛盾的办法：“国营能让出一部分原料和生产任务给私营的，就让出一部分……这就可以造成更便利、更快、更大量的搞公私合营的条件，使私营工业逐步顺利地转到社会主义方面来。”[⑤]

陈云始终把民族资产阶级看成一支可以依靠的力量，主张给民族工商业者生活出路。经过对资本主义工商业社会主义改造第一阶段的工作，整个工商业进一步适应了国家建设的需要，但同时也使公私关系日益紧张，私营工商业经营有困难。针对这种情况，陈云指出，“中国私营商业的从业人员数量很大（座商和摊贩共有七八百万人），对他们盲目地加以排挤，一律不给安排，不给生活出路，势必增加失业人口，造成社会混乱。这是必须防止和纠正的”[⑥]，并主张对“所有的资方实职人员，应该全

① 《陈云文选》第 2 卷，人民出版社 1995 年版，第 103 页。
② 同上书，第 249 页。
③ 同上书，第 267 页。
④ 同上书，第 267—268 页。
⑤ 同上。
⑥ 同上书，第 248 页。

部安置……要给他们饭吃。他们过去没有吃艾森豪威尔的饭，是吃的中国饭，而且就是吃他那个铺子里面的，还让他吃下去”[①]。

这表明，陈云不仅充分肯定了私人资本主义的历史作用，而且主张给民族工商业者以生活出路，这不仅使社会主义改造政策得以贯彻，同时在一定程度上增加了中国劳动者的就业机会，促进了新中国成立初期社会的稳定。

二、充分肯定和利用民族资产阶级的长处，提出合理使用资方人员

新中国成立初期面临工业化的重要任务，需要大量人才。陈云看到“在中国的封建地主阶级、官僚资产阶级、民族资产阶级、农民阶级和工人阶级中，民族资产阶级是文化程度高，知识分子多的一个阶级。如果解放后资产阶级的工程师都不干了，我们就会经过一个相当时期的混乱”[②]。他认为：“工商业者的绝大部分是懂技术的，有业务经验的……他们的技术和业务经验，对人民、对国家、对社会主义建设是很有用的。”[③]国家需要这些懂技术、懂业务的人。陈云一直充分肯定民族资产阶级企业经营者们的长处，他甚至把民族资产阶级企业经营者们对企业的生产技术和经营管理中有用的经验提高到民族遗产的高度，指出：应该看到中国私营工商业者对企业的生产技术和经营管理是有经验的，他们对于我国工商业的管理工作是有用处的。对于他们的生产技术和经营管理知识，应该进行分析，凡属不合理的部分，应该逐步加以改变；凡属合理的部分，不但在公私合营企业中应该继续发挥它的作用，而且在国营企业中也应该充分加以运用。“我们应该把资本主义工商业、手工业的生产技术和经营管理中的一切有用的东西，看成是民族遗产，把它保留下来。吸收这些有用的民族遗产是我们的责任，采取否定一切的粗暴态度是错

① 《陈云文选》第2卷，人民出版社1995年版，第287页。

② 同上书，第337页。

③ 同上书，第302—303页。

误的。”[①]

在对资本主义工商业的社会主义改造过程中，党中央和国务院决定中央、省和直辖市两级政府业务部门和工会，同工商联、民建会定期召开座谈会，并“组织业务改进委员会，吸收资方人员参加；吸收一批资方人员到业务部门担任领导工作；召开公股代表和私股代表的专业会议”。针对一些人对组织业务改进委员会和召开座谈会存在的不同意见，陈云指出，吸收资方人员参加业务部门有两个好处：一是把资本家拉进来“唱对台戏”；二是可以利用资本家的长处。陈云引用毛泽东说过的话来说明：“哪里有‘唱对台戏’的，哪里有‘反对派’，那里的工作就搞得好，否则，工作就搞不好。”[②]在谈到资本家的长处时，陈云重申“在资本家的生产技术和经营管理的经验中，有相当一部分是好的。我们要把这部分好的东西当作民族遗产保留下来”，并进而指出资本家有鉴别商品好坏的能力，并且知道如何使用；熟悉商品的产地和销路；能迅速适应市场的需要；会运输保管，以及管理费用能够精打细算的五大好处。[③]1956 年 7 月 21 日，陈云在全国各省、自治区、直辖市商业、农产品采购厅局长和供销合作社主任会议上再次阐明了使用资方人员的长处，“有民主人士监督我们，对工作有好处。如果革命胜利以后，长时期没有‘反对派’，只有一派人讲话，听不到不同的意见，那末，工作就会出毛病。现在，从中央到地方，业务部门的普遍缺点是……作出来的决定往往带有片面性”，而“资本家往往可以迅速地直接地找到我们工作中的错误所在”，所以，我们“发现错误的一个重要方法，就是找各方面的人来开会。要把资本家请来当‘反对派’，专门同我们‘抬杠’；越‘抬杠’，工作就可能做得越好”[④]。

正是由于充分认识到民族资产阶级的长处，因此，在实际工作中，陈云非常重视对民族资产阶级的使用和安排。他主张对“资方的实职人员（不是挂名不做事情的股东），应该广泛地吸收他们参加各种各样的工

---

① 《陈云文选》第 2 卷，人民出版社 1995 年版，第 314—315 页。

② 同上书，第 329 页。

③ 同上书，第 335—336 页。

④ 同上书，第 329—331 页。

作，每个行业的代表人物，都要给他们一定的地位”[①]，“不应该让有经营能力的资方实职人员坐‘冷板凳’，而要尽可能地使用他们”[②]。具体做法是：“已经改组了的工厂、商店、资方人员原担任经理的，绝大部分现在仍担任经理或副经理，只是提拔了部分工人干部担任领导工作。已经组织了专业公司的，吸收了一部分资方人员担任领导工作。没有正式组织专业公司的，也吸收了一些资方人员参加筹备工作。”[③]针对资方人员对工作能不能安排、能不能长久，以及职务安排得高不高的顾虑，陈云对他们进行耐心解释：“资本家懂得技术，能管理工厂，组织生产……工商界不要担心得不到安排。”“是不是今天安排，将来就踢开了？不是这样的。今天安排，将来也要安排。”“职务的高低，将根据每个人的技术、经验、能力等情况作适当安排，尽可能安排得合理。”[④]在安排资方人员的同时，陈云也十分重视做工人的思想工作。他指出：“把资方人员安排在原企业当经理，这是政府的政策。”如果工人不满意，政府可以向工人讲清楚，资本家愿意公私合营，不要他们，他们没有饭吃，这不好。现在资本家与过去有所不同，过去为利润工作，现在为国家工作。他们中有的人有技术、有业务经验，国家也需要他们。[⑤]

陈云提出的合理使用资方人员的主张，在当时的历史条件下具有积极作用，这一主张不仅有利于调动民族工商业者工作的积极性，而且有利于听取不同意见，改正工作中的错误。例如，针对公私合营企业的改组和私方人员的安排工作，陈云指出：“职工和私方人员对原来私营企业和私方人员的情况要比公股代表熟悉得多，由他们提出的企业改组和人事安排的方案，一般是适当的。因此，一切公私合营企业中的业务改组和私方人事的安排，可以由相应的工商联、同业公会和私方人员先提意见。已经改组了的企业，如果过去没有征求过私方人员的意见，而私方人员又认为业务改组和人员安排方面有不妥当的地方，应该向私方人员

① 《陈云文选》第 2 卷，人民出版社 1995 年版，第 291 页。

② 同上书，第 287 页。

③ 同上书，第 301—302 页。

④ 同上书，第 302—303 页。

⑤ 同上书，第 302 页。

重行征求意见，凡是处置不当的，就应该加以改变。同样的，业务改组和人事安排也必须征求职工和技术人员的意见。”①陈云意见的提出、贯彻、执行，不仅使民族工商业者的长处得到充分发挥，有利于团结民族工商业者，而且也进一步加快了资本主义工商业改造进程，丰富了党的统战理论。

三、制定政策，解决民族资产阶级的工资和待遇问题

在对资本主义工商业的社会主义改造过程中，工资和待遇问题一直是民族工商业者们十分关心的问题。如何解决这一问题，陈云提出了一系列保障民族资产阶级利益的政策：首先，在初级和中级形式的国家资本主义企业实行“四马分肥”的分配方法，即私营企业所得利润，按国家所得税金、企业公积金、职工福利奖金和资方的股息红利（包括董、监事和经理、厂长的酬劳金，一般占据25%左右）四个方面进行分配。其次，在1956年实行全行业公私合营后，实行推广定息的办法。定息是“保持私股在一定时期内的定额利润，而企业可以基本上由国家按照社会主义的原则来经营管理”。“定息为百分之五”，“可以先定得高一点，以后慢慢减下来”。陈云认为实行定息有很大好处，因为“我们得到了更大的好处”。针对大小资本家不同的情况，陈云认为应该区别不同情况区别政策，他指出，大资本家得的利息很多，对此，“征收个人所得税和遗产税等”这样一些办法，“都可以成为政府手里的一种约束资本家收入过多和对他们实行社会主义改造的手段”；而对于资本上万元的中等资本家，应该主要注意工资的多少，并安排好他们的职务，保持原工资。而小的资本家，情况就不同，因为他们资金不多，每月所拿利息也不多。②

实行全行业公私合营后，尽管当时工商业中公私合营企业中的资方人员是拿定息生活，但他们以后要靠工资生活已经是大势所趋，所以，工资问题成为工商界非常关心的问题。当时，有些公私合营企业中资方

---

① 《陈云文选》第2卷，人民出版社1995年版，第319页。

② 同上书，第288—289页。

人员的工资比国营企业同一级干部的工资高，他们担心会降下来。因此，普遍具有“又要社会主义改造，又要降低工资”，“两路夹攻可受不了”的心态。针对这种情况，陈云指出，民族工商业者的工资应该“一般地（不是所有的人）不降低。资方人员现在认为职业是有了，就怕降低工资，将来定息没有了，如果工资也少了，那就是左右打耳光，两面夹攻。我们不能这样做，应该‘网开一面’”。[①]1956年3月30日，陈云在全国工商业者家属和女工商业者代表会议上再次指出：“请大家不要担心，政府的政策是不降低你们的工资。全国几十万资方从业人员中，可能降低工资的只是极少数，因为这些人的工资很不合理，降低了，生活也不会发生问题，他自己也会同意降低的。”之后，陈云给大家具体分析了几种资方人员的情况：第一种是公私合营后的定息收入比过去“四马分肥”时的利润多了；第二种公私合营前与公私合营后收入大体相同；第三种是公私合营后比公私合营前的收入减少了。陈云着重指出，这主要不是现在的工资低，而是过去的利润比现在定息高造成的，并特别对于一些所拿定息不多、生活困难的民族工商业者说明，政府对他们要给予帮助，除资方家属原来在企业中参加辅助劳动，现在企业要尽量录用外，还可以组织他们做厂外加工工作或做一些临时工作。如果还不能解决，“政府应与工商联、专业公司一起共同商量，找出办法，专门进行救济，解决困难”[②]。

针对许多公私合营企业中的职工写信反映他们企业中的工资待遇高低差别太大，他们的工资比国营企业的工资低的问题，陈云指出：“公私合营企业工资标准的逐步调整，需要有几年的时间……调整的方针应该是，公私合营企业职工的工资同当地同类国营企业职工的工资相比，高了的不降低，低了的根据生产情况和企业的可能，分期地、逐步地增加。”“公私合营企业中资方人员的工资，也将根据对职工工资的处理原则来加以调整。”[③]总的原则就是，“公私合营企业、合作企业的职工和从业人员的劳动收入，不应该比社会主义改造以前降低，而应该在努力生

---

① 《陈云文选》第2卷，人民出版社1995年版，第287页。

② 同上书，第304、305页。

③ 同上书，第316—317页。

产、改善经营的基础上逐步有所增加。”①

在国家有关政策的推动下，陈云关心和维护民族工商业者的切身利益，重视解决他们的工资等问题，使全国民族工商业者认为党的政策是宽大的，从而推动了社会主义改造的顺利进行，同时也有利于民族工商业者的进一步改造。

四、反对一些错误观点和错误做法，强调对民族资产阶级进行团结和改造

随着社会主义改造高潮的来临，一些错误观点和做法开始出现。对此，陈云及时予以纠正。

针对“三反”、“五反”运动后许多国家工作人员怕和资方接触，怕被资本家腐蚀的情况，陈云主张反对两种倾向，“和资本家混在一起，把自己的立场丢掉了，腐化了，是不对的；不和资本家来往，放弃对资本家的改造和教育，也是不对的”，应该“要有来往，又不腐化”。②

针对有人害怕使用资本家就会犯右倾机会主义、失掉立场的错误，陈云指出，“和资本家离得远远的，采取‘隔离’办法来避免资产阶级思想的侵蚀行不行？不行”，因为“公私合营，资本家进了我们的门，使用资本家已经成为不可改变的事实”，“资产阶级思想是客观存在，即使所有制改变了，还会长期存在”，而且“对资本家不加使用，就不可能把他们改造成为自食其力的劳动者”，因此，必须使用民族资本家，“大家不必怕犯右倾机会主义和失掉立场的错误”。③

在实行全行业公私合营后，一部分人认为把工厂和商店拿过来，但不一定要把人也拿过来，这实际上是把民族资产阶级看成是包袱。对此，陈云认为，资本家是财富，应该对他们加以利用，并对一些错误观点和错误做法进行了批评，同时强调对民族资产阶级的团结和改造。他指出，“资本家有本领，应该说是财富……我们对资产阶级采取和平改造的政

---

① 《陈云文选》第2卷，人民出版社1995年版，第320页。

② 同上书，第292页。

③ 同上书，第339页。

策，是因为他们有知识，对我们有用处，对发展生产有好处，这种办法比一律打倒好”，“这笔财富究竟有多大呢？我看至少不低于他们生产资料那一笔财富。吸收资本家参加工作是财富大，包袱小，好处多，坏处少”。陈云反对过早地排挤私营工商业，反对“只顾国营，不管私营的倾向”[1]，因为今后“更为复杂更为困难的问题，是改造私营零售商，这不仅因为他们的数量很大，而且是因为他们和小资产阶级的自发势力还有着广泛的联系。要把他们逐步纳入国家资本主义的轨道……我们将来还要把私营零售商从业人员的大部分逐步改造成为国营商业和合作社商业的职员，所以对他们必须系统地进行教育训练和思想改造的工作”[2]。

陈云的上述主张实际上提出了对资本主义工商业的改造不仅包括对工商业本身的改造，也包括对民族资产阶级思想进行改造的想法。1955年11月16日，陈云在关于资本主义工商业社会主义问题会议上进一步阐述了上述观点，指出：对民族资产阶级的改造，必须对他们进行团结教育，“专业公司应该设立政治机构、对职工和资本家进行教育”，“既要改造企业，又要改造资本家，使他们从依靠剥削为生变成依靠自己劳动为生。这是很复杂很艰巨的任务”。[3]1956年6月18日，陈云再次阐明：“必须向职工群众进行教育，说明团结资方人员，发挥他们的长处，把他们改造成为劳动者，是有利于工人阶级和全国人民的。同时，也必须使资方人员采取积极态度同公股代表进行合作，同职工群众加强团结。”应该看到，“这种团结要经过一定的过程，这是一个对职工群众、公股代表和资方人员的教育过程，也是把资方人员改造成为劳动者的过程”[4]，我们要认真地帮助他们改造成为社会主义的劳动者[5]。

一方面，陈云在强调对民族资产阶级进行团结教育的同时，也提醒民族资产阶级要加强自身的学习和改造，因为民族工商业者尽管“有技术和经验，但是现在环境变了，资本主义企业变成了社会主义企业，不

① 《陈云文选》第2卷，人民出版社1995年版，第271页。

② 同上书，第249—250页。

③ 同上书，第290—291页。

④ 同上书，第315—316页。

⑤ 同上书，第320页。

能完全用原来那一套经营管理办法来管理企业了。因而工商界现在有一个任务，这就是要学习……将来除了学习政治外，还要学习业务，提高自己的本领，适应社会主义建设的需要”[①]。另一方面，陈云强调不仅社会主义领导干部要重视对民族资产阶级的改造工作，“我们各个部门的领导干部，包括部长、副部长、局长这样一些人，思想上要搞通，把它看成一件重要的事情，作为自己工作的一个重要部分”，而且，我们要对各方面同私营企业接触的政府工作人员进行广泛的教育，使他们“懂得怎么做统战工作”。同时还要对私营企业的工人和职员进行教育。因为“私营企业改变成为公私合营的企业，这种制度上的变更，不可能不涉及职工的利害关系，所以要进行教育”。[②]

陈云对民族资产阶级进行团结教育改造的主张，不仅使绝大多数民族资本家改造成为自食其力的劳动者，而且也使工人阶级和民族资产阶级加强了团结，有助于顺利完成对民族资本主义工商业的改造。

综上所述，陈云在资本主义工商业改造过程中形成的具有鲜明时代特点的统一战线思想，丰富和发展了党的统战理论，对党的统一战线工作作出了巨大贡献。他充分肯定民族资产阶级的历史进步性，重视与民族资产阶级的团结与合作，强调充分调动资方人员积极性，重视和维护他们的切身利益，同时还对一些错误观点和倾向进行批评，这对于我们今天在新的形势下，团结一切可以团结的力量，全面建设小康社会，实现中华民族的伟大复兴，具有重大的理论价值和现实意义。

［原载《中国石油大学学报（社会科学版）》2010年第4期，原题为《略论新中国成立初期陈云的统战思想》］

① 《陈云文选》第2卷，人民出版社1995年版，第303—304页。

② 同上书，第292页。

北京市应急管理体系的建立

郑　珺

北京市是我国的首都，是全国的政治中心、文化中心，是世界著名的古都和国际化大都市。作为一个人口超过1000万、经济发展处于快速增长阶段的特大城市，具备对重大突发公共事件的处理能力，是北京市现代化发展的必然要求。2003年“非典”突发事件表明，当时北京市的应急指挥系统还不能满足市政府应对重大突发公共事件处置的要求，因此，不论从北京市作为首都的地位，还是出于建设现代化、国际化的大都市以及举办2008年奥运会的需要，都迫切要求北京市尽快建立一个具有现代化和国际化水平的应急指挥系统。

一、北京市应急管理体系概况

2002年底，北京市政府开始运作构建以政府为核心、社会共同参与的现代化城市公共安全应急管理体系，并将公共安全建设列入城市可持续发展规划之中，作为政府管理的主要工作之一。北京市应急管理体系主要包括应急体制、应急机制、应急法制和应急预案四个方面的内容，是为应对突发公共事件而建立的包含预防、处置和恢复等全过程的应急体系。

（一）北京市应急管理体制的建设

应急管理体制是指按照分级管理、分级响应、条块结合、属地管理为主的原则，建立以党委和政府为主，有关部门和地区协调配合的集中统一、坚强有力的指挥机构，以及负责应急处置的专业救援队伍和专家咨询队伍。

2003 年 6 月 22 日，北京市政府网站首都之窗公布了《建立北京市应急指挥系统研究》工作方案，方案中指出，北京将建立一个统一的市、区县（委办局）两级应急指挥系统，以快速应对反恐、重大火灾事故、突发公共卫生事件、重大交通事故等各类突发事件。

2004 年 9 月，北京市政府常务会议和 2004 年 10 月北京市委常委会议通过了《北京市突发公共事件总体应急预案》，同时启动了北京市应急指挥体系建设工作。2005 年 4 月，北京市委、市政府决定组建北京市突发公共事件应急委员会（以下简称“市应急委”），统一领导全市突发公共事件应对工作。市应急委主任由市长担任，副主任按处置自然灾害、事故灾难、公共卫生和社会安全四类突发公共事件的分工，由分管市领导担任。市应急委下设专家顾问组，为北京地区中长期公共安全规划、信息系统的建设与管理等提供意见和建议，对重大突发公共事件的发生和发展趋势、救灾方法、处置方法等进行研究和评估，提供科学有效的决策咨询方案。北京市成为全国第一个成立突发公共事件应急管理机构的城市。

北京市公共安全应急指挥系统可以分为上、下两层，上层是由北京市政府直接领导的市应急委，其日常办事机构为市应急委办公室（即北京市应急指挥中心），具有完备的应急指挥工作平台，是突发公共事件发生时的指挥场所，负责组织、协调、指导、检查北京市突发公共事件的预防和应对工作。市应急委下设应急指挥组（市政府办公厅值班室）、预案管理组、综合信息组、技术通信组、宣教动员组 5 个小组。下层是北京市 18 个区县政府领导的区县应急指挥中心和北京市城市公共设施事故应急指挥部、北京市突发公共卫生事件应急指挥部、北京市电力事故应急指挥部、北京市重大动物疫病应急指挥部和北京市安全生产事故应急指挥部等 13 个专项应急指挥部，这些部门的成立标志着北京市突发公共事件应急体制基本建立，为有效预防和处置突发公共事件提供了强有力的组织保障。

（二）北京市应急管理机制的建设

应急管理机制主要是指建立健全预测预警机制、应急信息报告机制、应急决策和协调机制、应急公众沟通机制、分级响应机制、应急处置程序、应急资源配置、征用机制、奖惩机制和救灾恢复体系等。

2005 年 7 月，北京市政府依据可靠、实用、先进和可扩展性的原则，利用多年来信息化建设的成果，以北京市电子政务有线和无线专网为核心，以市公安局已经建成的图像监控系统为骨干，有效整合各委办局分别建成的资源，建立了市级应急指挥平台。北京市应急指挥平台由图像监控系统、无线指挥通信系统、有线通信调度系统、计算机网络应用系统、移动指挥系统、综合保障系统六大系统组成，体现了北京市应急指挥的综合性、先进性的特征，集中控制系统以及其他相关配套设施对上述系统进行了高度集成，在此基础上，建立起一个统一的信息接收和处理平台，实现信息资源的共享和指挥通信的一致。

2006 年，北京市编制下发了《北京市应急指挥平台技术指导意见》，对全市各专项应急指挥部、各区县及相关单位的应急指挥平台建设进行了规范，实现与市级应急指挥平台的互联互通。通州区政府、市防汛抗旱应急指挥部等 16 家单位已经建成应急指挥平台；宣武区政府、市安全生产应急指挥部等 13 家单位正在建设中。

北京市“集中领导、统一指挥，结构完整、功能全面，反应灵敏、运转高效”的应急管理机制的反应速度明显提高，具有鲜明的首都特色。主要表现在三个方面：一是整合应急资源，建立了紧急报警服务中心，实现了 110、119、122 等报警服务台联动，统一接报，分级分类处理，效率显著提高；二是公众沟通、动员机制逐步形成。当发生突发公共事件时，北京市政府会通过手机短信、电台广播等措施，使公众能够在第一时间获得信息，提前应对灾害；三是社会管理机制为应急管理奠定了良好基础。在社区、厂矿、农村等基层单位加强了组织建设和日常管理，群防群控，为应急管理打下坚实基础。

2008 年在北京市举办的奥运会，不仅需要一流的场馆设施，还要有与之配套的“安全奥运”理念，因此加强城市综合安全减灾应急指挥能力、建立奥运会预警机制与应急指挥网系统更加任重道远。应急管理机制的有效运作对于2008年北京奥运会这样盛大的世界性活动具有不可忽视的重要影响。

（三）北京市应急管理法制的建设

应急管理法制是指政府针对突发事件及其引起的紧急情况制定的法律规范的总称，它可以为处理突发事件提供有效的法律依据，为政府处理突发事件提供必要的权力，为非常状态下公民的合法权益提供法律保护。因此加快应急管理的法制建设，可以提高政府应对和处理危机事件的能力，使突发事件的应急处置逐步走上规范化、制度化和法制化轨道。

目前，北京市关于应急管理方面的法律法规有：2001年5月18日北京市人大常委会颁布了《北京市实施〈中华人民共和国防洪法〉办法》，2001年10月22日颁布了《北京市实施〈中华人民共和国防震减灾法〉办法》，2002年3月29日颁布了《北京市消防条例（修正本）》和《北京市人民防空条例》，2005年9月9日颁布了《北京市大型社会活动安全管理条例》，等等。另外，北京市政府陆续颁布实施了《食品安全监督管理规定》《交通安全管理规定》《防火安全管理规定》《消防安全管理规定》《生产安全管理规定》等相关规章制度。

2007年11月1日，《中华人民共和国突发事件应对法》实施。为使这部国家法律的条款适用于北京市，2007年12月25日，北京市启动了对突发事件应对法的地方立法调研。《北京对突发事件应对法的贯彻实施办法》已被列入2008年立法计划，并将于2008年出台。这意味着通过立法把《北京市突发公共事件总体应急预案》中的有关规定以及近年来应对突发事件的体制、机制以法规形式固定下来。《北京对突发事件应对法的贯彻实施办法》的出台是北京在突发事件应对体系方面比较完整的地方法规。北京是在全国率先启动《中华人民共和国突发事件应对法》地方立法调研的省市，这项法规将对2008年北京奥运会的顺利举办发挥积极作用。

（四）北京市应急管理预案的制定

应急预案是政府组织管理、指挥协调相关应急资源和应急行动的整体计划和程序规范。制定北京市突发公共事件总体应急预案，积极防范和及时处置重大突发公共事件，增强政府的应急反应能力，对于保证经济正常运行和维护社会稳定，提高北京城市现代化管理水平，加快现代化国际大都市建设步伐和成功举办 2008 年北京奥运会，努力实现经济、社会、人口、资源、环境的协调和可持续发展具有重大意义。

2005 年 9 月 9 日，北京市政府发布了《关于实施北京市突发公共事件总体应急预案的决定》，要求北京市各区、县政府和有关部门切实加强应急机构、应急队伍和应急救援体系、应急平台的建设，整合各类应急资源，建立和健全统一指挥、运转高效的应急机制；做好应急预案的培训和演练工作，不断提高各级领导干部、管理人员、应急救援人员的指挥水平和专业技能，抓好面向社会的预防、避险、减灾等方面的宣传教育，增强公众的忧患意识和社会责任意识。《北京市突发公共事件总体应急预案》中规定北京市各类突发公共事件预案分为市总体应急预案、专项应急预案、分应急预案和应急保障预案四种。

为全面推进应急预案体系建设和预案演练工作，北京市已制订或修订了应对流感流行、森林火灾扑救、防汛、粮食供给、雪天道路交通保障、地震、通信保障、电力突发事件等预案，并向社会发布。2006 年，北京市还组织了“重大传染病应急演练”“铁路运输危险品泄漏应急演练”和“北京西客站旅客滞留应急演练”等预案演练工作。2006 年 11 月底，《北京市突发公共事件应急预案管理暂行办法》出台，明确了北京市应急预案的制订、修订、审查、发布的工作流程和标准，为加强北京市应急预案的动态管理提供了保证。

2007 年，北京市初步形成了包括总体预案、专项应急预案、应急保障预案、区县分应急预案、街道（乡镇）、社区（村）和重点企事业单位应急预案在内的应急预案体系，已编制各类应急预案 6 万余件，公安、交通、电力、安全生产、地下管线、地铁等重点部门和行业还进行了应急预案演练。

二、北京市应急管理工作的新进展

自 2006 年以来，北京市的应急管理工作进入了新阶段。北京市应急管理体系确立了“3+2”的应急管理模式：“3”是指市级应急管理机构、区县级应急管理机构和13个市级专项应急指挥部，市级机构重在协调、专项指挥部重在处置、区县机构重在配合；“2”是指分设以“110”为龙头的紧急报警服务中心和以市长电话“12345”为统一号码的非紧急求助服务中心。北京市公共安全应急体系建设工作的重心已转向应急组织流程再造、多种资源有效整合与共享、社会公众应急安全意识的提高和应急技术研究创新四个方面，北京市应急管理工作正逐步实现“两个转变”，即从注重事发后的应急处置，向预防、处置和恢复全过程管理的转变；从部门为主的单灾种管理体制，向“党委领导、政府主导，专业处置、部门联动，条块结合、军地协同，全社会共同参与”的综合应急管理体制转变。如2006年1月发生的京广桥塌陷事件，有关部门及时封锁了与事故有关的地区，警察迅速组织附近群众疏散，没有造成人员伤亡。在气候条件很恶劣的情况下，市政府各个部门以及相关单位在短时间内迅速组织修复了塌陷路面。更值得一提的是，北京市政府在第一时间通过手机短信、电视、报纸、网站等媒体及时向市民发布了信息，提醒绕行堵塞地段，避免造成更严重的拥堵。从事件发生过程中的疏导，到事后的发布信息、抢修，体现了北京市应急管理体系发挥的巨大作用。

目前，北京市已初步形成了突发公共事件应急预案体系，其中包括1个总体应急预案、34个专项应急预案、18个区县应急预案和7个应急保障预案，共计60个。并且组建了公安、公共交通管理、消防、医疗、矿山、防汛、建筑工程、市政、电力、森林防火等30万人组成的专业抢险救援队伍。

2006年4月，北京市政府向市民免费发放了《首都市民防灾应急手册》600万本，这本防灾应急手册把主要突发公共事件分为12个专题、62个小问题，采取图文并茂、通俗易懂的方式，向市民介绍防灾应急的基本常识。旨在宣传和普及科学的避难知识和自救、互救常识，提高市民应对各种突发公共事件的综合素质，让全社会共同参与到应急工作中来。

2006年10月，由北京市应急办组织编制、市有关部门参加的《北京市“十一五”期间城市减灾应急体系建设规划》（以下简称《规划》）正式发布。《规划》以“安全奥运”为重点，突出了首都公共安全体系的建设，确定了北京市“十一五”期间城市应急体系，包括建立应急指挥平台等在内的13个重点项目的建设目标。《规划》指出，到2010年，建设和形成以政府为主导，基层政权组织、企事业单位、社会组织、志愿者群体、广大市民等全社会力量共同参与的综合应急管理体系。

为了完善北京市应急预案体系，保障2008年北京夏季奥运会和残奥会的顺利举办，按照“预防与应急并重、常态管理与非常态管理结合”的原则，从2007年2月开始，在北京市启动了奥运期间突发公共事件风险评估工作，推动应急管理从以事件管理为主向事件管理与风险管理并重转变，加强地区、部门和单位之间的沟通交流，建立科学、规范、完整、系统、动态的应急管理长效工作机制。

2007年10月26日，北京市人民政府颁布了《北京市大型社会活动安全检查办法》，于2008年3月1日起施行；2007年11月8日，北京市人民政府颁布了《北京市民用运力国防动员办法》，于2007年12月20日起施行；2007年11月30日，北京市第十二届人大常委会颁布了《北京市食品安全条例》，于2008年1月1日起开始施行。近几年来，北京市应急管理的法制建设速度明显加快，目前的应急法规系统已经初步与各部门专项的应急管理法律、法规有所衔接，互为补充。

2007年11月，北京市规划委公布了《北京中心城地震及应急避难场所（室外）规划纲要》，今后北京中心城区将每年增加20—30处应急避难场所，市民只需步行5—15分钟，便可以进入“应急避难场所”。北京自2003年在元大都遗址公园建设了第一个应急避难场所，目前已建成的应急避难场所有28处，可容纳200万人左右。

北京市还加快了街道应急指挥宣教场所的建设，2007年11月底，民防部门已经在东城区、西城区、宣武区、朝阳区的5条主要街道建成了5个应急指挥宣传教育培训中心，到2009年底，北京市的主要街道都将建设集防空、防灾、应急指挥和公共安全教育培训等功能于一体的应急指挥宣传教育培训中心。

三、结语

2003 年是我国应急管理体系建设的新起点。北京市应急管理体系自建立以来，虽然在体制、宣传等方面还需要进一步加强，但总体来说，北京市突发公共事件数量明显下降，市政府对突发公共事件的响应速度和处理水平、控制突发公共事件的影响范围以及将突发公共事件的相关信息迅速有效地传达给公众等应急管理能力大幅度提高，这表明我们的和谐社会建设取得了巨大进步，同时也是北京市政府全面提升执政能力的一个突出表现。温家宝多次强调，各级政府要全面履行职能，在继续搞好经济调节、加强市场监管的同时，更加注重履行社会管理和公共服务职能。特别要加快建立健全各种突发事件应急机制，提高政府应对公共危机的能力。应急机制建设的成就表明，北京市在解决社会管理和公共服务的问题上取得了新的成就和进步。

［原载《北京党史》2008 年第 3 期］

经济史

东北老工业基地对新中国的历史贡献

杨文利

东北老工业基地是新中国成立初期，国家为实现工业化和建立完整的工业体系而集中全国的人力、物力、财力投入东北地区形成的，以重工业为主要特色的产业基地。从“一五”计划时期到20世纪90年代，东北老工业基地为我国的经济建设作出了极其巨大的贡献，它不愧“共和国的长子”这个称号，现在东北老工业基地遇到了后劲不足的困难，与它长期的高额付出存在必然的联系，东北老工业基地的建设和发展是共和国建构完整工业体系的成功典范，人民不会忘记东北老工业基地为我国工业体系的建立立下的汗马功劳。通过总结分析东北老工业基地在新中国建设史上的历史贡献，从中找出东北老工业基地的比较优势，可以为东北老工业基地的振兴提供有益的参考。

一、促进了我国经济快速增长，为国家财政提供了丰厚的税收收入

东北工业基地的建成，带动了新中国经济的快速增长，为我国的经济发展和工业化进程作出了突出的贡献。仅从下列几个企业的发展，就不难看出东北工业基地所发挥的重要作用。

（一）在经济建设中发挥突出作用的典型企业

1. 中国汽车工业的摇篮——长春第一汽车制造厂

长春第一汽车制造厂（简称“一汽”）是“一五”计划期间，苏联援建中国的首批重点项目。一汽 1950 年 4 月开始选址，1953 年 7 月 15 日，举行了隆重的开工典礼。从 1956 年 3 月开始，第一炉铁水、第一批铸件、第一台发动机变速箱及第一台驾驶室相继在这里诞生。同年 7 月 13 日，一汽试制成功了中国第一辆汽车——“解放”牌汽车；10 月 15 日，一汽正式建成投产，当年就生产了“解放”牌汽车 1240 辆，装配吉斯 150 汽车 420 辆，中国的汽车工业自此开始起步。到 1962 年，一汽已由单一品种向多品种、多系列发展，形成了“解放”“红旗”“越野”三个系列。仅 1956—1987 年，一汽就累计生产“解放”牌汽车 128 万多辆，占全国载重汽车保有量的 50% 左右。到 1985 年，一汽向国家上缴利税和折旧费 61.6 亿元，相当于建厂投资的 10 倍。①

20 世纪 60 年代，国家开始筹建第二汽车制造厂。从 1965 年到 1970 年，一汽承担了二汽总装、车箱、底盘零件、铸造、锻造、车架、车身、车轮、车桥、发动机等 11 个专业厂和热处理电镀系统的设计任务以及大部分工艺设备的制造任务，有力地支援了二汽的建设。作为中国汽车工业的摇篮，一汽还支援了许多兄弟汽车厂和机械工厂的建设与发展，在中国汽车工业的发展乃至整个机械工业的发展中都起到了积极的作用，为创立和发展中国的汽车工业作出了巨大贡献。

2. 中国第一个大型化学工业基地——吉林化学工业公司

吉林化学工业公司的前身是吉林化工厂，“一五”计划时期，苏联援建的 156 项重点项目中的吉林染料厂、吉林化肥厂和吉林电石厂一并建在这里。1954 年，这三个厂的一期工程全面展开，仅用三年半的时间，就建成了当时国内最大的染料厂、化肥厂，并安装了亚洲最大的电厂炉和一系列加工设备。1957 年 10 月 25 日，吉化公司第一期工程开始投产，1958 年正式成立了吉林化学工业公司，该公司拥有 12 个基层厂，这

---

① 参见《当代中国的吉林》（上），当代中国出版社 1991 年版，第 353 页。

个以煤和石油为原料的大型联合化工企业在“一五”计划期间，即完成工业总产值1705万元，截至1985年，吉林省石油化学工业企业累计上缴国家利税92.4亿元。[①] 吉林化学工业公司不仅成为吉林省工业的支柱产业，还为支援全国化学工业的发展和建设作出了巨大贡献。

3. 改变了中国石油工业面貌的大庆油田

研究东北老工业基地的历史贡献，不能不谈到大庆油田。大庆油田是世界上原油年产量达到或超过5000万吨的少数几个特大油田之一，为国家的经济建设作出了巨大的贡献。大庆油田不但为我国提供了近1/2的原油，而且也是全国上缴利税最多的企业。1960—1987年，大庆油田累计生产原油9亿吨，上缴财政819亿元，相当于同期国家对油田投资的21倍。[②]

（二）东北三省的利税情况及调出物资情况

1. 黑龙江省上缴利税及调出物资情况

黑龙江省仅“一五”计划期间，向国家上缴的利润就相当于国家给其工业投资的3倍多，有力地支持了国家的经济建设。[③] 另据黑龙江省1981年投入产出表计算，当年全省调出产品119.3亿元，调入产品91.3亿元，调出、调入相抵，净调出28亿元的产品。这一计算结果基本上反映了黑龙江省对国家的贡献。仅1953—1987年的三十余年间，全省共调出煤炭3.06亿吨、木材2.69亿立方米、原油7.25亿吨、粮食6475万吨、发电设备2398万千瓦以及大量的冶金设备、矿山设备、机床、货车、钢材、铝材、轴承、仪表、工具等重工业产品，糖、纸、乳、麻等轻纺工业品和羊毛、油料、烤烟等农副产品。1953—1987年，全省净上缴中央财政467.3亿元。[④]

2. 吉林省上缴利税及调出物资情况

吉林省在1951年省财政即实现了收支平衡，也因此成为新中国成立

① 参见《当代中国的吉林》（上），当代中国出版社1991年版，第372页。

② 参见《当代中国的黑龙江》（上），中国社会科学出版社1991年版，第278页。

③ 同上书，第90页。

④ 同上书，第202—203页。

后最早实现财政收支平衡并略有结余的省份。1950—1952 年，吉林省的财政总收入为 7.54 亿元，3 年共上缴国家 5.69 亿元，[①] 上缴额占全省总收入的 75.5%，为国家实现财政经济状况的根本好转作出了贡献。“一五”计划时期，吉林省的财政总收入达 27.53 亿元，上缴中央财政 16.55 亿元，[②] 上缴额占全省总收入的 60.1%。此外，吉林省在汽车制造、石油化工、能源工业、煤炭工业、冶金工业等方面均有长足的发展，不但拥有一批国家级的大型重点企业，而且为国家提供了大量的相关物资、设备。

3. 辽宁省上缴利税及调出物资情况

1953—1988 年，辽宁省的工业企业为国家提供的利润和税金，相当于同期国家投资的 4 倍多。在调出的原材料中，调出量最大的是生铁、钢材和铜、铝、铅、锌等。1952—1988 年，净调出生铁达 6113 万吨，调出铜、铝、铅、锌四种有色金属 383 万吨；净调出钢材达 7949 万吨，占全省总产量的 52.9%。石油工业调出的主要是石油制品，仅 1981—1988 年，石油加工业净调出产品产值即为 269.9 亿元。在化工产品中，辽宁纯碱的产量最大，调出量也大，1952—1988 年净调出纯碱达 1178 万吨（约占其产量的 2/3），烧碱达 165 万吨。这一期间辽宁省净调出的水泥总量亦达到 5508 万吨。此外，还有大量其他生产和建设物资，[③] 重工业产品的大量调出，成为辽宁省工业的一个鲜明特点。仅据 1953—1994 年统计，辽宁省就累计上缴中央财政 3234 亿元。

东北老工业基地为国家作出的突出贡献还有很多，如仅据 2001 年统计，东北三省汽车总产量占全国的 26.1%，其中一汽集团轿车产量占全国的 22.1%，重型卡车占全国的 50%，原油加工能力占全国的 29.3%，乙烯生产能力占全国的 31.1%，造船能力位居国内第一，等等。此外，东北三省还是我国重要的商品粮生产基地、林业基地。东北的木材产量占全国木材供应量的 50%，提供的商品粮占全国的 1/3。地跨黑龙江省和内蒙古自治区的大兴安岭是我国天然林的主要分布区之一，拥有我国连片面积最大的国有林区。自 1964 年开发建设以来，累计为国家提供商品

① 参见《当代中国的吉林》（上），当代中国出版社 1991 年版，第 586 页。

② 同上书，第 588 页。

③ 参见《当代中国的辽宁》（上），当代中国出版社 1994 年版，第 303、312 页。

木材 1.2 亿立方米，上缴利税 41.3 亿元，是国家同期投入的 1.4 倍。在为国家建设提供商品木材、保障东北及华北地区生态安全等方面均作出了突出的贡献。

二、为建立和改进我国工业企业管理制度提供了宝贵的经验，为共和国培养输送了大批人才

东北老工业基地不仅在物质方面为国家建设作出了巨大贡献，在非物质领域也贡献颇丰。

（一）建立和改进工业企业管理制度

新中国成立后，不仅要改变反映官僚资本主义剥削压迫关系以及不适应社会化大生产要求的企业管理制度，而且要建立适应社会生产力发展和社会主义制度的企业管理制度，而这一切是通过民主改革和生产改革完成的。在这方面，东北老工业基地同样功不可没。

1951 年二三月间，由中央财经委员会召开的全国工业会议决定：在国有工业企业的生产行政管理工作上实行厂长负责制，但实行厂长负责制应同企业管理民主化结合起来。在实行厂长负责制的条件下，实现这种结合对于企业的民主改革无疑具有十分重要的意义。实现这种结合的一个根本条件是加强党对国有企业的领导。为此，党中央于 1951 年 5 月批准了《中共中央东北局关于党对国营企业领导的决议》。[①] 这个决议就是根据解放较早的东北地区党管理厂矿企业的经验，在马克思主义指导下，就实行厂长负责制的条件下如何同民主管理相结合，实现党的保证、监督作用做出了一系列明确规定。在决议的指导下，当时的东北五三工厂，紧紧依靠工人群众，克服各种困难，改造了旧企业，建立了社会主义经营管理制度，逐年超额完成国家计划，逐步地改善、提高了劳动条件，使职工群众的物质文化生活得到进一步提高，并积累了一套比较完整的经验。东北五三工厂已经解决的许多问题，正是当时不少厂矿企业

---

① 《中国工业经济法规汇编（1949—1981）》，经济管理出版社 1982 年版，第 503—510 页。

没有解决或正在探索的问题，为此，《人民日报》发表社论《推广五三工厂的经验》。[①] 此外，还有沈阳第五机器厂的马恒昌生产小组。仅1950年，马恒昌小组就改进了15种生产工具，创造了25个新纪录，提前完成了生产任务。从1950年起，就在全国推广了马恒昌小组“钻研技术、分工明确、各有专责、帮助新工友”的经验，开展马恒昌小组竞赛活动，[②] 这对于适应大规模的经济建设工作的需要，建立新型的社会主义企业管理制度和人与人之间的关系，提高职工的主人翁意识和劳动积极性等方面都起了重要作用。尽管该决议是在初步实行计划经济体制条件下作出的，但在当前向社会主义市场经济转轨的过程中，其中的一些重要内容如实行厂长负责制同管理民主化相结合、实现党的保证监督作用等仍有现实指导意义。

从1956年起，中共中央和毛泽东就在探索建立适合中国具体情况的经济管理体制的同时，探索建立中国独特的工业企业管理制度。1960年3月11日，中共鞍山市委向中共中央写了一篇题为《关于工业战线上的技术革新和技术革命运动开展情况的报告》，介绍了他们在这方面取得的初步经验。毛泽东在中共中央草拟的批语中，高度地评价了鞍钢的这些经验，把它称为“鞍钢宪法”，并要求全国大中型企业学习这些经验。[③] 依据毛泽东所概括的“鞍钢宪法”的主要内容，我国在建立适合我国具体情况的社会主义企业管理制度方面，进行了加强党的领导，实行党委领导下的厂长负责制，坚持政治挂帅，大搞群众运动，实行“两参、一改、三结合”[④] 的探索和实践。关于这一方面的探索，最早取得经验的是黑龙江省庆华工具厂，对此，《人民日报》于1958年4月25日发表了庆华工具厂党委《关于干部参加生产、工人参加管理和业务改革经验的初步总结》，并在编者按中指出：“庆华工具厂党委关于干部参加生产、工人参

---

① 《推广五三工厂的经验》，《人民日报》1952年12月28日。

② 《推广马恒昌小组的先进生产经验》，《人民日报》1951年6月13日；《马恒昌和他的先进生产小组》，《人民日报》1950年9月29日。

③ 《中国工业经济法规汇编（1949—1981）》，经济管理出版社1982年版，第11—17页。

④ “两参”是指师职干部参加劳动，工人参加管理；“一改”是指改革不合理的规章制度；“三结合”是指领导干部、技术人员（专业管理人员）、工人结合起来，共同研究解决生产技术和企业管理中的问题。

加管理和业务改革的经验，是一项具有重大意义的创举，是对企业管理的一项重大改革和提高，是完全符合社会主义的管理原则的。这项经验在全国一切具有条件的工业企业都应当推行。”[①] 这一探索，在新中国企业管理体制的建设中起到了积极的作用，即使在今天社会主义市场经济条件下，“鞍钢宪法”中的许多内容，如思想政治教育、“两参、一改、三结合”等，在提高劳动者的素质和积极性方面，仍有它独特、不可替代的作用。

（二）在提高城市化水平的同时为国家培养、输送了大量的人才

156 项重点工程在东北的建设，极大地促进了这一地区的发展。围绕这些重点工程建设了上千个配套项目，奠定了东北作为新中国主要工业基地的地位。经过几个“五年计划”的建设，东北地区形成了沈阳、大连、鞍山、本溪、抚顺、吉林、长春、哈尔滨、齐齐哈尔、大庆等一批重要的工业城市。1987 年，全国的非农业人口占 19.8%，而黑龙江省的非农业人口却占到 41.4%，[②] 当时是我国城市化水平最低的省份。到 2002 年时，辽宁省的城市化水平达到了 54%，排在了全国第一位。东北老工业基地不但为我国建成独立完整的工业体系和国民经济体系，为国家改革开放和现代化建设作出了巨大的历史贡献，而且也使东北三省成为城市化比例较高的省份。

与此同时，东北三省还为各地培养和输送了数十万名技术和管理人才，有力地支援了共和国的经济建设。如齐齐哈尔富拉尔基热电厂建成后，先后为全国 20 多个高温高压电厂培训了运行和管理人才，为国家输送了大批高温高压电厂的技术干部和管理干部。[③] 大庆油田从 1963 年开始，向全国各油田陆续输送干部、工程技术人员和工人 8.6 万多人，为支援全国石油工业的发展作出了突出贡献。[④] 吉林化学工业公司作为中国

---

① 《关于干部生产工人参加管理和业务改革经验的初步总结》，《人民日报》1958 年 4 月 25 日。

② 参见《当代中国的黑龙江》（上），中国社会科学出版社 1991 年版，第 203 页。

③ 同上书，第 276 页。

④ 参见《当代中国的黑龙江》（下），中国社会科学出版社 1991 年版，第 212 页。

最早的化学工业基地，培养并向全国各地输送了大批人才，仅 20 世纪 50—80 年代，就为同类企业、大专院校以及一些国家培养和输送了 5.63 万余名管理干部、工程技术人员。[①]长春第一汽车制造厂抽出 4000 多人支援二汽的建设，其中大学本、专科毕业的干部 919 人（包括工程技术人员 596 人），老技术工人 2888 人，并为二汽培训了大量特殊工种的工人。到 1985 年，一汽向全国各地输送了 1.8 万多名干部和生产技术骨干。由于目前掌握的资料有限，东北老工业基地为国家培养和输送了多少管理干部和技术人员，现在还无法具体统计出来，但可以肯定，这个数字是相当大的，这也是东北三省为我国经济建设作出的重大贡献。

从东北老工业基地的历史贡献中，我们可以看出在新中国建设史上，东北地区具有突出的重要地位。第一，在改革开放以前，东北老工业基地生产的众多生产资料，如石油、钢材、煤炭、水泥等，均是采用计划调拨的方式，以非常低的价格，调出东北三省。至今，东北三省每年仍有大量的平价工业品被调出。第二，在当时的计划经济条件下，众多的大型、特大型企业的利润大部分都上缴国家了，而东北三省的大型、特大型企业在东北工业经济中占有相当大的比重，因而，它对国家的贡献不言自明。第三，新中国成立后，国家向东北三省所征的税赋一直高于全国平均水平，即使在 20 世纪 80 年代及以后相当长的一段时期，国家对东北三省所征税赋仍远高于东部沿海地区。第四，东北工业基地在成长过程中，体制和制度创新方面也有优良的传统，20 世纪 50 年代，东北工业基地为中华人民共和国贡献了当时最为有效的计划经济体制，这一体制的形成绝不仅仅是照搬苏联的经验，而是结合东北工业实际创立的。第五，在企业管理方面，东北工业基地还创立了管理企业的一整套办法，包括曾经实施的“一长制”。东北工业基地还为我国经济建设创造了“大庆经验”“鞍钢宪法”等许多重要的建设经验，为建立、健全工业企业管理制度作出了突出贡献，为国家培养、输送了大批管理干部和技术人员。第六，工业化的发展在东北三省带动起了一批新兴的工业城市，使东北三省成为全国城市化水平最高的地区，走出了一条有地方特色的城市化

① 参见《当代中国的吉林》（上），当代中国出版社 1991 年版，第 372、377 页。

发展道路，取得了许多成功的经验。

改革开放以来特别是党的十五大以来，东北三省认真贯彻落实党中央、国务院的各项方针政策，大胆探索，迎难而上，奋力打好国有企业改革脱困攻坚战，积极调整国有经济布局和结构，在建立社会保障体系和资源枯竭地区经济转型等方面进行了积极探索，各项改革不断深入，开放步伐不断加大，经济建设加速发展，为国民经济持续快速健康发展又作出了新的贡献。从一定意义上可以说，东北三省既是新中国前30年的建设重点、工业化基地，也是“中国改革开放大业成本的承担者”，没有东北三省的贡献，就没有中华人民共和国的今天。

［原载《经济研究参考》2005年第91期（总第1955期）］

1963—1966 年新疆军区生产建设兵团安置上海知识青年经费初探

易海涛

20 世纪 60 年代初，为了摆脱生产建设和人民生活中出现的严重困难，党和政府对国民经济进行了重大调整。在贯彻执行“调整、巩固、充实、提高”方针和精简政策的同时，从 1962 年下半年开始，在全国范围内有计划、有组织地动员城市知识青年（以下简称知青）上山下乡，这样做的主要目的在于解决知青的升学、就业问题，疏散城市人口。60 年代初，上海面临的适龄人口升学、就业问题尤为严峻。据 1963 年预测，1967 年上海青年劳动力将达 98 万人，除继续升学外待就业的青年达 64 万人，[①] 这将对上海的就业安置工作造成巨大压力。因此，上海积极动员城市人口外迁，支援农业、支援外地建设，而外迁人口以富余劳动力（首先是青年）为主。[②] 与此同时，由于受 1962 年国内形势及中印边境冲突的影响，中国西部边防亟待加强，而新疆军区生产建设兵团[③]（以下

---

① 中共上海市委精简小组办公室：《上海市第三个五年计划期间减少城镇人口工作的初步计划（修正稿 1963 年 8 月 31 日）》，上海市档案馆藏。

② 中共上海市委精简小组办公室：《本市 1966 年控制与减少城市人口工作方案（1966 年 3 月 22 日）》，上海市档案馆藏。

③ 1954 年 10 月，中央政府命令驻新疆人民解放军第二、第六军大部，第五军大部，第二十二兵团全部，集体就地转业，脱离国防部队序列，组建“中国人民解放军新疆军区生产建设兵团”，其使命是劳武结合、屯垦戍边。1956 年 5 月起，兵团受国家农垦部和新疆维吾尔自治区双重领导。1975 年 3 月，兵团建制被撤销。1981 年 12 月，中央政府决定恢复兵团建制，改称“新疆生产建设兵团”。

简称“新疆兵团”）将“生产队、工作队、战斗队”集于一身，在保持边疆的安宁稳定方面扮演着重要角色，也需要不断加强力量、壮大组织。据不完全统计，1963—1966 年上海先后动员了 81398 名知青支援新疆兵团[①]。数量如此庞大的知青的动员、管理、需要做大量工作，而安置经费则是保障工作顺利开展的重要因素。目前，关于知青上山下乡安置经费的研究已有一些成果[②]，但是这些研究多聚焦“文化大革命”期间的知青上山下乡运动，对“文化大革命”前的知青下乡安置经费缺乏深入研究。本文以 1963—1966 年新疆兵团安置上海知青为研究对象，依据上海、新疆等地档案资料和亲历者口述资料，梳理安置经费的标准及来源，挖掘出现知青安置经费困难的成因及解决路径，厘清“文化大革命”前知青研究的相关史实。

一、安置经费的标准及来源

1962 年，财政部、农垦部根据《国务院关于精简职工安置办法的若干规定》和国务院副总理谭震林的指示，规定在农、林、牧、渔场安置城市知青的费用标准为：顶替退休职工安置 1 人 210 元；增补安置 1 人 352 元；扩建、新建农场安置 1 人 180 元。[③]由此可见，安置知青到扩建、新建农场的费用，比顶替和增补安置人员的花费少。但是，向扩建和新建农场安置知青的费用也并不低，因为 180 元生活补助费并不包括建房、制作衣服等费用。因此，在 1963 年 7 月中央宣布全国精简工作结束后，虽然提出要继续大力动员知青上山下乡，但对知青的安置方式转为以赴

① 新疆军区生产建设兵团司令部：《上海支边知识青年分配情况（1973 年 12 月 2 日）》，新疆兵团档案馆藏。受统计时间、信息来源不同的影响，另有一说上海先后共动员了 9.7 万名知识青年支援新疆。参见金光耀、金大陆主编《中国新方志知识青年上山下乡史料辑录》第 3 卷，上海人民出版社、上海书店出版社 2014 年版，第 1906 页。

② 相关研究成果主要有：林升宝的《“文革”时期上海知青运动中的安置经费问题研究》（《上海青年管理干部学院学报》2013 年第 4 期）；吕薇的《北京知青安置经费问题述论》（《当代中国史研究》2015 年第 6 期）；等等。

③ 顾洪章主编：《中国知识青年上山下乡始末》，人民日报出版社 2009 年版，第 190 页。

农村插队为主。[①]此举是为了节约开支，便于更多地安置知青。不过，此时上海知青大规模支援新疆兵团建设的目的不仅在于外迁上海城市人口，更是要增强新疆兵团的实力、巩固西北边防。因此，纵然上海与新疆之间路途遥远，且安置成本较高，但仍得以顺利实施。据时任共青团上海市委书记的张浩波回忆，当时新疆兵团安置1名上海知青需要1000元。这些本应该由新疆兵团支出的经费，因新疆兵团和农垦部经费都非常紧张，最终由农垦部、上海市分别承担200元、800元。[②]这在当时的文件中也有记载[③]，只是这笔钱的来源和标准并非一成不变，而是随着安置工作的推进而不断调整。

1963年，上海市给赴新疆兵团的知青每人补助800元，主要用于新疆兵团给知青添置农具、建造房子、制作衣服和3年的生活费[④]。具体而言，每月发给知青伙食费13元，零用钱第一年每月3元、第二年每月5元、第三年每月8元（也就是后来通称的“三五八”）；每两年发棉衣1套、棉帽1顶，每年发单衣1套、衬衣1套、棉鞋1双、单鞋3双、毛巾1条、袜子2双等。[⑤]除补助费外，上海市还要承担各项杂费，如宣传动员费、出发困难补助费、办公经费等。1963年6月10日，上海市知识青年参加外地建设工作组为赴新疆兵团农一师的1.25万名[⑥]知青编制

① 《建国以来重要文献选编》第18册，中央文献出版社1998年版，第39、42页。

② 李开全主编:《新疆兵团史料选辑》支边知识青年专辑，新疆人民出版社2003年版，第272页。

③ 1964年1月13日，新疆兵团政委张仲瀚在接见天津市护送知青进疆的干部时，专门提及上海知青的安置经费主要由上海承担。天津市劳动局等：《关于去新疆为我市社会青年找安置问路和护送支边青年工作报告（1964年2月10日）》，天津市档案馆藏。

④ 共青团上海市委：《1955—1963年上海知识青年下乡上山情况统计表（1963年）》，上海市档案馆藏。

⑤ 李开全主编:《新疆兵团史料选辑》支边知识青年专辑，新疆人民出版社2003年版，第42页。

⑥ 1963年新疆兵团农一师安置上海知青的人数有多种说法：上海市知识青年参加外地建设工作组的《关于动员青年去新疆兵团工作的经费预算（1963年6月10日）》（上海市档案馆藏）记载的是1.25万人；共青团上海市委办公室的《支援外地的上海知识青年和本市农村知识青年的一些情况反映（1964年4月14日）》（上海市档案馆藏）记载的是1.5万人；《农垦部关于解决支边青年冬装问题发给自治区、兵团的电报》（李开全主编：《新疆兵团史料选辑》支边知识青年专辑，新疆人民出版社2003年版，第272页）中记载的是1万人。这些数据都与各自统计的时间有关。1963年文件记载的人数属于事前计划安置的人数，并与经费预算和支出相关，因此，相对较少。1964年的统计数据属于事后统计的人数，并不涉及经费预算和支出，数据较为客观准确。因此，本文为维持档案原貌3处所引数据均为档案记载的原始数，下文不一一说明。

经费预算，其中车旅费、体检费、纸张费等均由农一师承担；出发困难补助费 3.75 万元和宣传活动费、办公经费 1.69 万元等由上海市承担。[①]预算不包含随行护送的干部和医务人员的开支，约 2.3 万元（派出护送的干部 50 人、医务人员 50 人）。上海市预计共承担农一师安置知青费用 7.74 万元。剩下 5000 名知青主要安置到农二师，其中，除出发困难补助费 0.4 万元外，还有 0.61 万元宣传活动费、0.32 万元随行医务人员车旅费，共计 1.33 万元。[②]上述农一师、农二师安置知青的杂费开支共计 9.07 万元。事实上，在这笔开支中已经严格限制了出发困难补助费，将困难补助的人数控制在出发人数的 20% 左右，平均每人 12 元左右，一般是 10 元，个别特殊困难的不超过 15 元。上海市知识青年参加外地建设工作组要求上海市各区、县在使用经费时必须严格控制在上述规定的限额内，并且按照节约使用的原则精打细算，经过工作组负责同志核准后方可支付。[③]据上述费用计算，1963 年上海市动员 2 万名知青支援新疆兵团需承担安置经费 1609.07 万元。[④]这些费用显然大大超出了预算。因此，上海市劳动局在 1963 年 8 月 22 日致函市财政局，请求增加拨款。[⑤]

1964 年 1 月，中共中央再次确定知青上山下乡安置工作以插队为主。对此，共青团上海市委认为，上海今后应该在动员知青到农村插队方面

---

① 上海市知识青年参加外地建设工作组：《关于动员青年去新疆兵团工作的经费预算（1963 年 6 月 10 日）》，上海市档案馆藏。

② 上海市知识青年参加外地建设工作组办公室：《关于动员青年去新疆兵团和农二师工作的经费预算和追加农一师护送干部的经费预算（1963 年 8 月 15 日）》，上海市档案馆藏。

③ 上海市知识青年参加外地建设工作组：《关于动员青年去新疆时宣传动员费和困难补助费的有关通知（1963 年 6 月 27 日）》，上海市档案馆藏。

④ 1963 年上海市动员支援新疆兵团的知青人数为 2 万人，主要有两个依据：一是中共上海市委精简小组办公室的《上海市第三个五年计划期间减少城镇人口工作的初步计划（修正稿 1963 年 8 月 31 日）》（上海市档案馆藏）中关于上海市第三个五年规划对外迁人口的安排。上海市计划五年内动员 22 万名知青支援新疆兵团，其中 1963 年为 2 万人，随后 4 年每年 5 万人。二是依据《上海市教育局王关昶关于新疆访问的情况报告（1963 年 12 月 11 日）》（上海市档案馆藏）记载，1963 年 6 月至 9 月底，有近 2 万名上海青年到兵团参加建设，其中有近 5000 名是应届初、高中毕业生。因此，按照上文所述每名知青上海市需承担 800 元安置费的标准计算，合计需承担 1600 万元，另加农一师、农二师承担的各项杂费，总计约需要 1609.07 万元。

⑤ 上海市劳动局：《关于继续要求在失业救济基金中解决支付知识青年动员经费的申请函（1963 年 8 月 22 日）》，上海市档案馆藏。

广开门路，当年着重考虑动员知青回乡投亲靠友及以安徽为基地组织插队。作为输送年龄小、政治觉悟低的知青到农村落户的过渡，在上海近郊和安徽逐步建立一些劳动锻炼基地。[①]但是，升学、就业困难以及上海近郊和安徽的安置空间有限等因素，促使上海知青支援新疆兵团建设的政策得以持续下来。在精简工作中，上海赴安徽的知青都抱怨安徽条件艰苦，要求返回上海。因此，上海将1964年的人口外迁工作方向调整为“第一新疆，第二回乡，第三安徽”[②]。1964年3月16日，上海市《关于动员上海青壮年参加新疆生产建设的工作意见（稿）》中确定：当年新疆兵团安置上海市知青3.5万人，其中分配在南疆地区农一师、农二师共2.5万人，分配在北疆地区的农四师、农五师、农七师、农八师和工一师、工二师共1万人。[③]以此人数计算，共需3500万元安置费，其中上海至少需要承担2800万元。实际上，自1964年1月16日中共中央、国务院发布《关于动员和组织城市知识青年参加农村社会主义建设的决定（草案）》《中央安置城市下乡青年领导小组向中央的报告》后，全国城镇知青下乡安置已有专项安置经费，“主要用于解决住房问题，其次用于生活补助、小农具购置、旅运费和专职干部的工资等费用”[④]。同时，为解决到高寒地区下乡知青的御寒问题，国家有关部门规定：给到这些地区的人每人补助棉衣1套（不超过棉布34尺，棉花5斤）；棉被1床（不超过棉布26尺，棉花6斤）。安置在国营农、林、牧、渔场的知青，补助标准为农场人均883元、林场人均1081元、渔场人均1383元。[⑤]在此之后，全国知青上山下乡有了经费的政策保障。同样，新疆兵团安置上海知青的经费也被纳入总体规划中，得到了政策保障。

1965年，新疆兵团安置上海知青较前两年有所减少。同年4月22

---

① 共青团上海市委地区部：《关于组织知青下乡上山的工作向共青团中央汇报的情况简报（1963年）》，上海市档案馆藏。

② 中共上海市委精简小组：《中共上海市委精简小组办公室会议和17级以上干部会议记录（1964年3月17日）》，上海市档案馆藏。

③ 共青团上海市委：《关于动员上海青壮年参加新疆生产建设的工作意见（稿）（1964年3月16日）》，上海市档案馆藏。

④ 《建国以来重要文献选编》第18册，中央文献出版社1998年版，第45页。

⑤ 顾洪章主编：《中国知识青年上山下乡始末》，人民日报出版社2009年版，第188、190页。

日，中共中央、国务院转发中央安置城市下乡青年领导小组《关于安置工作会议的报告》，确定当年新疆兵团安置上海知青 1.5 万人，同时安置天津、武汉知青各 0.4 万人，安置各地复员退伍军人 2 万人。[①]最终，1965 年上海共有 14357 名知青奔赴新疆参加建设。[②]

安置经费保证了上海知青支援新疆兵团工作的顺利开展，而上海知青在新疆兵团也很快扎下根来。据 1964 年 4 月统计，1963 年到新疆兵团农一师的 1.5 万名上海知青中，有 1028 人担任班长、排长。[③]1964 年 4 月、10 月，时任农垦部部长的王震先后两次到塔里木垦区视察，并接见了上海知青代表，肯定了他们的选择。[④]1965 年 7 月 5 日，周恩来、陈毅出国访问，返回时途经新疆在石河子专门接见了上海知青，周恩来就资产阶级家庭子女问题发表了重要谈话："一个人的出身不能选择，但前途是可以选择的。"[⑤]同时，周恩来还肯定了新疆兵团的成绩，要求新疆兵团继续做好安置工作，要把这些知青带好。[⑥]1966 年 5 月 17 日，新疆兵团政委张仲瀚亲自到上海动员知青进疆。截至同年 7 月 2 日，有 2.68 万名知青报名支援新疆兵团。[⑦]后因中央关于知青经费的政策有所调整，1966 年中央预计给新疆兵团的安置经费由此前的每人 1000 元降为每人 400 元。[⑧]上海最终进疆的人数难以确定，经费支出也就难以统计了。

据统计，1963—1965 年，国家拨付新疆兵团的安置费为 7993 万元。[⑨]

---

① 中央安置城市下乡青年领导小组：《1965 年安置计划的几点说明（1965 年 4 月 20 日）》，北京市档案馆藏。

② 金光耀、金大陆主编：《中国新方志知识青年上山下乡史料辑录》第 4 卷，上海人民出版社、上海书店出版社 2014 年版，第 2228—2229 页。

③ 共青团上海市委办公室：《支援外地的上海知识青年和本市农村知识青年的一些情况反映（1964 年 4 月 14 日）》，上海市档案馆藏。

④ 《兵团建设》编辑部：《王震十五次到新疆》，《兵团建设》2008 年第 4 期。

⑤ 《周恩来年谱（1949—1976）》中卷，中央文献出版社 2007 年版，第 741—742 页。

⑥ 农垦部政策研究室、农垦部国营农业经济研究所、中国社会科学院农经所农场研究室编：《农垦工作文件资料选编》，农业出版社 1983 年版，第 744—745 页。

⑦ 共青团上海市委地区部：《必须积极地、慎重地做好参加新疆建设未被录取的一万二千名青年的善后工作（1966 年 7 月 2 日）》，上海市档案馆藏。

⑧ 新疆军区生产建设兵团司令部：《关于退伍士兵社会青年安置费使用及接运费结算几项规定的通知（1965 年 12 月 18 日）》，新疆兵团档案馆藏。

⑨ 李福生主编：《新疆兵团屯垦戍边史》，新疆科技卫生出版社 1997 年版，第 828 页。

尽管安置经费囊括了方方面面，但在具体安置知青尤其是巩固知青进疆工作中，由于预算的安置经费难以足额到位、物资供应不足等因素，依然捉襟见肘，因此衍生出诸多问题。

二、安置经费的具体支出及面临的困难

上海知青进疆后，前 3 年集中安置的知青多以供给制为主，具体支出主要用于衣、食、住等方面。安置工作面临的困难主要有：

（一）服装及棉花、棉布方面

1963 年，经商业部纺织品公司同意，供给上海知青的棉衣是从新疆兵团自留棉中分出一部分调给解放军总后勤部加工的，其中农一师 1 万人调拨棉花 5 万斤。[①]这样减少了流通环节，既有助于及时加工出所需棉衣，也节约了运输成本。1964 年，按照新疆兵团安置的 3.5 万名上海知青计，新疆兵团共需棉布 70 万米、棉花 38.65 万斤[②]，按照原政策规定应由上海纺织品公司统一供给。由于新疆兵团所属单位多分布在南北疆沿边境地区，南北疆气候差别较大，为适应地区需要，新疆兵团司令部征得上海纺织品公司同意后向中央申请，由新疆兵团根据具体情况使用这 70 万米棉布和 38.65 万斤棉花赶制棉衣、棉被，其所需棉布从新疆兵团当年上交国家的任务中扣除，以免物资倒运，减少运输费用。[③]

尽管如此，仍不能从根本上解决棉布供应不足的问题。早在 1964 年 3 月 12 日，新疆兵团司令部就向农垦部反映由上海供应支疆知青每年每人 20 米棉布不够用，并请农垦部再给上海知青补助适量棉布。[④]1965 年

---

① 李开全主编：《新疆兵团史料选辑》支边知识青年专辑，新疆人民出版社 2003 年版，第 43 页。

② 据此计算，1964 年新疆兵团安置上海知识青年平均每人用棉 11 斤，这包括棉衣、棉被等用棉，故与 1963 年农一师每人 5 斤棉衣用棉不冲突。此外，每年关于安置经费中的用棉问题也在不断调整，加之南北疆气候差异较大，用棉标准不一，也会影响到用棉数量。

③ 新疆军区生产建设兵团司令部：《关于请划拨安置上海青年的 3865 担絮棉、抵作 1964 年度上交国家指标的报告（1964 年 7 月 25 日）》，新疆兵团档案馆藏。

④ 新疆军区生产建设兵团司令部：《关于 1963 年上交棉布情况与 1964 年上海青年服装用布报告的批复（1964 年 3 月 12 日）》，新疆兵团档案馆藏。

3 月 8 日，农一师再次向新疆兵团司令部报告当年需要安置 1.5 万名上海知青的 27 万斤棉花无着落。[①]

新疆属于高寒地区，条件异常艰苦，棉布、棉花实际所需用量远超中央安置供给的标准，因此，出现以上问题在所难免。新疆兵团对集中安置的上海知青实行供给制，一般情况每人需要棉布 100 尺左右、棉花 16—20 斤以及毡筒、皮帽等物品，每年服装支出为 70—100 元不等。因此，中央的冬装拨款根本不够使用，对于新疆兵团补助的实物部分就不得不从知青的补助或工资中扣除。此外，王震还要求给进疆知青每人先发放单军衣 1 套、解放鞋 1 双、口杯 1 个，对于这部分开支，实行工资制的知青就从他们的工资中扣除（口杯除外）。[②] 其实，因为这部分款项并不在安置经费预算之中，从知青收入中扣款也属合情合理，而且扣款主要限于北疆少部分实行工资制的上海知青，所以这一途径对缓解资金缺口问题的作用非常有限。

除棉花、棉布等数量不足的问题外，还存在一些衣服不够穿的现象。如农二师塔里木二场政治处通过调查发现，该场的 501 名上海知青中约有 20% 反映没有衬衣、衬裤、鞋袜，该场一队九小队的几名知青甚至互相借衣服、鞋子穿。发生这种现象的原因之一是上海有些干部在动员时告知知青离沪时不必带太多衣物，新疆兵团都会供给，而当这些青年进疆后才得知对进疆知青是严格按照标准供给衣物的，因此出现了这种缺衣少鞋的情况。[③]

（二）饮食方面

为了适应上海知青在饮食方面的偏好，使经过长途旅行到达新疆的上海知青能尽快适应新疆兵团的生活，新疆兵团各级部门做了大量的准备工

① 原档案记载为 2.7 万斤，但文中又记载每人 18 斤，依据 1.5 万人计算实际应为 27 万斤。新疆军区生产建设兵团农建第一师司令部：《关于 65 年进疆上海青年用棉的报告（1965 年 3 月 8 日）》，新疆兵团档案馆藏。

② 李开全主编：《新疆兵团史料选辑》支边知识青年专辑，新疆人民出版社 2003 年版，第 108、109 页。

③ 塔里木二场政治处：《关于对上海青年学生的政治面貌和来场后当前思想反映初步调查摸底的报告（1963 年 10 月 27 日）》，第二师库尔勒垦区档案馆藏。

作。如 1963 年，农二师孔雀四场在上海知青到达前就已预备了大米 1200 斤、大肉（即猪肉）265 斤，还从各单位调拨了蔬菜 4000 多斤。在伙食方面，上海知青到达的前 3 天全是吃白面和大米，在规定标准外每人又补助了 1 斤多肉、4 两油，还吃了一顿油条。到第四天才开始加上粗粮。10 月 18 日，农场领导发现，虽然大家反映“吃得饱、吃得好”，但还是意识到这只不过是克服困难的思想在支配着知青，实际困难还是存在的。①

（三）住房方面

为迎接上海知青的到来，新疆有安置知青任务的团、场早就修建了新的营房，或者将现有旧房改建为临时宿舍。1963 年 8 月，当农二师孔雀四场得知有安置知青任务时，就抓紧时间修建了 3 幢 18 间共计 1971 平方米的新营房，安装了门、玻璃窗和电灯，又将竣工不久的大仓库清理后作为安置上海知青的临时宿舍。尽管如此，由于来疆知青人数较多，加之部分房屋尚未腾出，住宿仍较为拥挤，平均 1 间 16 平方米的小房间要住 7—8 人，有的男知青 100 多人住在 1 间大仓库里。可见，解决知青住房问题尤为迫切。②

（四）其他方面

实际上，由于物资供应短缺，上海知青在生活方面遇到的困难颇多。1963 年，农二师塔里木二场政治处还发现，该场上海知青都担心肥皂、邮票、蚊帐等物品数量不足，有的知青反映每月 3 元钱不够用；有的知青对供应标准有意见。③此外，上海知青对使用露天厕所感到不适应，同时对 3 年后能否回家、能否探亲的顾虑很多，思想波动较大。

上述问题的出现，与新疆兵团当时的物资生产和保障能力有直接关系，造成了当时一些团、场知青即使有钱也难以在当地买到物品的窘

① 农二师孔雀四场司令部政治处：《接待安置上海青年总结汇报材料（1963 年 10 月 25 日）》，第二师库尔勒垦区档案馆藏。

② 同上。

③ 塔里木二场：《关于向上海市委访问上海支边青年工作团的汇报材料（1963 年 11 月 13 日）》，第二师库尔勒垦区档案馆藏。

况。[①]1963 年 11 月，新疆兵团向正在兵团考察的上海市劳动局局长王克等人反映，希望在今后两年内设法每年支援新疆兵团三四千万元的商品，以便把生产和供应工作组织得更好一些。[②]因此，做好上海知青在新疆兵团的安置巩固工作，不但需要在经费保障上积极应对，而且需要在物资供应方面做好开源工作，丰富新疆兵团的物资供应，以便通过各方协作来妥善处理安置经费不足、物资供应短缺所带来的各种问题。

三、各方妥善应对

为落实知青安置政策，切实做好上海知青的接待安置工作，新疆兵团及其各师团、上海各单位都做了相应的调整与应对，保证了安置工作的顺利开展。同时，上海知青也与新疆兵团职工一起发扬艰苦奋斗、勤俭节约的精神共渡难关。

（一）有安置任务的团场及时做了充分的准备工作

在上海知青到达之前，新疆兵团便从上到下做好了相应的接收安置准备工作。为迎接上海知青的到来，农二师塔里木二场发动职工向上海知青写了 300 余封慰问信，捐献鸡 30 只、蛋 103 颗、兔子 64 只、哈密瓜 4260 斤、南瓜和西葫芦 4000 斤、辣子 120 斤、洋葱 200 斤等。在生活上对上海知青予以适当照顾，尽量照顾知青的饮食习惯，同时开展各种文娱活动。[③]农二师四团的机关干部还腾出自己的房子给上海知青住，并准备了上等大米以及猪、羊、鸡、蛋、桃子、李子等食物。[④]对于各团、

① 据 2017 年 10 月 20 日易海涛对鱼珊玲的访谈记录。鱼珊玲，女，1944 年生，1963 年 8 月作为上海知青被安置到新疆兵团农一师，后调任新疆兵团侨联，曾任兵团侨联副主席，1999 年回到上海。

② 原档案无标题，笔者据内容所拟标题为《关于请求上海支援技术、物资的信（1963 年 11 月 21 日）》，上海市档案馆藏。

③ 塔里木二场政治处：《关于对上海青年学生的政治面貌和来场后当前思想反映初步调查摸底的报告（1963 年 10 月 27 日）》，第二师库尔勒垦区档案馆藏。

④ 农二师四团政治处：《新疆农二师四团关于上海青年情况、汇报材料（1964 年 3 月 24 日）》，第二师库尔勒垦区档案馆藏。

场为迎接上海知青所做的大量工作，当时负责护送上海知青进疆的上海干部印象深刻，表示“场、连首长及老同志对青年耐心细致的教育帮助，无微不至的关怀爱护，使自己也得到了很深刻的教育”①。

（二）新疆兵团及其各师团对上海知青的生活待遇作了一定的调整

针对上海知青的生活困难问题，新疆兵团及时对相关规定进行了调整。自1963年11月开始，农一师对上海知青的口粮定量由原来的35斤调整为38斤，油肉食定量也适当提高了标准，元旦、春节增加了油肉、细粮的供应量。为更好地开展知青的业余文艺活动，农一师购置了大批文艺器材发放到连队，供知青们开展活动。②一些因人少、分散而改为工资制（集中安置的上海知青均实行供给制）的团场将上海知青的待遇比供给制每月提高十余元。③例如，乌鲁木齐市规定：高中修业3年以上毕业的，每月临时待遇45.99元，其中标准工资36.5元，生活补贴占26%；高中修业2年以上不满3年毕业的，每月临时待遇39.69元，其中标准工资31.5元，生活补贴占26%；初中修业3年以上毕业的，每月临时待遇35.41元，其中标准工资28.5元，生活补贴占26%。这批上海知青正式工作满1年后，再按国家规定及所任职务给予转正定级。从上海出发时每人已发给的当月零用钱3元不再扣回。发给他们的棉衣、棉被、棉鞋，除1套棉衣由新疆兵团补助外，其余均在其本人工资内逐月扣还。④

此外，新疆兵团对每年的安置经费也做了相应的调整。从新疆兵团拨付给农二师的安置经费来看，1963年安置经费平均每人342.52元，1964年平均每人332.25元，1964年比1963年低了10.27元。因此，两

① 严章尧：《共青团农场上海黄浦区护送干部严章尧同志在我师检查安置教育上海青年工作会议上的汇报材料》，第二师库尔勒垦区档案馆藏。

② 原档案无标题，笔者据内容所拟标题为《新疆兵团农一师副参谋长李华仙给上海市劳动局的信（1964年2月7日）》，上海市档案馆藏。

③ 李开全主编：《新疆兵团史料选辑》支边知识青年专辑，新疆人民出版社2003年版，第54—55页。

④ 新疆军区生产建设兵团商业处：《关于上海学生生活待遇问题的通知（1963年10月24日）》，新疆兵团档案馆藏。

年下来尚有结余近 115 万元。[①]1964 年 8 月 22 日，王震在农一师调研后上报中央，反映上海知青主张长期实行供给制，并降低供给标准，以便节约资金，在垦区搞工业建设。第一年合计所有费用每人 305.17 元，第二年每人 251.42 元，第三年每人 287.43 元。[②]

随着全国安置知青工作的逐年推进，安置知青的经费标准也在不断调整，以便更好落实知青安置工作。1965 年 2 月 26 日，周恩来在接见各大区和部分省市出席全国安置知青工作会议的代表时提出七条经验[③]，强调下放人员的安置主要靠自力更生。[④]因此，当年的安置经费标准有所下调，新建集体所有制生产队（场）每人 400 元，跨省插队的每人另加旅运费 20 元，跨省、跨大区到东北、西北和内蒙古高寒地区插队的加发寒衣补助费平均每人 30 元。[⑤]对于这项政策，1965 年中央给新疆兵团的拨付标准仍旧按照此前的每人 1000 元标准执行，但到 1966 年时发生了变化。1966 年，中央制定新疆兵团的安置知青经费标准由此前的每人 1000 元降为每人 400 元。对此，1965 年 12 月 18 日，新疆兵团司令部在下发的通知中要求下属各单位要发扬自力更生、勤俭节约的精神，以"少花钱多办事、不花钱也办事"的原则加以妥善处理，要尽量压缩建房的材料费、服装补助费，其中建房面积控制在每人 6 平方米，建房材料费控制在每人 90 元以内；知青待分配的停留时间要尽量缩短，以免产生太多的接待费，待分配期间的粮食定量每人每天 1.2 斤。[⑥]即便如此，安置到新疆兵团的待遇还是要比安置到新疆维吾尔自治区地方国营农场要

---

① 农二师后勤部财务科：《关于 63、64 两年上海青年安置费收支情况》，第二师库尔勒垦区档案馆藏。

② 新疆军区生产建设兵团司令部：《兵团农一二师制定的上海参军青年实行供给制的暂行办法（1964 年 8 月 24 日）》，新疆兵团档案馆藏。

③ 这七条经验是：1. 劳动、精简、安置统一起来，华东先试点，各大区回去讨论，试点半年后再扩大；2. 在时间上，冬季动员，春耕前后、麦收前下去；3. 因地制宜；4. 投亲靠友为主；5. 坚持方向，重视巩固，稳步前进，不要着急；6. 统一安排，各方协作；7. 自力更生为主，群众互助，社、队扶助，国家关心，负责到底。

④ 《周恩来年谱（1949—1976）》中卷，中央文献出版社 2007 年版，第 713 页。

⑤ 顾洪章主编：《中国知识青年上山下乡始末》，人民日报出版社 2009 年版，第 190 页。

⑥ 新疆军区生产建设兵团司令部：《关于退伍士兵社会青年安置费使用及接运费结算几项规定的通知（1965 年 12 月 18 日）》，新疆兵团档案馆藏。

好得多。1965 年安置到阿克苏地方国营农场的江苏知青每月的经费标准为 23 元左右。[①]

与此同时，随着知青安置工作的不断推进，新疆兵团方面也不断调整、改进工作。1965 年 9 月上海赴疆慰问团发现，农一师、农二师两年中盖了平房 24 万平方米。新疆兵团当时给上海知青每人每月的供给标准近 30 元，三年内供给上海知青每人棉布 220 尺（是当地职工用布的 3 倍），粮食供应由每人每月 36 斤增加到 41 斤。文化生活方面，很多连队都有演出组和群众性的文娱活动，建立了阅览室和读报制度；师部规定在供给标准内，每个知青每年有 2 元书报费，一般每个连队可订阅 7 份（原件单位为“份”，应该是“种”——笔者注）报纸。[②]

（三）上海与新疆兵团相互协作、妥善应对

当上海知青奔赴新疆兵团后，上海便密切注意他们在新疆的情况，并通过各种方法改善上海知青的生产、生活状况。据张浩波回忆，1965 年他们到新疆去慰问，发现南北疆差别很大。南疆的条件比北疆艰苦，尤其是农一师特别困难，4 万名上海知青进入南疆，吃饭都成问题，更重要的是这里没有工业，生产能力跟不上。因此，上海慰问团向新疆兵团建议给予一些支援，让他们办工业。[③]农一师、农二师、农六师等也向上海赴疆慰问团反映困难情况，希望上海能够提供物资、设备和技术支援，包括纺织、食品、制革、制鞋和制盒厂等，另外还需要大量技术工人。[④]因此，上海赴疆慰问团在结束到各师、团的慰问活动后，于 1965 年 11 月 6 日向新疆兵团司令部汇报慰问知青工作的情况，慰问团团长、上海市副市长宋日昌问道：“兵团要上海支援什么？”随即，新疆兵团方面提

---

① 阿克苏地委：《转发闫泽民关于接支边青年的来信（1965 年 6 月）》，阿克苏地区档案馆藏。

② 原档案无标题，笔者据内容所拟标题为《上海市各界人民赴疆慰问团第一分团情况报告（1965 年 9 月 7 日）》，上海市档案馆藏。

③ 据 2017 年 9 月 22 日林升宝、易海涛对张浩波的访谈记录。张浩波，男，1928 年生，1964 年 3 月起任共青团上海市委书记，“文化大革命”期间进入“五七”干校学习。“文化大革命”结束后恢复工作，参与宝钢筹建，曾任宝钢工程指挥部党委副书记、副指挥。

④ 共青团上海市委：《新疆兵团各师要求上海支援的项目（1965 年）》，上海市档案馆藏。

出了需要上海支援的内容，包括纺织工业、农业设备等，也包括一些技术人员。但这些项目并不一定都用在上海知青最多的地方。例如，新疆兵团向上海所要的2万锭纱锭的生产工厂设置在农二师、农三师、农四师、农五师，而没有将其安置在上海知青最多的农一师，显然，新疆兵团此举是为了更加合理地布局兵团的纺织工业。[①]上海为新疆兵团提供物资、设备和技术，切实帮助了新疆兵团的发展。

此外，上海高教局还帮助新疆兵团建立了一些培训学校，开展函授教育，帮助不少上海知青走上了技术岗位。1964年6月，上海高校准备在新疆发展函授教育，新疆兵团得知后表示将积极搞好这项工作，计划招收5000名函授学生，其中蚕桑、农业电气、会计、文学、数学、英语等专业都向上海知青招生。[②]6月23日，新疆兵团提出需要上海支援1900名教师。上海虽然感到这个计划庞大，但仍设法满足新疆兵团的需求。[③]1963年11月，上海市劳动局局长王克率团考察新疆时，新疆兵团就请他们回沪后向上海市委反映，兵团急需技术人员，请求予以支援。[④]这不但能从根本上帮助新疆兵团发展，而且见效也比较快。

伴随着知青支援边疆工作的开展和边疆与内地经济交流的不断加深，1964年元旦前后，天津专门派干部到新疆考察当地安置天津知青问题，新疆兵团政委张仲瀚在与天津来新疆考察的干部谈到安置工作时，提出希望天津搬迁一些原料不足、劳动效率低而新疆又有原料的工厂来到新疆。3月17日，天津即初步议定了搬迁一批工业企业进疆。[⑤]这些支援为改善新疆兵团经济状况、缓解安置知青的困难发挥了重要作用。

---

① 新疆军区生产建设新疆军区生产建设兵团司令部：《关于由上海搬迁二万纱锭、布机及针织厂的分配通知（1966年11月12日）》，新疆兵团档案馆藏。

② 新疆教育厅：《关于上海高等学校拟在新疆发展函授教育的意见（1964年6月18日）》，上海市档案馆藏。

③ 中共上海市委精简小组：《1964年市委精简小组办公室办公会议记录（1964年6月23日）》，上海市档案馆藏。

④ 原档案无标题，笔者据内容所拟标题为《关于请求上海支援技术、物资的信（1963年11月21日）》，上海市档案馆藏。

⑤ 天津市劳动局等：《关于去新疆为我市社会青年找安置问路和护送支边青年工作报告（1964年2月10日）》，天津市档案馆藏；《支援新疆技术力量和工厂企业的初步意见（1964年3月17日）》，天津市档案馆藏。

（四）上海知青与新疆兵团职工一起发扬艰苦奋斗、勤俭节约精神，共渡难关

1964 年 8 月 22 日，王震在写给中央的信中反映，塔里木的不少上海知青提出要求节约资金搞垦区建设。[①] 因此，安置上海知青的经费有不少用于基本建设支出。1965 年，新疆兵团从中央所拨安置退伍军人及上海、天津、武汉知青的经费中提取 2200 万元用于农田水利和基建投资，400 万元用于流动生活资金。这与新疆兵团自力更生搞建设密切相关。1958—1966 年，新疆兵团基本建设投资共支出 14.35 亿元，其中国家拨款 2.21 亿元，兵团生产利润及其他资金转入的自筹资金 11.34 亿元，是国家拨款的 5.13 倍。[②] 从安置经费中提取资金用作基建投资的原因主要有两方面：一是为了安置人口进行基本建设，如开垦农田、兴修水利和兴建房屋等；二是为整个新疆兵团的建设事业筹措资金，用于推动经济和社会发展。

此外，自 1965 年起，进疆的上海知青安置经费来源和成本核算也发生了根本改变。根据形势的发展，新疆兵团规定，从 1965 年起，新进疆的上海知青自到达接收单位之日起，一律不再专门拨款供给，而是由各单位纳入计划，实行成本核算。农二师规定：取消当年进疆的上海知青由师负责供给 6 个月生活费的规定，但考虑当年下属各单位均未将这项费用纳入计划，因此农二师确定将往年的结余费用采取定额补助办法，按原分配人数每人补助 50 元。[③] 安置经费纳入各团、场的成本核算，这对整个新疆兵团以及师一级的单位而言确实能减少开支，但也相应增加了各团、场的负担，因此，各团、场要求知青发扬自力更生、艰苦创业的精神，从老职工的物资中拨出一部分用于知青安置。据农一师反映，1964 年该师安置上海知青的棉花不够使用，因此请求兵团司令部同意该师将 1964 年应交给

---

① 新疆军区生产建设兵团司令部：《兵团农一二师制定的上海参军青年实行供给制的暂行办法（1964 年 8 月 24 日）》，新疆兵团档案馆藏。

② 李福生主编：《新疆兵团屯垦戍边史》，新疆科技卫生出版社 1997 年版，第 828 页。

③ 农二师经办室：《关于上海青年供给费处理方法的通知（1965 年 10 月 23 日）》，第二师库尔勒垦区档案馆藏。

国家的 400 万斤絮棉作为安置老职工及上海知青的用棉。[①]

综上所述，1963—1966 年，新疆兵团安置上海知青经费非常庞杂，但是，由于实际开支增多、经费无法足额到位，以及物资供应不足等因素，在知青具体安置工作中一直捉襟见肘。对此，中央高度关注，尤其是周恩来、王震等领导多次指示，对知青安置工作进行了调整和改进，最终使安置任务得以落实。作为新疆兵团知青主要来源地的上海，在新疆兵团知青安置工作中发挥了重要作用。新疆兵团在上海的大力支持下，一方面，采取集中安置的办法，多方筹集、调拨物资，缓解困难；另一方面，与上海互相协作，从上海引进工厂、设备、技术和专业技术人才、教师等，以推动新疆的经济社会发展，改善知青的工作和生活条件。此外，新疆兵团还鼓励上海知青和兵团老职工一起发扬艰苦奋斗、勤俭节约的精神，共渡难关。诚然，安置经费问题是一直影响知青安置工作的重要因素，但由于上述工作的落实，从而最终保证新疆兵团成功安置了大批上海知青，既解决了上海知青的升学、就业困难，同时也充实了新疆兵团的职工队伍，巩固了祖国的西北边防建设。

［原载《当代中国史研究》2018 年第 6 期］

① 新疆军区生产建设兵团农建第一师司令部：《关于 65 年进疆上海青年用棉的报告（1965 年 3 月 8 日）》，新疆兵团档案馆藏。

中国农村改革发展的成就与经验

周进　龚云

中共十一届三中全会以来，农村率先开始了一系列旨在解放和发展生产力的改革。农村改革拉开了中国改革开放的序幕，标志着改革开放和社会主义现代化建设新时期的开始，被称为“启动历史的变革”。几十年来，中国农村发生了翻天覆地的变化，取得了举世瞩目的成就。

一、中国农村改革发展的主要成就

中国农村改革自 1978 年安徽小岗村实行联产承包责任制开始，历经几十年，敢闯敢试，波澜壮阔，影响深远，取得的成就主要体现在以下几个方面：

（一）确立并不断完善以家庭承包经营为基础、“三权分置”、统分结合的双层经营体制

改革开放以来，我国农业经营体制突破“三级所有、队为基础”的农村人民公社体制，逐步建立以家庭承包经营为基础、统分结合的双层经营体制。“这是迄今为止农村最具实质意义的重大变革。这一改革使农村经济逐步走向市场经济体制，为农村生产力的发展铺垫了新的制度基

础。”[①]1983 年，中共中央发布《当前农村经济政策的若干问题》的文件中明确提出：联产承包责任制“是在党的领导下我国农民的伟大创造，是马克思主义农业合作化理论在我国实践中的新发展”[②]。1984 年，全国实行联产承包责任制的生产队 569 万个，其中实行包干到户的生产队 563.6 万个，占全国 569 万个生产队的 99.1%。1991 年 11 月，中共中央在发布的《关于进一步加强农业和农村工作的决定》中，第一次以中央文件的形式明确规定：以家庭联产承包为主的责任制、统分结合的双层经营体制“作为我国乡村集体经济组织的一项基本制度长期稳定下来，并不断充实完善”[③]。1993 年 3 月，八届全国人大第二次会议通过的《宪法》修正案中正式将双层经营体制确立为农村一项基本经济制度。

针对农户承包地使用权流转工作中存在的问题，2001 年 12 月，中共中央在《关于做好农户承包地使用权流转工作》的通知中明确指出，在稳定家庭承包经营制度的基础上允许土地使用权合理流转，是基于农业发展的客观实际，“符合党的一贯政策”[④]。2008 年 10 月，中共十七届三中全会通过的《中共中央关于推进农村改革发展若干重大问题的决定》要求，“建立健全土地承包经营权流转市场”，允许农民按照依法、自愿、有偿原则以转包、出租、互换、转让、股份合作等形式流转土地承包经营权，允许有条件的地方发展专业大户、家庭农场、农民专业合作社等规模经营主体，鼓励发展多种形式的适度规模经营。[⑤]2016 年中央正式发布《关于完善农村土地所有权承包权经营权分置办法的意见》，确立了农村承包地坚持集体所有权、稳定农户承包权、放活土地经营权的“三权分置”模式。这是我国农村改革继家庭联产承包责任制后的又一大创新。

---

① 韩俊：《中国经济改革 30 年·农村经济卷》，重庆大学出版社 2008 年版，第 1 页。

② 《中共中央国务院关于“三农”工作的一号文件汇编（1982—2014）》，人民出版社 2014 年版，第 20 页。

③ 《十三大以来重要文献选编》（下），人民出版社 1993 年版，第 1761、1762 页。

④ 《十五大以来重要文献选编》（下），人民出版社 2003 年版，第 2158 页。

⑤ 《中共中央关于推进农村改革发展若干重大问题的决定》，人民出版社 2008 年版，第 13 页。

（二）构建了结构多元的中国特色社会主义农村市场经济体系

农村改革从 20 世纪 80 年代起就是以社会主义市场化改革为取向。在农副产品统购派购制逐步取消的过程中，全国性、区域性的社会主义农产品市场体系初步形成。一方面，农村土地、劳动力、技术和资金等要素市场不断发展，市场主体的独立地位逐步明确，市场发育日益走向成熟；另一方面，国家通过行政手段干预经济的领域不断收缩，市场机制逐步发挥越来越重要的作用。通过所有权、承包权和经营权“三权分置”的办法，既较好地坚持了社会主义的方向，又成功地发展了市场经济。这是中国特色社会主义农村发展道路的显著特点之一。随着市场体制机制的不断完善，中国农业结构由改革开放之初基本上以粮食生产为主体的单一结构发生了显著变化。尤其是乡镇企业的发展，大大提高了农村经济的整体素质和效益，增强了农村经济的实力。中共十八大以来，为推进农业供给侧结构性改革，坚持以深化改革为动力，以市场需求为导向，着力调整优化农业结构，供给体系的质量和效益均得到明显提高。农业供给侧结构性改革举措主要表现为“三个调”和“三个激活”，即农业生产结构不断“调优”、农业发展方式持续“调绿”、农村产业结构加快“调新”，激活市场、要素和主体。农产品加工业、休闲农业、农村电商得到长足发展，农村一二三产业深度融合。[①]粮食生产能力登上新台阶，产量连续 5 年稳定在 12000 亿斤以上，农业供给侧结构性改革实现新突破，种植、畜牧、渔业结构不断优化，农产品加工业与农业产值之比达到 2.2∶1。[②]

（三）形成了以集体经济为主体、多种所有制经济共同发展的基本经济制度

在坚持以土地为核心的主要生产资料集体所有的基础上，农村改革

---

① 《从“六个新”看十八大以来农业农村经济发展》，《光明日报》2017 年 9 月 30 日。

② 韩长赋：《全面深化农村改革：农业农村现代化的强大动力》，《求是》2018 年第 13 期。

实行以“土地集中所有，农户承包经营”为基本特征的家庭承包责任制，这是农村集体经济的一种新的实现形式。2014 年 11 月，中共中央办公厅、国务院办公厅印发的《关于引导农村土地经营权有序流转发展农业适度规模经营的意见》提出：以农户家庭经营为基础，积极培育新型农业经营主体；以尊重农民意愿为前提引导土地规范有序流转。截至 2016 年底，全国 4.79 亿亩耕地实行流转，成立了近 2 万个土地流转服务中心。在经营权流转的基础上，又出现了经营权入股、抵押等放活经营权方式，探索农业适度规模经营的新路。[①] 乡镇集体企业还通过股份制、股份合作制以及承包、租赁、兼并等途径积极探索公有制实现形式的多样化。乡镇企业产权制度改革是农村所有制结构的又一次重大变革，形成了多种所有制经济混合发展的新局面。我国农村形成了以集体经济为主体、多种所有制经济共同发展的基本经济制度，构筑了多元化的农村产权结构，形成了中国特色社会主义农村市场经济发展的微观基础，这是“能够极大促进生产力发展的农村集体所有制的有效实现形式”[②]。

中共十八大以来，我国农村集体经济组织账面资产总额从 2012 年的 2.18 万亿元增长到 2016 年的 3.1 万亿元，增长了 42.2%。党和政府高度重视农村集体产权制度改革。2016 年 12 月，中共中央、国务院发布《关于稳步推进农村集体产权制度改革的意见》，进一步明晰农村集体产权，引导农民发展股份合作，还注重完善集体产权权能，赋予农民对农村集体资产股份的占有、收益、有偿退出以及担保、抵押、继承等相关权益。这是向全国逐步推开农村集体产权制度改革的重大标志性事件。当年年底，全国已有 6.7 万个村和 6 万个村民小组完成了这项改革。其中，北京、上海、浙江 95% 以上的村完成了改革，完成改革的村、组当年给农民股金分红 434.1 亿元。[③]

① 施维：《将深化农村改革进行到底——党的十八大以来农村改革成就综述》，《农民日报》2017 年 9 月 20 日。

② 《十五大以来重要文献选编》（上），人民出版社 2000 年版，第 556 页。

③ 施维：《将深化农村改革进行到底——党的十八大以来农村改革成就综述》，《农民日报》2017 年 9 月 20 日。

（四）初步塑造了城乡经济社会一体化发展格局

改革开放以来，我国逐步打破城乡二元体制，放宽农民进城就业和居住的限制，从限制农民流动逐步转向承认流动、接受流动、鼓励流动。农村劳动力的自由流动为突破城乡二元体制进行有益探索提供了实践基础，为实施城乡一体化发展积累了经验。[①]2002 年 11 月，中共十六大报告首次提出了“统筹城乡发展”的理念和目标。2008 年 10 月召开的中共十七届三中全会通过《关于推进农村改革发展若干重大问题的决定》，提出建立推进城乡发展一体化的制度。[②]2015 年 10 月，中共十八届五中全会提出，健全城乡发展一体化体制机制，推动城乡要素平等交换、合理配置和基本公共服务均等化，提出“十三五”时期城镇化的重点目标是实现 1 亿左右农民工和其他常住人口在城镇定居。[③]在这些政策推动下，各地逐步取消了限制农民进城就业的规定，较大改善了农民进城就业的环境，并出台政策不断改善农民工的职业培训、子女教育、公共卫生和社会保障，切实保障农民工合法权益。

农村财政税收制度一定程度上反映了国家与农民以及城乡之间的利益分配关系和格局。2006 年，国家全面取消农业税，标志着中国延续了 2000 多年“皇粮国税”的终结，国家对农民实现了由“取”到“予”的转折，开始呈现工业反哺农业、城市支持农村的格局。这是国家和农民分配关系的一次重大调整。中共十八大以来，我国公共财政优先重点保障“三农”投入，并保持稳定增长。2013—2017 年，全国一般公共预算农林水事务支出达到 82839 亿元。同时，在新增教育、文化、医疗卫生等社会事业经费方面，我国积极推动向农村倾斜，保障并不断提高农村基本公共服务的标准和水平。农业农村经济社会稳定发展，农民收入持续快速增长，农村居民人均可支配收入从 1978 年的 134 元增长到 2017

---

① 《十五大以来重要文献选编》（下），人民出版社 2003 年版，第 2173 页。

② 《中共中央关于推进农村改革发展若干重大问题的决定》，人民出版社 2008 年版，第 17—26 页。

③ 《中国共产党第十八届中央委员会第五次全体会议文件汇编》，人民出版社 2015 年版，第 49—50 页。

年的 13432 元，增长了 100 余倍。[①]

（五）不断探索农村治理体系和治理方式现代化

人民公社时期，实行高度集权的政社合一体制，国家行政权力取代了传统的社会控制手段，对农村实行直接控制。1982 年 12 月通过的《中华人民共和国宪法》第 95 条规定：“乡、民族乡、镇设立人民代表大会和人民政府。”人民公社制度逐步退出历史舞台。20 世纪 80 年代，建立乡镇的数量超过 7 万个。进入 21 世纪，以精简机构人员、撤乡并镇为标志的乡镇行政机构改革拉开帷幕。2004 年，中央一号文件对撤乡并镇并村提供了政策支持，明确了“进一步精简乡镇机构和财政供养人员，积极稳妥地调整乡镇建制，有条件的可实行并村，提倡干部交叉任职”的改革路径。[②]2006 年末，全国乡镇数为 34756 个，比 1992 年的 48250 个减少了 13494 个，年均减少 2.3%；全国村民委员会 637011 个，比 1992 年的 737429 个减少了 100418 个，年均减少 1%。

村民自治就是广大农民群众直接行使民主权利，依法实行自我管理、自我教育、自我服务的一项基本政治制度。1998 年 11 月，九届全国人大常委会第五次会议审议修订的《村民委员会组织法》的颁布，标志着村民自治正式步入法制化轨道。中共十八大以来，在农村法治化建设方面，修改和完善了村民委员会组织法、选举办法，大力推行村级党组织“公推直选”，保障了农民合理行使选举权，推动村委会直接选举制度化和程序化，促进了农村民主选举规范化；在农村基层民主制度建设方面，由传统单一的民主选举向民主选举、民主管理、民主决策转变，全国约 98% 的村制定了村规民约，深化了村民对民主管理的基本认识，促进了新型农村社会生活共同体建设。在村务公开和廉政建设方面，普遍实现村务公开制度，逐步完善述职、问责机制，全国每年约 170 万名村干部进行述职，对 23 万余名村干部进行经济责任审计。[③]

① 《中华人民共和国 2017 年国民经济和社会发展统计公报》，详见国家统计局网。

② 《中共中央国务院关于“三农”工作的一号文件汇编（1982—2014）》，人民出版社 2014 年版，第 90 页。

③ 宁甜甜：《中国农村基层社会治理之道》，《商业经济》2017 年第 9 期。

（六）基本构筑了中国特色农村社会保障体系

改革开放以来，随着农村社会分工的发展，人口流动量增大，农民开始了前所未有的从业性质和利益群体分化。乡镇企业的崛起催生了大量乡镇企业工业与一批乡镇企业主和个体户。20 世纪 90 年代以后，随着农村劳动力进城务工，出现了一个庞大的农民工阶层。近年来，农村社会中出现了农民工、农民个体工商业者、农民私营企业主、农民知识分子、农民企业家、农村管理者等不同的利益群体。因此，农村社会结构发生了深刻变化。

我国农村社会保障领域也进行了诸多探索性改革。农村医疗保障制度改革和农村社会救助制度改革取得了突破性进展。2010 年实现了新型农村合作医疗制度基本覆盖农村居民的目标。党的十八大以来，我国社会保障体系改革不断推进，不断突破城乡分割的藩篱，基本构筑了更公平、惠及广大农民的中国特色农村社会保障体系。2014 年初国务院发布《关于建立统一的城乡居民基本养老保险制度的意见》，将新型农村社会养老保险和城镇居民社会养老保险合并实施。2016 年，国家启动建立统一的城乡居民基本医疗保险制度的改革，全面整合城镇居民基本医疗保险和新型农村合作医疗两项制度。①

中国政府从 1984 年开始启动了中国历史上也是世界历史上持续时间最长、成效最大的农村扶贫脱贫工作。通过政府主导、社会参与，采取特殊的扶贫政策和措施，促进贫困人口集中区域自我发展能力的提高，推动区域经济发展来稳定、减缓直至消除贫困。“联合国《2015 年千年发展目标报告》显示，中国极端贫困人口比例从 1990 年的 61%，下降到 2002 年的 30% 以下，率先实现比例减半，2014 年又下降到 4.2%，中国对全球减贫的贡献率超过 70%。中国成为世界上减贫人口最多的国家，也是世界上率先完成联合国千年发展目标的国家。”②

---

① 《织就世界最大的社会保障网——党的十八大以来社会保障事业发展成就述评》，《光明日报》2018 年 12 月 12 日。

② 《〈中国的减贫行动与人权进步〉白皮书》，详见中华人民共和国国务院新闻办公室网。

（七）日益重视农村自然资源保护和生态文明建设

中国农村自然资源和生态环境建设，是随着中国城市化、工业化进程的不断加快、资源与环境的压力日益增加而不断改进的。为了适应中国经济的快速增长，不断地对相关法律法规条件进行修订或修正。早在1998年10月中共中央发布的《关于农业和农村工作若干重大问题的决定》中，就对农村生态环境保护和建设提出了明确要求。2006年，《国民经济和社会发展第十一个五年规划纲要》对加强农村环境保护作出了规划，提出开展全国土壤污染现状调查，综合治理土壤污染，推进农村生活垃圾和污水处理，改善环境卫生和村容村貌。通过在化肥、农药使用方面的减量替代和推广测土配方技术，2016年，全国化肥使用量首次接近零增长，全国农药施用量保持零增长。中国已经初步形成了农村自然资源和生态环境建设的政策框架，制定出一系列有关农村自然资源管理的法律法规。

我国农村生态工程是以1978年启动“三北”防护林工程为标志的。随着我国综合国力的增强，特别是积极财政政策的实施，20世纪90年代末开始，中国启动了一批大规模的生态工程，包括天然林保护工程、退耕还林（草）工程、防沙治沙工程、水土流失重点治理与生态修复工程等。中共十八大以来，“绿水青山就是金山银山”理念深入人心，农村生态文明建设被放在了突出位置，推进农业清洁生产，山水林田湖草被视为一个生命共同体受到前所未有的生态保护。2014—2017年，我国新一轮退耕还林、还草面积达4240万亩。①

（八）基本形成了中国农业对外开放格局

改革开放以来，我国农业的现代化发展已经成为世界农业现代化发展的重要组成部分。自加入世界贸易组织（WTO）后，中国全面履行加入承诺，大幅开放市场，推动实现合作、互利、共赢。我国已经成为世界上农产品关税水平较低的国家之一，农产品平均税率由加入WTO前

---

① 《从“六个新”看十八大以来农业农村经济发展》，《光明日报》2017年9月30日。

的23.2%下降到15.2%，约为世界农产品平均关税水平的1/4[①]。我国还显著削减了非关税壁垒，减少不必要的贸易限制，促进贸易透明畅通，按照关税配额管理的承诺对粮食、棉花等重点农产品和农资商品合理实施进口管理、国内市场管理措施，如取消羊毛和毛条的进口指定经营制度，对外资开放农药、农膜的零售和批发业务，等等。[②]

中国农产品国际贸易活动日益活跃，实施"走出去"战略，加大农业国际合作，逐渐形成持续、稳定、合理的全球资源性农产品供应链。在扩大农产品出口方面，2017年，我国农产品出口总额达755.3亿美元，比2001年的160.7亿美元增长了3.7倍，培育了一批具有带动和示范效应的产业化龙头企业，推动建立了一批标准化、规模化的农产品出口基地，初步形成了特色、优质、安全的农业产业体系；在增强资源性农产品进口方面，农产品进口总额从2001年的118.5亿美元增长到2017年的1258.6亿美元，增长了9.6倍。[③]农产品进口缓解了农业资源紧张的压力，弥补了我国农产品供需缺口，为确保主要农产品有效供给发挥了重要作用。与此同时，我国积极参与并推动贸易谈判，致力于构建更加开放、公平、合理的国际与双边农业合作框架。中国农业开放的历程，是经济全球化时代中国农业不断拓展对外开放广度和深度的过程。在此过程中，我国不断融入世界贸易体系，农业的国际影响力进一步提升，农业全面对外开放的格局基本形成。

二、中国农村改革发展的基本经验

改革开放以来，农村改革先行先试，为中国的改革与发展积累了宝贵的经验，主要体现在以下几个方面：

---

① 《中国与世界贸易组织》，《人民日报（海外版）》2018年6月29日。

② 程国强：《粮食安全必须立足本国》，《瞭望新闻周刊》2005年第40期。

③ 《入世十年我国农产品贸易健康发展》，《经济日报》2011年12月18日。

（一）坚持党的领导是农村改革取得成功的根本保证

习近平在庆祝改革开放40周年大会上指出："正是因为始终坚持党的集中统一领导，我们才能实现伟大历史转折、开启改革开放新时期和中华民族伟大复兴新征程。"① 在农村改革中，我们党把马克思主义的基本原理同中国农村实际相结合，农村改革在党的坚强领导下得以快速推进。1978年，家庭联产承包责任制在党的领导下从个别地方试点后全面推行全国。2005年，中共十六届五中全会提出了建设"生产发展、生活富裕、乡风文明、村容整洁、管理民主"的社会主义新农村目标。中共十八大以来，在习近平新时代中国特色社会主义思想指引下，农村改革在理论、实践和制度等方面都有了重大创新和突破，为实现农业农村现代化指明了方向。2017年，党的十九大提出了乡村振兴战略。自1982年开始，中共中央、国务院出台了20个关于"三农"工作的一号文件，每次都涉及"三农"改革与发展的重要问题。在党的领导下，在我们党提出的一系列新理念新思想新战略的指导下，我国农村改革取得了成功和巨大成就。

（二）坚持解放思想、实事求是的思想路线，将顶层设计与试点探索相结合，是农村改革取得成功的重要法宝

改革开放以来，广大农村干部群众不断解放思想，以解放和发展生产力为标准，勇于实践，从家庭联产承包责任制兴起、乡镇企业异军突起到探索股份合作制等公有制实现形式，从改革农产品流通体制到培育农村资金、劳动力和技术等生产要素市场，从大力发展农业产业化经营、探索贸工农一体化到建立农村改革试验区，从实践创造中及时总结经验、发现规律，并使之上升为党和国家指导农业和农村经济发展的方针、政策、法律、法规。这是中国共产党指导农村工作的一条基本原则，是我国农村改革不断推进和顺利进行的重要法宝。中共十八大以来，中国改

① 习近平：《在庆祝改革开放40周年大会上的讲话（2018年12月18日）》，《人民日报》2018年12月19日。

革进入了全面深化阶段。为提高农村改革的系统性、整体性和协调性，做好整体谋划和顶层设计，中央深化改革领导小组召开的18次会议中涉及农村改革的议题，审议了24项涉农的改革方案，基本建立了新时代农村改革的“四梁八柱”。

（三）坚持把“三农”放在优先位置，以农民为主体，加大对农业农村的支持和保护力度，是农村改革取得成功的重要基础

改革开放以来，党和政府高度重视“三农”问题，把它当作重中之重，始终以农民为主体，最大限度地调动农民的积极性。农村改革初期，党和政府通过推行以家庭联产承包经营为主要形式的责任制，大幅提高农产品收购价格，充分调动农民生产积极性，在较短的时间内基本解决了人民的生存和温饱问题。随后，又及时稳定农村基本政策，改革和完善农产品流通体制，调整农村产业结构，积极发展多种经营和乡镇企业，促进了农业和农村经济全面发展。2000年以后，为了确保粮食供求平衡和农民收入增长，国家采取了有力的扶持粮食生产政策，对农民实行了包括主产区种粮农民的直接补贴、农资综合直补、良种补贴、农机具补贴等在内的直接补贴制度，制定重点粮食品种的最低收购价政策。2006年，完全取消农业税。这些政策的实施，大力开展村民自治，促进财务和村务公开，有效地保护和调动了农民民主参与、自我管理的积极性。2016年4月，习近平在安徽省凤阳县小岗村主持召开农村改革座谈会时指出，“农业还是现代化建设的短腿，农村还是全面建成小康社会的短板。全党必须始终高度重视农业、农村、农民问题，把‘三农’工作牢牢抓住、紧紧抓好，不断抓出新的成效”，要求加强城乡统筹，全面贯彻落实强农、惠农、富农政策，促进农业基础稳固、农村和谐稳定、农民安居乐业。①

---

① 《习近平在农村改革座谈会上强调　加大推进新形势下农村改革力度　促进农业基础稳固农民安居乐业》，《人民日报》2016年4月29日。

（四）坚持市场化改革，注重发挥市场机制在资源配置中的决定性作用，是农村改革取得成功的正确方向

中国农村改革始终是以社会主义市场化为导向的。实行家庭承包责任制和发展乡镇企业，培育和造就了大批自主经营、自负盈亏的农村市场主体，构筑了农村社会主义市场经济的微观基础。农产品流通体制改革使以批发市场为中心的农产品市场体系迅速发育，农民开始全面介入农产品的市场运作，为市场机制发育创造了条件，促进了农村土地、劳动力、资金等要素市场的兴起。这从根本上改变了农村经济过去以单纯依靠计划指令配置资源的状况，市场在资源配置中的决定性作用得以有效发挥，实现了在国家宏观调控下通过价格杠杆和竞争机制优化资源，大大提高了农村经济的活力和效率。自中国加入世界贸易组织（WTO）以来，在经济全球化背景下，我国农业发展立足于面向国内外两种资源和两种市场，在国际分工中克服了资源短缺的问题，优化了资源配置，提升了我国农业的国际竞争力。

（五）坚持城乡统筹协调，促进城乡一体化发展，是农村改革取得成功的重要路径

在传统计划经济体制下，城乡二元结构的失衡使城乡关系遭到了严重扭曲。改革开放以来，农业剩余劳动力向城镇的大量转移，密切了城乡联系，对城乡隔离体制造成了巨大冲击。中共十六大报告指出，要统筹城乡发展。中共十六届五中全会提出了社会主义新农村建设的重大历史任务，与十六大提出的解决城乡二元结构矛盾、强调城乡统筹发展的指导思想一以贯之，是落实工业反哺农业、城市支持农村方针的重要举措。2007 年 12 月，中共中央、国务院发布的《关于切实加强农业基础建设进一步促进农业发展农民增收的若干意见》提出："加强农业基础地位，走中国特色农业现代化道路，建议以工促农、以城带乡长效机制，形成城乡经济社会发展一体化新格局。"[①] 自 2004 年以来，中央连续发布

① 《十七大以来重要文献选编》（上），中央文献出版社 2009 年版，第 133 页。

了15个关于解决“三农”问题的一号文件，加大对农村基础设施建设和农村社会事业发展的投入力度，基本构建了支农强农惠农的政策体系，初步形成了统筹城乡发展的制度框架。2017年10月，中共十九大报告提出：“要坚持农业农村优先发展，按照产业兴旺、生态宜居、乡风文明、治理有效、生活富裕的总要求，建立健全城乡融合发展体制机制和政策体系，加快推进农业农村现代化。”[①] 改革开放以来的实践证明，从根本上解决中国现阶段“三农”问题，必须重点改革计划经济体制下形成的城乡分治的各种制度，充分发挥城市与农村的互动作用，最终实现城乡经济社会一体化统筹发展。

（六）坚持农村法治建设，强化农业基础地位和农村民主法治建设，是农村改革取得成功的重要保障

解决好“三农”问题，要靠改革，靠政策，靠投入，靠科技，也要靠法律。我国1982年《宪法》已历经1988年、1993年、1998年、2004年、2018年5次修改，其中，前4次修改都有关于农业的内容。如1988年的宪法修正案对土地使用权做了明确规定：“土地的使用权可以依照法律的规定转让。”[②]1993年的宪法修正案对农村经济制度做了明确规定：“农村中的家庭联产承包为主的责任制和生产、供销、信用、消费等各种形式的合作经济，是社会主义劳动群众集体所有制经济。”[③]1999年宪法修正案则对双层经营体制进行了明确规定，即“农村集体经济组织实行家庭承包经营为基础、统分结合的双层经营体制”[④]。在农业行业法方面，1993年7月《农业法》的颁布是我国农业法制建设的里程碑。我国有关农业资源保护和保障农业生产安全方面的法律体系已经基本建立起来。《农村土地承包法》的制定和实施，标志着我国农村土地承包走上了法治化轨道。把党的农村基本政策法律化，依法治农，依法护农，是强化农

① 习近平：《决胜全面建成小康社会　夺取新时代中国特色社会主义伟大胜利——在中国共产党第十九次全国代表大会上的报告（2017年10月18日）》，《人民日报》2017年10月28日。

② 《中华人民共和国宪法》，人民出版社2004年版，第41页。

③ 同上书，第44页。

④ 同上书，第48页。

业基础地位、农村民主法治建设的有力保证，是推进农村精神文明建设和民主政治建设的根本保障。

改革开放以来，我国农村改革取得了举世瞩目的巨大成就，积累了宝贵的经验，但是，“三农”问题依然是关系国计民生、全面建成小康社会和实现中华民族伟大复兴的根本性问题。中共十九大提出了实施乡村振兴战略。这是以习近平新时代中国特色社会主义思想为指导，适应新时代、应对新矛盾、解决新问题的必然要求，也是实现“两个一百年”奋斗目标的必然要求，是决胜全面建成小康社会和建设富强民主文明和谐美丽的社会主义现代化强国的重大战略部署，为农业农村发展指明了方向。实施乡村振兴战略，开启了加快我国农业农村现代化建设的新征程。

［原载《中国井冈山干部学院学报》2019 年第 4 期］

京津冀地区的功能布局调整与人口发展

周　进

京津冀地区是我国具有国际影响力的城市群和最重要的经济区域之一，是新时期引领我国经济增长和转型升级、参与全球合作与竞争的战略平台之一。人口是制约发展的关键因素，深刻影响区域发展效率和发展潜力。多数学者认为，以北京为代表的中心城市所出现的人口困境，根本原因在于城市功能超载，只有疏解城市功能，使之与定位相符，才能缓解中心城市人口压力。利用城市功能定位进行人口调控，是当前解决城市尤其是特大城市人口膨胀问题的良方。[①] 京津冀协同发展战略实施以来，随着功能布局调整，人口发展出现积极变化，整体呈扩散趋势，但是也存在一些问题，甚至出现了新问题。本文从 2012 年以来人口分布的空间差异、动态变化以及空间格局等层面探讨京津冀城市群人口分布演化特征、问题，并结合党的十九大精神提出应对策略。

一、解决人口急剧膨胀的关键在于调整城市功能定位

（一）城市功能定位与人口存在一定关联

城市功能决定其产业类型、产业分布和空间布局；而产业则决定着与此相伴而生的就业与人口问题。人口往往由产业而聚，随产业而迁，

---

① 参见彭兴业：《首都城市功能研究》，北京大学出版社 2000 年版，第 67—77 页。

而人口在空间上的集聚以及生产、生活活动则消耗着自然资源和环境容量。产业从业人员及其家庭成员构成城市较为常态的人口；同时，城市功能所提供的服务会吸引大量的瞬时流动人口，此时瞬时流动人口、从业人员和家庭人口三者之和即是该功能所引致的总人口。①

（二）城市功能具有人口上的倍增效应

城市功能通过产业集聚越来越多的人口，又称倍增效应。因产业蓬勃发展而吸引直接从业人员的效应称为直接效应，人口是显性的。因直接从业人员而吸引家庭人员、服务人员和瞬时流动人口（医疗、教育、政务尤为明显）的效应称为间接效应，人口是隐性的。无论是显性还是隐性，都会引起人口的倍增。

（三）调整城市功能布局是解决人口急剧膨胀的根本之策

随着城市功能的聚集和复合，不当的功能发展导致的最终结果就是“大城市病”。解决“大城市病”，应从根源着手，站在区域统筹和协调发展的高度，重新厘清和明确各城市的功能定位，并将产业按照竞争力大小进行区域分工，引导人口转移，最终形成不同城市之间功能定位有别、产业分工合作、人口合理布局的区域城市群。

目前北京、上海等特大城市人口快速膨胀，已超过这些城市资源环境的人口承载极限，影响到人们的生活水平和质量，合理调控城市人口规模成为一个迫在眉睫的话题。2011年中国社会科学院发布的《社会建设蓝皮书》认为，以北京为主的中心城市所出现的人口困境根本原因在于城市功能超载，只有削减城市功能，使其与定位相符，才能缓解中心城市人口压力。②

自2005年开始，北京在全国率先探索实行了区域功能定位，试图将城市格局划分为首都功能核心区、城市功能拓展区、城市发展新区和生

① 郑新业、魏楚：《京津冀协同发展背景下的功能疏解与产业协同：基于首都核心区的视角》，科学出版社2016年版，第62—64页。

② 陆学艺、唐军等：《社会建设蓝皮书》，社会科学文献出版社2011年版，第11—16页。

态涵养发展区，[①] 重构城市空间，通过准确划分每个区域功能，引导人口与产业合理分布，推进人口、经济和资源环境协调发展。然而，这种主体功能区规划在此后的数年间不仅未达至调控人口目标，还在 2009 年底“提前”突破了国务院批复的《北京城市总体规划（2004—2020 年）》到 2020 年北京市常住人口总量控制在 1800 万人的目标，实际常住人口总数达到 1972 万人。这需要在更高的层级、用全局的视野加强功能布局调整的顶层设计和战略规划。

二、十八大以来京津冀功能布局调整与人口发展特点

2014 年 2 月，习近平总书记审时度势，提出了京津冀协同发展国家战略。2015 年 4 月，习近平总书记主持召开中共中央政治局会议审议通过《京津冀协同发展规划纲要》，确定了“功能互补、区域联动、轴向集聚、节点支撑”的布局思路，明确了以“一核、双城、三轴、四区、多节点”为骨架，设定了区域功能整体定位和京津冀三地的功能定位。京津冀整体定位是“以首都为核心的世界级城市群、区域整体协同发展改革引领区、全国创新驱动经济增长新引擎、生态修复环境改善示范区”。京津冀三省市定位分别为：北京市是全国政治中心、文化中心、国际交往中心、科技创新中心；天津市是全国先进制造研发基地、北方国际航运核心区、金融创新运营示范区、改革开放先行区；河北省是全国现代商贸物流重要基地、产业转型升级试验区、新型城镇化与城乡统筹示范区、京津冀生态环境支撑区。2017 年 4 月，中共中央、国务院决定在河北省雄县、容城、安新 3 个县及周边部分区域设立国家级新区——雄安新区，这是继深圳经济特区和上海浦东新区之后又一具有全国意义的新区，它的建立对于京津冀协同发展和国家新时期培育经济新增长极、科学调控人口功能布局具有深远影响。

---

① 首都功能核心区为东城区、西城区；城市功能拓展区为朝阳区、海淀区、丰台区、石景山区；城市发展新区为房山区、通州区、顺义区、昌平区、大兴区；生态涵养发展区为门头沟区、怀柔区、平谷区、密云区、延庆区。

（一）人口规模继续增长，核心城市人口增量和增速明显放缓，功能布局调整效应初显

京津冀协同发展战略实施数年来，京津冀三省市抓住主要矛盾，有序推进北京非首都功能疏解，加快规划建设北京城市副中心，出台实施疏解北京非首都功能控增量、疏存量相关政策意见，“以业控人”，稳步推进一批条件成熟的区域性批发市场、一般性制造业企业、学校、医院等有序向外疏解转移。同时，聚焦区域内重点领域，交通、生态、产业率先取得重要进展，加快建设北京全国科技创新中心、京津冀全面创新改革试验区，一批重大改革举措稳步落地，探索积累了一批可复制可推广的经验。

京津冀区域自 2009 年人口规模突破 1 亿人之后仍持续增长。2012 年京津冀区域常住人口为 10652.15 万人，2016 年为 11109.22 万人，比 2012 年增长 457.07 万人，增长了 4.29%。与全国相比，2016 年京津冀区域常住人口占全国比重为 8.03%，比 2010 年增加了 0.23 个百分点，比 2005 年增加了 1.1 个百分点。年均人口增速是全国平均增速的两倍（见表 1）。

表 1　2012—2016 年京津冀地区与全国常住人口对比

单位：万人

年度 地区	2012 年	2013 年	2014 年	2015 年	2016 年	年均增长速度（%）
北京	2069.3	2114.8	2151.6	2170.5	2172.9	1.23
天津	1413.15	1472.21	1516.81	1546.95	1562.12	2.54
河北	7169.7	7213.9	7264.2	7304.5	7374.2	0.71
京津冀地区	10652.15	10800.91	10932.61	11021.95	11109.22	1.06
全国	135404	136072	136782	137462	138271	0.53
京津冀占全国比重（%）	7.87	7.94	7.99	8.02	8.03	—

资料来源：北京市统计局、国家统计局北京调查总队：《2016 北京区域统计年鉴》《2015 北京区域统计年鉴》《2014 北京区域统计年鉴》《2013 北京区域统计年鉴》《北京市 2016 年国民经济和社会发展统计公报》；河北省统计局、国家统计局河北调查总队：《河北省 2016 年国民经济和社会发展统计公报》。

从区域内分地区数据分析，北京 2012—2016 年人口增加 103.6 万人，年均增长率 1.23%，远低于 2007—2012 年人口增量 393.3 万人、年均增长率 3.58%，2015 年北京人口增速首次跌至 1%，首都功能核心区首次出现人口负增长。天津人口增长率最高，2012—2016 年 5 年间人口增加 148.97 万人，年均增长率达到 2.54%，但远低于 2007—2012 年人口增量 298.15 万人、年均增长率 4.03% 的速度。河北的人口实际增长率一直较低，不足 1%。2012—2016 年河北增加人口 204.5 万人，年均增长率为 0.71%，亦远低于 2007—2012 年人口增量 344.31 万人、年均增长率 0.81%。

从北京来看，2015 年开始实现常住人口的增速、增量双下降，特别是常住外来人口快速增长的势头得到有效抑制。2016 年，北京常住人口增量、增速继续保持“双下降”，城六区常住人口实现了由增到减的“拐点”，疏解非首都功能各项措施成效初显（见图 1）。

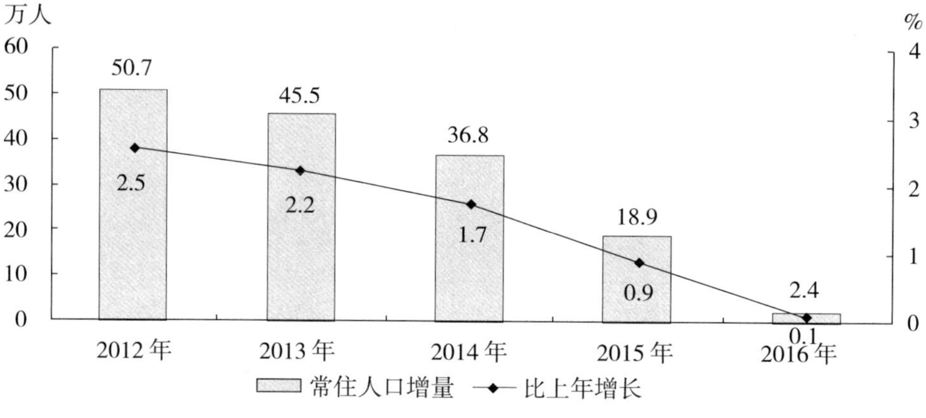

图 1　2012—2016 年北京市常住人口增量及增长速度

资料来源：北京市统计局、国家统计局北京市调查总队：《北京市 2016 年国民经济和社会发展统计公报》。

（二）初步形成“一核双城三轴多节点”分布格局，但是人口呈现由南北向中部集中趋势，极化现象依然严重

京津冀区域常住人口总量较大，是中国人口较为稠密的地区之一，初步形成“一核双城三轴多节点”的空间格局。

在中部地区存在“一核双城”的严重人口极化现象。2016年，北京、天津两座特大城市常住人口分别为2172.9万人、1562.12万人，分别占区域人口总量的19.56%、14.06%。[①]这两座城市人口占区域总人口的33.65%。京津冀城市群从总体上看是人口流入区，但三地内部人口集聚呈现明显的区域分化。北京地区常住人口与户籍人口比值最高，为1.61，是强人口流入地区；天津比值在1.47左右，是较强人口流入地区；石家庄、唐山、秦皇岛、廊坊地区比值在1—1.1之间，是较弱人口流入区；张家口、承德、邢台、沧州、衡水、邯郸的人口集聚度均小于1，是人口净流出地区。[②]其中，北京、天津在过去10年常住人口年均增长率分别为2.93%、3.82%，近5年内年均人口增长率有大幅回落，但仍高于京津冀区域总体和河北省年均增长率。北京、天津两座城市人口占区域总人口的1/3强。从增量人口来看，京津冀区域5年共增长人口457.07万人。北京吸纳了103.6万人，天津吸纳了148.97万人，两城市吸纳增量人口占区域内总吸纳人口的55.3%。

“三轴”指“北京—天津”“北京—保定—石家庄—邢台—邯郸”和“北京—秦皇岛—唐山”三条人口分布密集轴，三条轴线连接了京津冀主要城市的区域。这三条轴线不仅是人口密集分布的连绵区，也是京津冀区域重要的交通走廊和产业集聚带，是京津冀协同发展规划和人口布局调整的重要方向，形成了人口、产业、交通、基础设施协调发展的都市连绵带。

“多节点”目前主要指石家庄、保定、邯郸、唐山、沧州、邢台等城市。2012年，6个城市人口占京津冀区域总人口的48.77%。4年后的2016年6个城市人口占区域总人口的比重为48.02%，虽然略有降低，但节点城市地位稳定且明显。其中，石家庄的地位稳中有升，居于区域第三大城市。随着雄安新区建设的加快，保定地位将日渐下落。从整个京津冀区域来看，张家口、承德、秦皇岛等北部地区人口规模较小，而中

---

① 数据来源：《北京市2016年国民经济和社会发展公报》《天津市2016年国民经济和社会发展公报》《石家庄市2016年国民经济和社会发展公报》《保定市2016年国民经济和社会发展公报》。

② 王振坡等：《京津冀城市群人口空间结构演变及优化路径研究》，《西北人口》2016年第5期。

南部平原地区集中了大量人口。

（三）人口密度京津核心区最大，河北南部地区大于北部地区，与经济发展的空间匹配度较高，但是中心城市圈层辐射度不高

人口密度是指单位土地面积上居住的人口数，是反映人口与土地关系的重要指标。从全国范围来比较，2016年，北京、天津和河北多数地市的人口密度远大于全国平均水平。其中，北京人口密度为每平方公里1324人，是全国人口平均密度每平方公里144人的9.2倍；天津人口密度是每平方公里1311人，是全国平均密度水平的9.1倍；河北除张家口、承德外均大于全国平均密度水平的2.7倍。

从京津冀范围来比较，京津地区人口密度最大，河北南部地区又大于北部地区。京津城市人口密度是河北人口密度最高城市邯郸（每平方公里879人）的1.5倍，是河北人口密度最小城市承德市（每平方公里95人）的14倍。就北京而言，2016年首都功能核心区人口密度在之前长期快速增长的情况下较2012年下降2.64%，实属不易（见表2）。但其他功能区的人口密度有不同程度的微弱增长。另外，河北南部地市普遍大于北部地市。南部地市邯郸、石家庄和邢台的人口密度都超过每平方公里550人，超过全国平均密度水平的4倍。而北部地市张家口、承德人口密度很低，均低于全国平均密度水平。

表2　2012年、2016年北京常住人口及区域构成对比

年度/指标 区域名	2012年			2016年		
	人数（万人）	比重（%）	人口密度（人/平方公里）	人数（万人）	比重（%）	人口密度（人/平方公里）
常住人口	2069.3	100	1261	2172.9	100	1324
首都功能核心区	219.5	10.61	23758	213.7	9.8	23130
城市功能拓展区	1008.2	48.72	7902	1033.8	47.6	8102
城市发展新区	653	31.56	1037	730.3	33.6	1160
生态涵养发展区	188.6	9.11	216	195.1	9	223

数据来源：北京市统计局、国家统计局北京调查总队：《2013北京区域统计年鉴》《北京市2016年国民经济和社会发展统计公报》。

经济密度，即地区单位面积平均国内生产总值（GDP），用来衡量经济发展水平。从京津冀2016年常住人口密度与经济密度匹配关系（即对比人口地区密度差异与经济地区密度差异之间的关联度）看，人口高密度区域基本沿着邯郸（879人/平方公里）东部、邢台（586人/平方公里）中部、石家庄（681人/平方公里）、保定（470人/平方公里）东部、北京（1324人/平方公里）、廊坊（710人/平方公里）、天津（1311人/平方公里）、唐山（582人/平方公里）形成连续的带状分布，还有张家口和秦皇岛的市辖区；经济密度较高区域呈块状分布在邯郸（0.28亿元/平方公里）西部，石家庄（0.37亿元/平方公里）、保定（0.15亿元/平方公里）、北京（1.52亿元/平方公里）、天津（1.50亿元/平方公里）和唐山（0.47亿元/平方公里）等地区，以及张家口、承德和秦皇岛的市辖区。通过对比可以看出，经济密度较高的邯郸、石家庄、北京、天津、唐山等地人口密度也相对较高，即人口密度与经济密度匹配度较高。其中，北京、天津常住人口密度与经济密度均呈现显著的圈层式分布特征；人口密度与第二产业密度匹配度较高的区域集中在北京、天津、邯郸中部、石家庄、保定部分区县、唐山等地区；人口密度与第三产业密度匹配度较高的区域集中在北京、天津、邯郸中部、石家庄、沧州部分区县（任丘、河间和肃宁）、唐山等地区。但是，环首都地区因为就业虹吸、人口潮汐现象，存在一些经济密度较低而人口密度较高的区域，如廊坊固安、保定高碑店和定兴等。[①]

将京津冀地区与长三角地区对比可见：2016年长三角地区生产总值12.3万亿元，占全国比重为16.53%，长三角地区GDP突破万亿元的有4个城市，分别为上海（2.75万亿元）、苏州（1.55万亿元）、杭州（1.11万亿元）和南京（1.05万亿元），而京津冀地区突破万亿元的仅有北京和天津。对比两个经济圈，上海作为长三角的中心城市，不仅吸引了周边城市的优质要素资源，促进了自身的发展，同时也对周边城市的经济发展和人口正常流动起到了巨大的辐射拉动作用。但是，由于京津两地相对隔离的发展态势，京津冀地区的中心城市与圈内城市在产业分工方面

① 李国平：《京津冀区域发展报告2016》，科学出版社2016年版，第126、206—210页。

存在矛盾，人口流动的正向推动作用不明显。

三、京津冀功能布局优化与人口调控对策

通过对2012—2016年京津冀地区人口分布特征分析可见，京津冀地区整体人口呈扩散趋势，但仍较集中；地区人口分布变化差异大，极化现象严重；整体是人口流入区，但内部集聚差异明显。党的十九大报告中指出："以疏解北京非首都功能为'牛鼻子'推动京津冀协同发展，高起点规划、高标准建设雄安新区。"因此，要以习近平新时代中国特色社会主义思想为指导，贯彻新发展理念，深化实施区域协调发展战略，秉持"以业控人"手段，促进产业协同发展，优化功能布局，实现人口调控均衡科学发展。

（一）严格贯彻实施《京津冀协同发展规划纲要》，优化全区域功能布局，防止出现新的城市人口急剧膨胀

区域功能布局是建立在自然和经济区划基础上对自然、经济、社会和文化等因素的综合性区划，是编制空间规划、优化空间布局的重要前提，也是协调解决社会发展和人口资源环境的重要载体，具有综合性特征。《京津冀协同发展规划纲要》和《"十三五"时期京津冀国民经济和社会发展规划》已经作出了科学规划，应该按照近期、中期、远期要求，坚决予以贯彻遵循，将优化功能布局和调控人口有机结合。

北京市平原地区、天津市平原地区、河北省廊坊市及保定市平原地区，是引领京津冀协同发展的核心区域，应重点抓好区域内非首都功能的疏解和承接，增强辐射带动能力。这些地区要素资源集聚、产业层次高、创新能力强，人口聚集程度很高，应注重城市内部人口布局的优化。如北京城六区集中了全市77.4%的批发和零售业、80.5%的住宿和餐饮业、81%的居民服务业。这些功能在中心城区的过度集中加剧了中心城区的拥堵。此外，教育、医疗等公共服务资源，尤其是优质资源，也存在过度集中现象。因此，对北京中心城区产业功能疏解应重点抓好非首都功能的产业，不仅要抓对功能存量的疏解，也应加强对功能增量

的疏解。[①]

天津市、河北省沿海地区，是带动经济技术协同发展的重点区域，重点发展战略新兴产业、先进制造业及生产性服务业。这些地区对外开放优势明显、发展势头强劲、发展空间广阔，利于人口聚集发展，人口增长的空间相对较大。

河北省石家庄市、邯郸市、邢台市平原地区及衡水市，是推动京津冀协同发展的战略腹地和城乡统筹的重要示范区，可重点承担农副产品供给、科技成果产业化和高新技术产业发展功能。这些地区发展基础良好、自然资源丰富，还有一定的人口承载潜力。

北京市山区、天津市山区以及河北省张家口市、承德市地区及其他山区，是支撑京津冀协同发展的生态保障区域，应重点发挥生态保障、水源涵养、旅游休闲、绿色产品供给等功能，严格控制人口增长。

与此同时，还要注意此消彼长、域内相对平衡。天津目前已经成为京津冀域内人口增长最快的城市，城市人口密度已经接近北京，年人口增量已经超过北京，应警惕走北京城市人口急剧膨胀的老路，严格控制功能定位和产业布局。

（二）以加快雄安新区建设为抓手，发挥京津两地的联动优势和辐射作用，借助2022年京张冬奥会契机，适度加大河北省的人口吸纳能力

作为京津冀地区的“火车头”，北京和天津，尤其是北京，应强化《“十三五”时期京津冀国民经济和社会发展规划纲要》的实施和对接，抓住疏解非首都功能和雄安新区建设的历史机遇，加强区域政府间的协调与合作，借鉴长三角发展战略中的“错位发展”思路，通过整体搬迁模式、总部经济模式、产业扩张模式、产业链整合模式、总部经济模式、产业扩张模式、产业链整合模式、科技成果产业化模式、产业联盟合作模式等路径，[②]对周边地区充分发挥辐射和带动作用，在区域内各个市区

---

① 李国平：《京津冀区域发展报告2016》，科学出版社2016年版，第228页。

② 邓丽姝：《京津冀产业协同发展模式研究》，载赵弘主编《区域蓝皮书：中国区域经济发展报告（2016~2017）》，社会科学文献出版社2017年版，第92—97页。

县之间形成协同竞争发展的良好格局。

雄安新区建设是新时期具有千年大计性质的国家战略。它地处北京、天津、保定腹地，区位优势明显、交通便捷通畅、生态环境优良、资源环境承载能力较强，具备作为北京非首都功能疏解集中承载地的条件。加快建设雄安新区，将有力地促进京、津两大城市“做优”、河北中等城市“做强”、小城市“做大”。雄安新区将与北京城市副中心一起，形成北京新的“两翼”，与河北张北地区形成河北的“两翼”，将有力促进京津冀形成大、中、小城市协调发展格局和“多中心、网络化”的城镇空间格局。这正好可以弥补当前京津冀城市群城镇体系的不足，对完善区域城镇等级体系和带动河北经济社会发展具有重要的意义。

北京和张家口将联合举办 2022 年世界冬奥会、世界冬残奥会。目前的筹备工作将打破京津冀三地的地域限制，将河北和北京又一次紧密联系在一起，这将对京津冀地区的城际交通建设、大气污染治理和产业结构调整产生重大影响，同时也是京津冀协同发展的加速器。2022 年冬奥会场馆建设将创造大量就业机会，吸引大量外来人口，有利于提升人口迁移活力和人口增长活力。同时，冬奥会场馆作为世界奥运遗产，将直接带动体育文化旅游业的发展，从而提高第三产业就业人口比重，实现人口就业结构升级调整。河北省应当利用冬奥会的契机，发挥张家口、承德、秦皇岛的生态优势和濒海资源优势，打造服务首都的特色功能城市，从而提升对流动人口的吸引力，改善人口结构、提升人口发展能力。

（三）推进城乡公共服务均等化，走“就地城镇化”路径，统筹城乡发展，实现劳动力就地转移

人口流动源于推力和拉力两方面的作用。一方面，京津等大城市拥有就业、教育、医疗等各种优势资源，可吸引周边地区的人口流入中心城市；另一方面，农村地区公共服务水平低下，农业生产方式落后，促使人们更愿意去大城市寻求发展，导致农村人口的大量外流。从 2012—2016 年的历年人口统计数据看，京津冀地区仅仅有北京、天津属于常住人口远远大于户籍人口的城市。河北除石家庄有规模较小的常住外来人口外，其他城市均是常住人口少于户籍人口。随着产业升级和结构调整，

京津冀还将有大量农业剩余劳动力转移到第二、第三产业。仅仅依靠北京、天津等大城市，无法吸纳数量如此庞大的剩余劳动力。

在人口与资源、环境关系高度紧张、承载力有限的背景下，“就地城镇化”无疑成为劳动力转移的最佳路径选择，也能较好解决河北大部分地区劳动力净流出的窘境。这既可以避免大量流动人口涌入造成人口与资源、环境的矛盾进一步加剧，又促进了区域内劳动力的合理分布和产业转移。党的十九大强调要“以城市群为主体构建大中小城市和小城镇协调发展的城镇格局，加快农业转移人口市民化”，这是推动全国区域协调发展战略，决胜全面建成小康社会的必然要求，也是京津冀实现协同发展的必然步骤。为此，一要打破限制人口流动的各种制度性障碍，实现区域内劳动力要素的自由流动；二要积极推动农民成为市民，不仅在身份上改变，在劳动技能、综合素质、公共服务均等化等方面都要有所提升，促进社会融合。同时，要大力实施乡村振兴战略，完善农村综合基础设施，大力发展现代农业，健全农业社会化服务体系，建设新型宜居乡村，为城乡人口的均衡合理分布创造条件，实现城乡公共服务均等化。

［原载《新视野》2018 年第 1 期］

文化史

中国共产党领导新中国文化对外交往的成就与经验[①]

杨文利

中共十七届六中全会通过的《中共中央关于深化文化体制改革推动社会主义文化大发展大繁荣若干重大问题的决定》提出："提高文化开放水平，推动中华文化走向世界，积极吸收各国优秀文明成果，切实维护国家文化安全。"[②]60多年来在中国共产党的领导下，新中国文化对外交往取得了令人瞩目的成就，不仅向世界人民展示中华民族优良传统文化和社会主义新文化，加强与各国人民及文化工作者间的了解，同时也向我国人民介绍世界各国人民创造的优秀文化成果，为繁荣中国社会主义文化艺术提供借鉴，发挥了不可替代的作用。认真总结60年来党领导新中国文化对外交往的成就与经验，对于贯彻落实十七届六中全会精神，深化文化体制改革，推动社会主义文化大发展大繁荣具有重要的现实意义。

一、新中国前30年的对外文化工作

中国共产党和人民政府历来重视对外文化工作，认识到对外文化交

---

① 本文为北京对外交流与外事管理研究基地项目《新中国成立以来的北京对外交往》阶段性成果。

② 《中共中央关于深化文化体制改革　推动社会主义文化大发展大繁荣若干重大问题的决定》，人民出版社2011年版，第11页。

流的意义。毛泽东在1945年就曾经指出："对于外国文化，排外主义的方针是错误的，应当尽量吸收进步的外国文化，以为发展中国新文化的借镜。"[①] 毛泽东还多次阐述了各国之间进行文化交流的必要性。他认为一切民族、一切国家的长处都要学，加强各民族的文化交流，可以取长补短，相互帮助。[②]

新中国成立初期，对外文化工作成为对外交往的组成部分，同时也是国家文化事业建设的重要环节，得到了老一辈党和国家领导人的高度重视。这时期对外文化工作的首要任务是：以文化为纽带，加强对外交流与合作，巩固和发展与以苏联为首的社会主义国家及亚非拉第三世界国家的友好往来，摸索和建立与未建交国家及地区的文化联系，为新中国的文化建设事业提供借鉴。新中国成立初期的对外文化交流，打破了帝国主义封锁，扩大了新中国在国际舞台的影响，增进了中国人民与世界各国人民的友谊，为社会主义和平建设争取有利的国际环境发挥了重要作用。

在1949年6月，中共中央从解放区选派了一批青年艺术家赴匈牙利布达佩斯参加第二届世界青年与学生和平友谊联欢节，这是党中央向国外派遣的第一个大型综合艺术团——"中国民主青年代表团"。通过交流，向世界展示中国人民的时代风采，传达中国人民的友好情谊。7月22日，中国民主青年代表团出发前夜，毛泽东主席、周恩来副主席等中央领导在中南海接见了代表团，并且指示代表团出去要宣传中国革命的伟大胜利，要加强和各国青年的友谊，要向苏联学习。[③]1951年，中国与波兰签订了政府间文化合作协定，这是新中国与外国政府签订的第一个文化合作协定，标志着新中国对外文化交流拉开了帷幕。

新中国第一任外交部部长周恩来形象地将对外文化交流比喻为中国外交事业两翼中的一翼，他说："各国人民在文化上的交流，正如在经济

---

① 《毛泽东选集》第3卷，人民出版社1991年版，第1083页。

② 参见《毛泽东文集》第7卷，人民出版社1999年版，第41页；《毛泽东文集》第6卷，人民出版社1999年版，第486页。

③ 张小兰：《不能忘记那些壮丽的日子——周巍峙与新中国早期文化交流》，《中国文化报》2009年8月26日。

上的合作一样，也是促使各国之间的和平、友谊和合作得到巩固的一个重要的条件。”[①] 新中国成立初期，承认并与我国建立外交关系的主要是社会主义国家，世界上大多数国家对于是否与中国建交还处于疑虑、观望中，有些国家甚至对中国持敌视、抵制态度。在这种形势下，我国更需要广泛宣传、广泛交友，对外文化交流作为“外交的一翼”，起到了“先行官”“宣传队”“播种机”的作用。

1950 年元旦，新中国第一本外文期刊《人民中国》问世。此后，《人民画报》《中国文学》《中国建设》《北京周报》等相继创刊，对外文化宣传以出版发行外文书刊为主要形式，向世界敞开了中国经济社会发展及历史文化的窗户。

新中国成立初期，中国共产党的外交政策是“一边倒”，对外文化交流主要是与以苏联为首的社会主义国家及亚非拉友好国家开展交流和合作。1954 年，中国人民解放军歌舞团一行 270 人访问苏联、捷克斯洛伐克、罗马尼亚和波兰；1960 年，中国艺术团 300 余名艺术家随周恩来总理访问缅甸，产生轰动影响。在特殊背景下，中苏两国的文艺团体互访活动频繁，两国互相翻译、出版对方的书刊，掀起了电影、戏剧、音乐、小说等交流的热潮。中国高等院校以苏联为榜样改编了教学大纲和计划，苏联也派出了一批文化、教育、卫生等领域的专家到中国来指导工作。

1955 年，在亚非会议上，周恩来明确提出，“我们相互之间的文化交流应该尊重各国民族文化的发展，而不抹杀任何一国的特长和优点，以便互相学习和观摩”[②]，表达了中国人民在平等互利、相互尊重的原则下同亚非各国人民开展文化交流的真诚愿望。同时，新中国还开拓了同西方国家的交往。尽管当时西方帝国主义封锁新中国，但是中国与这些国家的民间文化交流仍充满生机。1951 年，中国青年文工团访问奥地利等欧洲国家后，中国的杂技、歌舞、戏剧等艺术团（组）的足迹遍布北欧、西欧，每到一处都引起轰动，广受欢迎。1954 年，周恩来总理以新中国

---

① 《周恩来总理兼外交部长关于目前国际形势、我国外交政策和解放台湾问题的发言》，《人民日报》1956 年 6 月 29 日。

② 《周恩来总理在亚非会议全体会议上的发言（1955 年 4 月 19 日）》，《新华月报》1955 年 4 月。

第一部彩色戏曲片《梁山伯与祝英台》招待外国记者，为使西方观众更易于理解，亲自将片名译为《中国的罗密欧与朱丽叶》。[①]1964 年，毛泽东主席提出了“两个中间地带”[②]的战略思想，并指出西方世界“不是铁板一块”，应加强同西方国家在经济和文化上的往来。[③]1964 年 1 月中法建交，1965 年 10 月两国政府签订了 1965—1966 年文化交流计划，这是我国与西欧国家签订的第一个政府间文化交流计划。

对外文化交流与合作促进了新中国文化事业的发展。在苏联等社会主义国家的帮助下，我国引进了芭蕾舞、交响乐、歌剧等许多西方古典艺术门类，培养了大批文艺人才，丰富和繁荣了我国文化艺术的百花园；在学习借鉴国外先进文化管理经验的基础上，先后成立了新型文艺院团，在全国各地建了影剧院、图书馆、美术馆、博物馆等公益文化设施，基本改变了旧中国文化事业积贫积弱的局面。

“文化大革命”期间，我国的对外文化工作遭到严重破坏，外国优秀文化的借鉴被全盘否定，与外国签订文化协定和年度交流计划也全部中断，对外文化工作进入低潮。但与外界开展的文化交流与合作并没有完全停止，而是作为外交工作的一部分，在国家的外交大局中发挥着独特作用。

1971 年，中国恢复联合国合法席位后，许多国家同中国建交，随之与中国开展文化交流。著名的“乒乓外交”打开了中美关系的僵局，在新中国对外交流史上记下了精彩一笔。1972 年，中国沈阳杂技团访美。该团是新中国成立后的第一个访美艺术团，在美国演出四个星期，受到热烈欢迎。[④]之后又受邀赴加拿大演出。同年，以孙平化为团长的中国上海舞剧团访日。访日期间，该团接触日本朝野和各界、各阶层的友好人士，积极开展中日邦交正常化的工作。随着国际形势的变化和我国国际地位的提高，中国当时除了与一些友好国家继续进行艺术团互访外，还

① 裴默农：《周恩来与新中国外交》，中共中央党校出版社 2002 年版，第 415 页。

② 参见《毛泽东文集》第 8 卷，人民出版社 1999 年版，第 343—345 页。

③《毛泽东外交文选》，中央文献出版社、世界知识出版社 1994 年版，第 520—525 页。

④ 中华人民共和国文化部对外文化联络局编：《中国对外文化交流概览（1949—1991）》，光明日报出版社 1993 年版，第 328—329 页。

组织“中华人民共和国出土文物展览”赴西欧、美国、日本、南斯拉夫、罗马尼亚、墨西哥等十多个国家和地区展出，向国外观众形象生动地介绍了中国的历史和文化，皆受到高度赞许，成为“文物外交”一次成功的尝试。

由政府主导，重点与社会主义国家、亚非拉发展中国家和部分西方国家的文化交流构成了新中国前30年对外文化工作的主要形式和内容。从新中国第一支艺术代表团赴欧洲参加世界青年联欢节，到20世纪60年代东方歌舞团跟随党和国家领导人出访亚非拉等国家和地区，至70年代“乒乓外交”“文物外交”，折射出第一代党和国家领导集体外交战略思想的演进，凸显了文化外交在中国整体外交战略中的作用。面对西方世界的封锁和抵制，新中国文化外交在艰难中起航，营造社会主义和平建设的有利环境，扩大了新中国在国际舞台上的影响。到1965年，中国与外国共签订了35个文化合作协定，各类文化代表团互访频繁，年均文化交流项目达一两百件。[①] 在这30年里，对外文化工作增进了中国人民和世界各国人民的友谊，培养锻炼了新中国文化事业和对外文化工作的干部队伍，催生了大批优秀的文学艺术作品；在文化管理和对外文化工作体制方面做了有益的探索，促进了新中国文化事业的发展，为改革开放后对外文化工作的发展奠定了基础。

二、改革开放后的对外文化工作

党的十一届三中全会开启了改革开放的新时代，对外文化工作迎来了蓬勃发展的时机。新时期是中国对外文化交流史上发展最快、最好的时期。

1978年9月，国务院下达《关于对外文化交流工作由文化部归口管理》的文件。1982年《宪法》把发展同世界各国文化交流的内容列入其中，从法律上为我国扩展对外文化交流提供了保障。

---

① 子月儿：《路漫漫其修远——新中国早期对外文化交流座谈会侧记》，《中外文化交流》2010年第1期。

1983年，邓小平在中共十二届二中全会上指出："经济上实行对外开放的方针，是正确的，要长期坚持。对外文化交流也要长期发展。"[①]在改革开放一系列方针政策的指引下，我国对外文化关系和交流范围逐步扩大。中国对外文化交流从1979年的194起、3035人次发展到1986年的1075起、9499人次，分别是"文化大革命"前年均数的16倍和40多倍，中国与外国签订的政府间文化合作协定数量约是17年前的2倍。[②]交流范围从传统友好国家扩展至包括美国在内的西方国家和周边国家。

随着改革开放的深化，我国的综合国力与国际影响力明显增强，对外文化工作的领域不断扩大，对外文化交流的形式日趋多样。1996年召开的全国对外文化工作会议确定了新形势下对外文化工作的原则，即"把握方向，服从大局，以我为主，择精取优，扩大影响，促进友谊"[③]。1997年，中共十五大报告指出："要坚持以我为主、为我所用的原则，开展多种形式的对外文化交流，博采各国文化之长，向世界展示中国文化建设的成就。坚决抵制各种腐朽思想文化的侵蚀。"[④]以胡锦涛同志为总书记的党中央根据国内外形势的新发展和新变化，对对外文化工作提出了一系列更高的新要求。中共十六大报告指出："继续广泛开展民间外交，扩大对外文化交流，增进人民之间的友谊，推动国家关系的发展。"[⑤]2005年，中国国家主席胡锦涛在联合国大会上首次提出了构建和谐世界的理念。中共十七大报告中首次提出了关于"提高国家文化软实力"[⑥]的新理念。提高国家文化软实力、增强中华文化影响力和竞争力成为我国文化建设的基本目标。

（一）中外文化交流日益活跃，中华文化影响力不断提升

中国对外文化交流已逐步形成了文化外交、文化交流、文化外宣和

---

① 《邓小平文选》第3卷，人民出版社1993年版，第43页。

② 蔡武主编：《改革发展繁荣——改革开放30年中国文化发展报告》，文化艺术出版社2008年版，第154、157页。

③ 《对外文化原则》，详见中国文化网。

④ 《十五大以来重要文献选编》（上），人民出版社2000年版，第37页。

⑤ 《十六大以来重要文献选编》（上），中央文献出版社2005年版，第37页。

⑥ 《中国共产党第十七次全国代表大会文件汇编》，人民出版社2007年版，第32页。

文化贸易四大领域，构建起全方位、多层次、宽领域、多渠道的交流格局。

在文化外交方面，邓小平、江泽民、胡锦涛等党和国家领导同志倡导并参与一系列重大文化外交活动。进入21世纪，中国文化外交渐渐成为国际舞台上一道亮丽的风景。“中法文化年”“中俄国家年”“中日文化体育交流年”等一系列大型文化外交活动，得到了中外政府与社会各界的高度重视，项目之多、规模之大、影响之深远，都提升了中国文化的国际影响力。其中，历时两年的“中法文化年”，使中法十几个城市、上百万民众近距离了解了彼此的文化，促进了双方的文化交流，而且对欧洲其他国家产生了示范和连锁效应。2005年后，意大利、西班牙、德国、希腊、英国等纷纷与我国合作举办“文化年”或“文化节”，掀起了中国文化热。

中国同160多个国家（或地区）保持着良好的文化交流关系，先后与145个国家签订了政府间文化合作协定和近800个年度文化交流执行计划，与数千个外国文化组织、机构保持着各种形式的合作关系。[①]经过长期探索和实践，政府与民间并举，引进与输出并重。中国民间文化交流、国际文化贸易从无到有，不断扩大。一批优秀的文化艺术产品和展览活动走出国门，取得了良好的社会效益和经济效益。实施品牌战略，从深度和广度上拓展活动影响力，“春节品牌”“相约北京”“亚洲艺术节”“中国上海国际艺术节”等成为在世界上传播中华文化的重要载体。在推动中华文化走出去、开展对外文化援助项目的同时，积极引进世界优秀文化。自20世纪90年代起，中国先后举办“国际交响乐音乐年”“国际歌舞年”“国际美术年”等国际艺术主题年活动，引入世界文化产品。步入21世纪，中国搭建了“北京国际音乐节”“亚洲艺术节”“中国国际民间艺术节”等国际文化交流平台，架设了中外人民和艺术家沟通的桥梁，同时奠定了中国作为亚洲国际文化活动中心国的地位。通过开展双边、多边、地区间和国际间的文化合作，强化了我国在国际多边文化事务中的话语权。全方位交流态势明显，综合性文化交流活动

---

① 蔡武主编：《改革发展繁荣——改革开放30年中国文化发展报告》，文化艺术出版社2008年版，第10页。

初具规模，多边交流成功构筑多个文化交流平台；与联合国教科文组织等国际文化组织的合作不断加强，参与多边国际文化活动更加主动，中国文化在国际社会的影响力进一步提升。

面向主流，整合资源，实施重大文化工程，推动中华文化走向世界。我国的文化运作交流模式逐步实现了从被动到主动，从全面铺开向重点突出、点面结合的转变，由文化行政主管部门组织协调全国力量，整合各方资源，举办“中国文化节”“中华文化非洲行”“中华文化北非行”和“中日文化体育交流年”等大型对外文化交流活动，增大了对外文化交流的投入，树立了中国的新形象。2008 年，在北京举行的第 29 届世界夏季奥运会，将一个和平、友善、开放、进步的中国形象展现在世界面前，展示出中华文化的博大精深和泱泱大国的文化气象。中国文化以其特有的亲和力、感染力，被各国人民所接受，中国的文化交流以开放包容的胸怀面对世界，成为建设和谐世界的推动力量。

文化对外宣传的核心思路和理念日渐清晰。中共十六大以来，对外宣传工作逐步确立了面向主流、以人为本的方针，通过展示古老中国的辉煌、多彩的魅力和当代中国的勃勃生机来介绍、宣传中国的工作思路。自 2005 年胡锦涛主席在联合国大会上首次提出了构建和谐世界的理念起，文化对外宣传紧紧围绕这一理念，以生动活泼的文化艺术形式，在世界范围内宣传中国关于建设和谐世界的主张，宣传中国富邻、睦邻、与邻为善以及与发展中国家在政治上平等互信、在经济上合作共赢、在文化上交流互鉴的政策主张，树立和平、发展、合作的中国形象。通过开展郑和下西洋 600 周年全球纪念活动等形式，使中国外交方针得到世界各国充分理解，使中华民族热爱和平的形象得以展示。中国已在 82 个国家设有 96 个使领馆文化处（组），积极推动“电影走出去”工程。近年来，每年在境外举办各种形式的中国电影展（周）50 多次，展映国产影片 400 多部次。每年选送 200 多部次国产影片参加近百个国际电影节，其中不少影片获得奖项。①

---

① 蔡武主编：《改革发展繁荣——改革开放 30 年中国文化发展报告》，文化艺术出版社 2008 年版，第 164、165 页。

对外文化贸易成为中国对外文化工作的重要一翼。中国的文化商业性演出交流始于1979年。根据形势需要，党提出要把支持中国文化产业走出去作为中国文化走出去的有效途径，通过扩大对外文化贸易来提高中华文化影响力。为促进我国对外文化贸易，文化部印发了《文化部关于促进商业演出展览文化产品出口工作的通知》，制定了《国家商业演出展览产品出国指导目录》。以往中国在海外推出的艺术品种以杂技为主，近年来几乎涵盖所有的艺术门类，交流的领域和渠道也大为扩展。中国打造了具有国际影响力的文化交易平台，推出了具有国际竞争力的外向型文化企业，取得了社会效益和经济效益双丰收，并积累了经验。《大红灯笼高高挂》《野斑马》《霸王别姬》《少林雄风》《云南映象》等中华文化精品成为国际演艺市场的新宠。创新剧目杂技芭蕾《天鹅湖》在国外演出场次达189场，超过国内44场的数量，演出总收入达4300万元。① 同时，为鼓励国产音像产品和企业走出去，2004年文化部同商务部、海关总署和财政部，建立了鼓励国产影像制品走出去的快车道，设立了《国产音像制品走出去工程专项资金》，文化部还启动了文化经济贸易人才培训计划，同时加快了国家文化产品出口基地认定工作。此外，国家组织了文化产业贸易考察团出国考察，与欧盟和日韩举办了“文化产业论坛”，在深圳举办国际文化产业博览会。中国音像制品远销美国、加拿大、日本、韩国和东南亚等地，年出口金额已达2亿元人民币，并涌现了一批出口额超过千万元的公司。中国音像产品在不满两年的时间里，仅对美国的出口就超过了1亿元人民币。②

（二）中国内地与港澳台之间的文化交流促进了祖国统一

港澳回归祖国后，港澳与内地的文化交流不断深入，文化合作更加紧密。党和政府认真贯彻落实“一国两制”、“港人治港”、“澳人治澳”、高度自治的方针政策，以中华民族优良文化为纽带，积极开展内地与港澳的文化交流及合作，增进了港澳同胞的文化认同和国家民族认知，促

---

① 蔡武主编：《改革发展繁荣——改革开放30年中国文化发展报告》，文化艺术出版社2008年版，第166页。

② 《对外文化贸易》，详见中国文化网。

进了中华文化的发展和繁荣。2005 年 11 月文化部与香港特区政府民政事务局、2006 年 2 月文化部与澳门特区政府社会文化司分别签署了《内地与香港特区更紧密文化关系安排协议书》和《内地与澳门特区更紧密文化关系安排协议书》。这是内地与港澳特区在文化领域分别签署的第一个正式合作文件。协议以“互惠双赢、加强合作、共同发展”为原则，规划了内地与港澳在文化方面加强合作的领域和渠道，从机制上保证了与港澳地区的文化交流与合作。内地与港澳文化交流工作交相辉映，共同彰显中华文化的繁荣景象。加强了内地与港澳文化界人士的交流，以浓郁鲜活的民俗风情、特色节庆的多样式展演在港澳引起轰动，促进了内地与港澳地区的文化交流。利用内地丰富的文化资源，加强与港澳青少年的交流，使港澳青年学生感受中国传统艺术的魅力，确保中华文化在港澳薪火相传。

随着海峡两岸关系的变化与发展，大陆与台湾地区的文化交流形成了往来热烈的良好格局，加深了两岸间的了解和友谊，在促进民族团结和完成祖国统一中发挥了作用。中华民族文化促进会与台湾两岸文化艺术联盟、澳门中华民族文化促进会联合在澳门举办“两岸文化交流协商会议”，从民间角度提出了促进两岸文化交流的意见和建议。文化产业合作迈向新台阶，构建了海峡两岸文化产业合作与对接的综合平台，促进了两岸文化繁荣。台湾产业界积极来大陆参加各类国际性文化产业博览会。在祖国大陆各类艺术博览会上活跃着台湾美术界和画廊业界的身影，台湾艺人在大陆的演唱会接连不断。两岸图书馆、博物馆、美术馆以及艺术院校也开展了人员交流，两岸专家学者探讨经验、分享成果、深化合作，取得丰硕成果。

三、新中国对外文化交流的经验和启示

回顾中国共产党领导新中国对外文化交流的历程，可得出如下基本经验和启示：

首先，新中国对外文化交流能取得如此巨大成就，是因为对外交流作为新中国外交事业的一翼，受到中国共产党和人民政府高度重视。在

1949年毛泽东、朱德、周恩来等党和国家领导人曾会见即将启程去匈牙利布达佩斯参加第二届世界青年与学生和平友谊联欢节的中国民主青年代表团成员，并作出重要指示。毛泽东向出访艺术团提出“宣传、友谊、学习”三大任务；周恩来也提出“寻求友谊、寻求和平、寻求知识”的方针。周恩来亲自把关重要的涉外演出，亲自审批文化艺术团出国访问相关等事项。如访问伊斯兰国家不能有《打猪草》之类的节目，访问西方国家要减掉《翻身道情》《月牙儿五更》等旧社会苦情节目。[①]1982年宪法将对外文化交流列入国家大法，使中国对外文化交流有了法律支持和政策依据。2002年，中共十六大报告将对外文化交流作为外交的一部分，第一次写入中国共产党的全国代表大会的报告之中，既表明了中国共产党重视对外文化交流，又肯定了对外文化交流在外交事业中的重要作用。新一代中央领导集体特别关注对外文化交流。在中共十七大报告中，胡锦涛总书记首次提出了提高国家文化软实力的新理念，提高国家文化软实力、增强中华文化影响力和竞争力成为中华文化建设的基本目标。2010年10月6日，温家宝总理在中欧文化高峰论坛上致辞：“文化是沟通人与人心灵和情感的桥梁，是国与国加深理解和信任的纽带。文化交流比政治交流更久远，比经济交流更深刻。”[②]

其次，在不同时期对外文化交流对中国外交事业发挥了重要作用。不同时期中国所处的国际环境不同，中国共产党的外交方针、政策和任务具有差别，对外文化交流的侧重点也不相同。新中国成立初期，中国受到以美国为首的资本主义国家政治孤立、经济封锁、军事遏制，对外文化交流几乎是唯一可选的与国际社会特别是资本主义国家进行交流的方式。这时期对外文化交流由政府主导、配合实行“一边倒”的外交方针，重点与社会主义国家、亚非拉发展中国家和部分西方国家的文化交流构成了新中国成立后30年的对外文化工作的主要形式和内容。这时期的演出、展览、电影周、文化名人纪念活动、国家艺术节、文化代表团互访等活动，增进了所访国家人民对新中国的了解，冲破了敌对势力对

① 《老文化外交官对新中国早期文化交流工作的记忆》，详见中国新闻网。

② 温家宝：《在中欧文化高峰论坛上的致辞》，《人民日报》2010年10月7日。

新中国的封锁和遏制。从20世纪50年代末开始，中国的对外文化交流加深了与亚非拉国家的友谊，增强了香港同胞对中华民族的认同感，开启了中美人民友好往来的篇章。随着中法建交，推动了中国与法国等其他发达国家关系的发展。对外文化交流在“文化大革命”中虽受到“左”的错误干扰，但总体来说这时期的对外文化交流起到了雪中送炭、锦上添花的作用，为70年代中国开辟外交新局面、走向世界奠定了基础。中共十一届三中全会以后，中国对外文化交流进入了崭新的发展阶段，树立了改革开放的社会主义中国的形象，推动了国家关系的发展，增强了与第三世界国家的传统友谊。“冷战”结束尤其是“八九政治风波”之后，在特殊的情况下对外文化交流打开了外界了解中国的一扇窗户，有助于消除外界的疑虑与恐惧，化解“中国威胁论”，为中国的和平崛起营造了有利的周边和国际环境。不同时期的新中国对外文化交流大都诠释了中国政治模式、文化及与之相连的价值观的优势和魅力，增强了中国模式的吸引力、增强了中国文化的吸引力、增强了建设和谐世界价值观的吸引力，在营建、维护、增强国家软实力方面具有不可磨灭的作用。

最后，总结新中国对外文化交往的经验可以认识到，提高中国文化的传播能力，增强中国文化在国际上的吸引力，必须坚持以党和国家的外交和文化事业方针、政策为指南，围绕国内和国际两个大局，维护国家利益；明确通过文化交流，扩大中华文化国际影响力，提升我国的文化软实力，增进中国人民和世界各国人民的相互了解与友谊，是对外文化工作的总目标；坚持在比较中鉴别，在交流中借鉴，吸收、融汇世界优秀文化成果，繁荣社会主义文化事业，满足人民的精神文化需求；提倡不同文化平等对话，坚持文化自主性与尊重世界文化多样性相结合，促进文化共同繁荣与世界和谐；坚持政府主导与调动社会各界力量广泛参与的方式相结合，促进中央与地方、官方与民间相结合，形成全方位、多层次交流格局；与时俱进，不断改革创新交流形式和内容，激发文化创新活力，注重将传统文化和现代传播方式相结合，将当代文化与现代科技相结合，注意研究和把握外国受众的特点，遵循跨文化交流的规律，提高文化的感染力和影响力；发挥市场机制，借鉴和利用国际通行的商业模式和渠道，扩大我国文化产品和服务的国际市场份额，提升文化竞争力；坚决维护国家文化主权和文化安全，注重依法管理，加强科学有效监管，抵御有害文化入侵；注重队伍建设和阵地建设，加快培养一支有较高素质、精通业务、高效精干、结构合理的对外文化工作队伍，大力建设多种形式的海外文化传播阵地。

［原载《经济研究参考》2012 年第 68 期］

近十年来北京市的文物保护工作

郑　珺

文物是不可再生的宝贵资源，文物保护工作在北京这座世界著名古都中具有极其重要的地位。进入21世纪，北京市的文物保护工作取得了突破性进展，然而北京城的古都风貌保护经历了艰难曲折的认识过程。在这个过程中有许多文化古迹遭到破坏，主要有两个原因：一是自然的损坏，如大气中的酸雨对汉白玉质建筑的侵害；风、雨、雷、电、地震、火灾等自然灾害对古建筑的损害，特别是北京很多砖木结构的古建筑维修不及时导致损害进一步加剧。二是人为破坏，如1860年英法联军入侵北京时，除了火烧圆明园外，北京西郊的“三山五园”均遭到破坏；1900年八国联军不仅对财物进行了疯狂掠夺，还破坏了北京城内的古建筑；在20世纪二三十年代军阀混战时期和日军侵占北京城时，北京城内的多数文物没有得到修缮，甚至与垃圾为伍。新中国成立后，北京城相对和平，但是在“左”的错误影响下，盲目的城市现代化建设，使北京市的古代建筑也遭到较大破坏。

进入21世纪以来，人们终于认识到北京城是世界上保存下来的最高水平的古代建筑，是人类共同的文化遗产。在北京申办2008年奥运会的时候，其中一项重要任务就是保护好北京的历史文化遗存。因此，2001年7月13日北京申奥成功后就开始加大了对城市文物的保护力度，完善了相应的法律法规，投入了大量资金对古建筑进行修缮和保护，北京市的文物保护观念发生了飞跃。

一、从“文物”到“文化遗产”的历史转型

20世纪六七十年代，北京市由于地铁和二环路等项目的建设，拆除了北京的内城和外城城墙，兴建了一批立交桥。这些建设工程使北京旧城风貌、城市道路布局和城市轮廓线发生了较大变化。近20年来，为了尽快把北京建成现代化国际大都市，以房地产开发模式为主的旧城改造全面展开。由于政府财力有限，迫于加快改善旧城内居民的住房条件和居住环境，北京房地产开发热潮迅速深入到北京历史文化名城的核心区东城、西城、崇文、宣武。面对年久失修的文物，有人认为古代建筑是阻碍城市现代化发展的障碍，没有注意新建筑与古建筑的和谐共存和有机结合，当北京市的街巷、胡同迅速减少的时候，人们才发现这种“推平头”式的旧城改造方法、只注重经济效益、忽视北京市城市传统文化的做法不可取，北京市历史文化遗存保护观念出现了严重偏差。21世纪之初，北京市文物保护经历了从“文物”上升到“文化遗产”的历史性转型，呈现新的发展趋势。文物保护的内涵逐渐深化、保护的领域不断扩大。

在文物保护要素方面，从重视单一要素的文物保护，向同时重视由文化要素与自然要素相互作用而形成的“混合遗产”“文化景观”保护的方向发展。北京作为世界著名的文化古都，有悠久的历史、灿烂的文化和完美和谐的古都城市格局，并拥有6处世界文化遗产，代表了我国高度发展的民族历史文化，在国际上具有很高的知名度。进入21世纪以来，随着北京市文物保护观念的转变，市委、市政府高度重视世界文化遗产的保护工作，不仅注重对文化遗产个体的保护，而且逐渐开始加强对文化遗产周边环境及其缓冲区的治理与保护。以对故宫的保护为例，故宫是明清两代的皇宫，是我国现存最大最完整的宫殿建筑群，也是中国文明的历史见证，1987年被列为世界文化遗产。2004年8月，北京市规划委员会和北京市文物局联合作出了《关于划定世界文化遗产故宫保护缓冲区的说明》，故宫保护缓冲区规划方案最初有两个草案，一个是范围较小的缓冲区，即皇城范围，面积为597公顷；另一个是范围较大的

缓冲区，即以1984年北京市政府批准（1987年修正）的旧皇城及北城区（含故宫）保护范围建设控制地带为基础，结合《北京历史文化名城保护规划》《北京皇城保护规划》提出故宫缓冲区的范围：缓冲区占地面积为780公顷、建设控制区占地面积597公顷、故宫占地面积86公顷，共计1463公顷。经过市民投票，最终确定了范围较大的缓冲区保护方案。2005年7月16日，我国提交的故宫外围缓冲区规划方案在第29届世界遗产大会上得到专家的肯定并顺利通过，故宫缓冲区保护方案正式生效。故宫缓冲区东起安定门内大街、东黄（皇）城根、历史博物馆东侧路，南至正阳门，西至人民大会堂西侧路、西黄（皇）城根、新街口南、北大街，北至北二环路，总面积为1463公顷，其中还包括什刹海、皇城、国子监、南北锣鼓巷5个历史文化保护区。故宫外围缓冲区规划方案规定：缓冲区范围内限制大拆大建，皇城区内禁止建设高度超过9米的新建筑，并逐步消除不符合规定的建筑。现有的高层现代建筑逐步拆除、减高，缓冲区内的胡同、四合院实施严格保护，不成片拆除此范围内的胡同、四合院，主要街巷不再继续加宽。故宫外围缓冲区规划方案的实施，使故宫外围环境传统风貌的历史真实性得到了有效保护，过去只注重文物本身保护的状况发生了根本转变，对故宫及其周边环境的整体保护也彰显了北京市不断提升的文物保护意识与理念。

在保护空间尺度方面，从重视文物“点”的保护，向同时重视点、线、面的文化遗产保护的方向发展。进入21世纪以来，北京市文化遗产保护的视野已经从单体文物或古建筑群、历史文化街区、村镇，扩大到空间范围更加广阔的“历史文化名城”。北京市对首都城市整体规划进行了修编，在城市发展思路上作出了很大的调整，把过去城市以拆旧建新为主，转变为以保护为主。2002年9月，北京市规划部门会同文物部门共同组织编制完成了《北京历史文化名城保护规划》（以下简称《规划》），提出了北京历史文化名城整体保护与分层次控制、重点保护与一般保护相结合的总体框架。按照“三个层次，一个重点，文化融合”的保护的思路，确定了保护的主要内容，并首次提出了对北京城进行“整体保护”的概念，即对历史河湖水系、传统中轴线、皇城、旧城“凸”字形城郭、道路及街巷胡同、建筑高度、城市景观线、建筑色彩、古树名木等10个方面的内容进行保护。“三个层次”是指文物保护单位的保护、历史文化保护区的保护、历史文化名城的保护。“一个重点”是把62平方公里的凸字形旧城区作为整体保护的重要地区。“文化融合”是要继承北京的历史文化传统和商业特色，并使之适应现代化发展的需要。这个《规划》的制定体现出在新的历史条件下，我们对历史文化遗存的保护观念发生了巨大变化，这就是要最大限度地从整体上保护北京这座历史文化名城，尤其是对旧城区进行保护；我们对历史文化名城的保护与城市现代化建设之间的关系有了新的认识，这是对北京城进行整体保护认识的一次重大突破。

在时间尺度方面，从重视古代文物、近代史迹的保护，向同时重视20世纪遗产、当代遗产的保护方向发展。优秀近现代建筑是城市历史文化遗产的重要组成部分，一般是指从19世纪中期至20世纪50年代建设的，能够反映城市发展历史、具有较高历史文化价值的建筑物和构筑物，包括反映一定时期城市建设历史与建筑风格、具有较高建筑艺术水平的建筑物和构筑物，以及重要的名人故居和曾经作为城市优秀传统文化载体的建筑物，是体现城市历史文化发展的生动载体，是城市风貌特色的具体体现，是不可再生的宝贵文化资源。切实加强对城市优秀近现代建筑的保护工作，对于保持城市的传统特色和风貌，具有十分重要的意义。为了贯彻中央提出的科学发展观和构建社会主义和谐社会的精神，北京市规划委员会、北京市文物局2007年12月19日发布了《关于公布北京市优秀近现代建筑保护名录（第一批）的通知》，名录收录了北京市行政辖区16410平方公里内，自1840年第一次鸦片战争至1976年“文化大革命”结束期间，现状保存较为完整，能够反映北京近现代城市发展历史，具有较高历史、艺术和科学价值的建筑物（群）、构筑物（群）和历史遗迹71处、188栋建筑。其中，近代的建筑有20处、39栋，占21%，现代建筑有51处、149栋，占79%。列入保护名录的优秀近现代建筑，原则上不得拆除。建设工程在选址时应避开。如果确实因为公共利益需要不能避开的建筑，将采取迁移异地保护等措施。对这些建筑进行改造时，应保存建筑本体的真实性，保持其外立面原貌，并兼顾对建筑环境的保护。这一举措填补了北京市历史资源保护的一项空白。

在保护性质方面，从重视重要史迹及代表性建筑的保护，向同时重视反映普通民众生活方式的民间文化遗产保护的方向发展。四合院是北京人世代居住的主要建筑形式，被誉为“北京的符号”。2002 年 2 月，北京市批准了《北京旧城 25 片历史文化保护区保护规划》，在旧城内圈出了 25 片历史文化保护区。规划要求对历史文化保护区必须以“院落”为基本单位进行保护和更新，危房改造和更新不得破坏原有院落布局和胡同肌理。8 月北京市有关部门联合发布了《关于加强危改中的“四合院”保护工作的若干意见》，对没有列入文物保护单位的“四合院”提出了保护标准。北京市文物局从 2001 年 3 月到 2002 年 8 月，对旧城区 132 片危改区进行了调查，发现具有保护价值的大、中、小四合院 539 处，并列入了单体保护规划。北京对于四合院的保护基本形成了历史名城整体保护、历史文化保护区和文物保护单位三个层次的保护体系。9 月，《北京历史文化名城保护规划》颁布实施，有着 3000 多年城建史的古都北京终于有了第一个最为完整的名城保护规划，与以往不同之处在于这是一个法制性文件。名城保护规划在上述 25 个历史文化保护区的基础上又确定了第二批 15 片历史文化保护区名单。其中，在旧城内继续补充历史风貌较完整、历史遗存较集中和对旧城整体保护有较大影响的街区进行保护，在旧城外确定一批文物古迹比较集中、较能完整体现一定历史时期传统风貌和地方特色的街区和村镇。经过几年的实践，北京的四合院改造形成了“南池子模式”（即危改加市政改造）、“鼓楼东大街模式”（即拆除违章建筑，重铺人行道，重点整修街面两侧的房屋，建成明清风格的仿古一条街）。通过“改善、修缮、疏散”的方式，达到保护古都风貌和改善居民生活的双重目标。2007 年，以政府主导、财政投入、居民自愿、专家指导、社会监督的方式，政府出资 10 亿元，启动东城、西城、宣武、崇文四城区内的胡同四合院改造工程。四合院保护已被列为北京“十一五”规划的重中之重。

在保护形态方面，从重视物质要素的文化遗产保护，向同时重视由物质要素与非物质要素结合而形成的文化遗产保护的方向发展。北京市的非物质文化遗产保护工作积极贯彻文化部制定的“政府主导、社会参与、长远规划、分步实施、明确职责、形成合力”的原则，取得了一定的成果。基本形成了由文化局牵头的北京市非物质文化遗产保护工作局际联席会议制度，设立了“非物质文化遗产保护工作办公室”；继 2002 年和 2003 年北京成功举办“人类口头和非物质遗产抢救与保护国际学术研讨会”与“中国少数民族艺术遗产保护及当代艺术发展学术研讨会”后，2004 年又举办了大规模国际会议“非物质文化遗产保护国际学术研讨会”，北京市政府在 2005 年财政投入 400 万元的基础上，连续加大经费投入，并建立非物质文化遗产保护专项资金。开始组织精干力量，对散存在民间的非物质文化遗产项目进行普查，同时确立了非物质文化遗产“三个优先”保护原则：处于濒危状态且具有重大历史价值的非物质文化遗产项目将要加紧抢救；濒危门类或年老体弱传承人所掌握的知识和技艺要尽快采取措施进行抢救性记录；授权有关单位积极征集原始资料和实物并妥善保管。

二、文物保护的法制建设不断加强

数千年的历史文明为北京留下了无数珍贵的文物，这些文物是北京历史发展的重要实物资料，向世人展示了北京深厚的历史文化底蕴。过去，由于时代的局限性，北京市制定的文物保护法律法规相对较少，文物保护的法律依据只有 1982 年颁布的《中华人民共和国文物保护法》和《北京城市建设总体规划方案》、1987 年通过的《北京市文物保护管理条例》、1993 年制定的《北京城市总体规划》等。进入 21 世纪以来，北京市委、市政府及时转变了城市发展观念，在全市范围内普遍开展了一场关于保护古都风貌的大讨论，在一定程度上提高了人们名城保护意识，北京历史文化名城保护工作得到了社会各界的普遍关注，北京市加大了对历史文化遗存保护的力度，进一步完善了文物保护的法律法规。

2002 年北京市规划委员会、北京市文物局联合发布了《北京历史文化名城保护规划》（以下简称《规划》），提出要从整体上考虑历史文化名城的保护，尤其要从城市格局和宏观环境上保护历史文化名城。规划强调了三个重点：第一个是保护北京的古都历史文化风貌，其中最重要的就是中心区、皇城区；第二个是保护过去遗留下来的历史建筑；第三个是要保护北京所蕴含的其他历史文化遗产。《规划》提出了北京历史文化名城整体保护与分层次控制、重点保护与一般保护相结合的总体框架。按照“三个层次（文物保护单位的保护、历史文化保护区的保护、历史文化名城的保护）、一个重点（把62平方公里的凸字形旧城区作为整体保护的重要地区）、文化融合（要继承北京的历史文化传统和商业特色，并使之适应现代化发展的需要）”的文物保护思路，确定了文物保护的主要内容。

2004年，北京市制定了《北京市实施〈中华人民共和国文物保护法〉办法》（以下简称《办法》）。《办法》规定：市和区、县人民政府文物行政部门对本行政区域内的文物保护实施监督管理。规划、建设、园林、国土资源、工商、公安、发展改革、旅游、宗教等有关行政管理部门应当在各自的职责范围内依法做好文物保护工作。市和区、县人民政府应当将文物保护事业纳入本级国民经济和社会发展规划，所需经费列入本级财政预算，本市用于文物保护的财政拨款随着财政收入增长而增加；应当根据本行政区域内文物保护工作的实际需要，设立文物保护专项经费，用于文物保护。该《办法》的制定与实施，将进一步健全北京市文物工作法制环境，使北京市的文物法规体系更趋完善。

2004年修订的《北京城市总体规划（2004年—2020年）》（以下简称《规划》），以一种全新的规划发展思路，制定了以历史名城整体保护为核心的“两轴（指沿长安街的东西轴和传统中轴线的南北轴）、两带（‘两带’指包括通州、顺义、亦庄、怀柔、密云、平谷的‘东部发展带’和包括大兴、房山、昌平、延庆、门头沟的‘西部发展带’）、多中心（指在北京市域范围内建设多个服务全国、面向世界的城市职能中心，提高城市的核心功能和综合竞争力）”的首都城市发展构想，首次解决了首都现代建设发展与传统城市保护协调发展的问题，是北京市规划建设历史上第一次真正把旧城当作整体保护对象进行理论上的探索，为今后的北京历史名城保护和首都建设发展创造了广阔的发展空间。《规划》最重要的成果是在规划布局上将北京旧城的东西方向作为城市发展的主要方向，制定了“旧城有机疏散、市域战略转移”等实施措施，保护胡同、四合院等传统建筑形态，分区域控制旧城内建筑高度，统筹考虑旧城保护、新城发展，等等，将历史名城保护的观念、措施发展到一个新高度，完善和丰富了北京历史文化名城保护的具体内容，并首次将联合国教科文组织公布的“人类遗产”项目列入名城保护的规划之中，体现了北京市对历史文化遗存全面构建保护体系的思想。

2005 年 5 月 1 日公布实施了《北京历史文化名城保护条例》，就北京历史文化名城的保护内容、保护规划、措施、法律责任等方面做出了详细规定。这是北京市制定的第一个全面保护历史文化名城的正式法规，对北京市的历史文化名城保护意义重大。尤其值得一提的是将“降低旧城人口密度”内容写入其中，这表明对北京历史文化名城保护的立法工作迈出了重要一步。

此外，北京市还制定颁布了一系列规划、条例，如《北京旧城 25 片历史文化保护区保护规划》《北京皇城保护规划》《北京中轴线地区控制性详细规划》《周口店北京人遗址保护规划》《北京市文物建筑修缮保护利用中长期规划（2008—2015）》《北京市“十一五”时期北京历史文化名城保护规划》《北京市“十一五”时期文物、博物馆事业发展规划》《北京旧城历史文化保护区房屋保护和修缮工作的若干规定》《北京旧城历史文化保护区房屋风貌修缮标准》《北京市公园条例》《北京市长城保护管理办法》《北京旧城房屋修缮与保护技术导则》等，构建起了文物保护单位、历史文化保护街区、历史文化名城三个层次的保护格局。这些政策法规的制定、执行说明北京对历史文化遗存保护的认识在逐渐加深，以旧城整体保护为核心的名城保护体系开始构建。对历史文化遗存的保护不再是一纸空谈，而是成为市政府领导的责任和北京市民的自觉意识。

三、大幅度增加对北京市文物修缮的投入

自新中国成立至 1990 年，北京市平均每年用于文物修缮的费用为 400 万—500 万元。1991 年至 2000 年，每年投资为 1000 万元。也就是说，1949 年至 2000 年，北京市全部用于文物修缮的政府投资约为 3 亿元。虽然当时北京的文物也年年进行修缮，可是由于每年的经费有限，仅够对险情严重的古建筑进行局部修缮，而不能进行彻底的维修。当时

北京市像样的文物修缮工程一年不过10个左右，一般工程修缮费用不过几十万元，大的工程也不过100万—200万元。虽然一些专家学者不断呼吁大力保护北京的文物古迹，但是并未得到应有的重视。随着历史的发展，近年来北京市委、市政府加大了文物保护的投入力度。从2000年起，北京市委、市政府决定三年投入3.3亿元（即“3.3亿工程”）用于保护文化古都，展现名城风貌，并制订了以“两线”（中轴线和朝阜路沿线）、“一街”（国子监古建筑群）、“一区”（什刹海风景区）为核心的修缮保护计划。该工程计划98项，涉及工程128个，总修缮面积59.2万平方米，约占全市文物建筑总面积的1/3。2003年1月，北京市委、市政府又作出5年投入6亿元、实施《人文奥运文物保护计划》的决定，如果说“3.3亿工程”大大缓解了北京文物的生存危机，而总投资达6亿元的《人文奥运文物保护计划》（以下简称《计划》）则把重点放在提升文保单位的质量，彻底扭转原来被动抢险的局面。计划的总体设想是：整治“两线”景观（中轴线和朝阜路沿线）、恢复“五区”风貌（什刹海风景区、国子监古建游览区、琉璃厂传统文化商业区、明清皇城景区和古城垣景区）、重现“京郊六景”（西郊风景名胜区、北京段长城风景保护区、帝王陵寝保护区、京东运河文化带、宛平史迹保护区和京西寺庙景区）、营造北京历史文化名城的基本格局。《计划》自实施以来，百余项文物建筑重现昔日的风采。除对白塔寺、历代帝王庙、先农坛、圆明园、十三陵等全国重点文物保护单位和北京市重点文物保护单位加以修缮外，还对南中轴线、东皇城根遗址、明城墙遗址、永定门等体现古都城市轮廓的重要遗迹进行了整治和修复，这在北京历史文化名城保护的历史上是前所未有的。

除了北京市政府为“3.3亿工程”和《人文奥运文物保护计划》共投入专项资金9.3亿外，政府每年还专门拨款用于保护、修缮历史文化街区、四合院等传统建筑，搬迁不合理占用单位和居民，为抢险修缮和合理利用创造条件。2000—2008年，北京投入高达数十亿元人民币的文物保护专项资金，修缮文物面积超过50万平方米，如故宫百年大修、永定门复建、颐和园佛香阁修缮、天坛祈年殿重绘彩绘、明十三陵抢修等。140处历史遗迹重新展示在世人面前，其中经文物保护单位修复后重新或扩大开放的有58处、修复后新开放的有41处。

此外，北京市在文物保护工作中还创新性地引入了社会投资。例如，2003年，文物部门修缮明代长城的重要军事城堡、市级文物保护单位——延庆岔道城的城墙、城门，共投资120多万元；岔道村村委会还投资400余万元修缮了村里的城隍庙和关帝庙等古建筑，做好了恢复古衙署、古驿站的前期准备工作；村民们投入资金500余万元，恢复了明清商业街两侧的店铺36户共200多间。门头沟也首次以区政府补贴和村镇投入相结合的方式，修缮了琉璃渠关帝庙、三家店龙王庙等区级文物保护单位。

从2000年至2007年，北京市政府用于文物保护修缮的费用已达9.3亿之多，8年的投入是历史上近60年投资的3倍。在完善的文物保护计划和强大资金的支撑下，一批长期被占用的文物保护单位获得了“新生”，北京的世界文化遗产和文物得到百年来最集中、最及时、空前规模的保护与修缮，我们的古都以崭新的容装向世界展示着古典与现代交融的风采。

经过长期的探索与实践，21世纪以来北京文物保护工作逐步形成了相对完善的体系。无论是资金投入、政策安排还是统筹协调，北京市都对文物进行了一系列积极而妥善的保护，甚至在有些方面还为全世界文物保护提供了先进的经验。北京市文物保护力作频出，速度之快、手笔之大，令世人为之惊叹，北京市政府空前强大的资金支持，圆了人们追忆京城旧时盛景的梦。今天，在北京国际化大都市的现代化氛围中，每一个人都能清晰感受到古都北京那独有的庄严、深厚、博大与现代文明的和谐共鸣。城市中一片片历史街区、一条条古老街巷、一座座传统建筑，就像一部部史书、一卷卷档案，记录着城市的沧桑岁月，见证着城市的历史和今天。21世纪以来，北京市正确处理了奥运场馆建设和遗产保护关系，概括地说是通过规划阶段保护地上文物、通过考古的方式保护地下文物。在奥运场馆建设过程中的文物保护工作从两个方面展开：一方面，是在规划阶段就处理好和遗产保护的关系，在规划阶段场馆的选定，避开了城市的遗址，避开了地上的建筑，所以奥运场馆的建设和旧城的保护，在城址上处理得还是很成功的。另一方面，做好奥运场馆地下遗址和文物的保护。在 18 处奥运场馆的建设先期都进行了考古挖掘和勘探，清理出历代文物 1500 多件。同时，奥林匹克场馆的建设也为北京作为世界级的历史文化名城留下了很多遗产。奥运主中心区位于北京城传统中轴线的北端，传统中轴线是北京历史文化名城的重要特征之一，也是空间组织的重要特征之一。奥运主场馆分布在中轴线的北侧，使原来 7.8 公里的中轴线继续向北延伸；永定门、燕墩等文物的复建和修缮，继续向南延伸，形成了 25 公里的中轴线。奥运主场馆的建设与北京古城建筑的布局协调地融合在一起，成为北京既保持传统城市格局的特色、又面向未来的一项重要建设，同时也是对北京历史文化名城的继承和发扬。

［原载《北京党史》2010 年第 1 期］

三十年回首期刊路

——新时期以来我国期刊业的发展及特点

杨文利

期刊作为大众传媒的重要工具，不但记录了相关年代的政治、经济、科学、文化、教育等各个领域的活动和发展状况，而且在社会变革时期，党和政府通过期刊宣传各项方针、政策，宣传马列主义毛泽东思想，宣讲各种科学知识，对社会改革和发展起到了积极的促进作用，期刊的功能和重要地位也由此得到充分的体现。研究新时期以来期刊业发展的轨迹及特点，不仅可以反映这一时期经济社会发展与期刊的相互关系，而且还可以为期刊业的进一步健康发展提供有益借鉴。

一、新时期以来期刊业的发展轨迹

（一）期刊业的迅猛发展时期（1978—1988 年）

1978 年中共十一届三中全会以后，期刊业的发展进入了空前繁荣的时期。特别是 20 世纪 70 年代末至 80 年代前半期是期刊发展最为迅猛的时期。1978 年，我国期刊品种只有 930 种，到 1985 年已发展到近 5000 种，到 1988 年底我国正式期刊总数已达 5865 种。期间，期刊发行量也增长迅猛，由 1978 年的年总发行约 7 亿册猛增到 1988 年的 25 亿册。

这一阶段是期刊发展的一个特殊时期。由于“文化大革命”时期文化生活的长期匮乏，使得广大群众对精神食粮极度渴求，因而这一时期是广大人民对各种知识、信息需求非常强烈的阶段，期刊业的迅猛发展正是适应这一需求的体现。

随着期刊种类、数量的快速增长，期刊业也陆续出现了一些问题。进入20世纪80年代以后，对期刊的违规查处工作亦随之逐步展开。针对少数刊物连续发生违背中央指示、擅自发表与中央的重大方针政策相抵触的文章的情况，1981年2月20日，中共中央、国务院发布《关于处理非法刊物非法组织和有关问题的指示》。根据中央的指示精神，4月29日，中共中央宣传部发出《关于认真检查和整顿刊物的通知》，要求各主管部门对刊物情况作一次认真检查和整顿，并加强对刊物的管理工作。12月19日，中共中央宣传部又发布《关于加强对刊物的领导和管理的通知》，进一步强调要加强对期刊的监管工作。这次整顿，进一步促进了期刊业的良性发展，使期刊继续保持着旺盛的发展势头，品种及数量均增长较快。

20世纪80年代末期，由于期刊数量发展过猛，结构不合理的状况越来越明显。为了实现期刊宏观结构的均衡，从1987年下半年至1988年上半年，管理部门再次对报刊业进行整顿。这次整顿的主要内容是对期刊结构进行初步调整。在整顿中，压缩了一些质量和格调较低的刊物，撤销、合并了部分内容重复、雷同的刊物，使期刊的结构和布局略有改善。

整顿后，社会科学类期刊约占期刊总数的49.7%，自然科学、技术类期刊约占50.3%。由以上比例可以看出，这一阶段的社会科学类和自然科学、技术类期刊的数量大体持平。虽然按现行期刊管理办法，在社会科学类期刊中还包括部分科普类及社会科学与自然科学交叉的期刊，也就是说，这一阶段自然科学、技术类期刊的总量要高于社会科学类期刊，但考虑到工业技术门类繁多，这类刊物占有较大比例是难以避免的情况，期刊结构总体上还是较为合理的。

为了加强对期刊的管理，从1988年开始，在新闻出版署下设立专门的期刊管理局，各省、自治区、直辖市新闻出版局下设立期刊管理处或报刊管理处，归口管理期刊工作。这些专门的期刊管理机构的建立，使多年来期刊管理头绪纷杂、归属不清的情况发生了根本性改变，期刊出版有了比较集中的管理机构。期刊管理机构建立后，将全国的正式期刊进行了统一编号，并对期刊进行登记和注册工作。同年12月，国家技术监督局发布了《中国标准刊号》。另外，1988年11月，新闻出版署发布了《期刊管理暂行规定》，共6章40条，内容包括：期刊的定义、创办、审批、登记与出版，期刊禁载的内容，期刊管理办法，期刊社的经营以及处罚等。《期刊管理暂行规定》是我国第一部关于期刊管理的基本法规，它的发布实施使我国的期刊管理工作正式进入法制化轨道。从此，对期刊的审批、出版、管理都有章可循，我国的期刊管理也进入了一个新的阶段。

综上所述，1978—1988年，是我国期刊业发展的黄金时期，不仅新刊大量涌现，而且期刊的品种更加丰富，尤以经济、时政、文教、医药和工程技术类最多，同时期刊的质量也大大超过了“文化大革命”前的17年。进入20世纪80年代后，随着政府对期刊出版管理力度的加强，期刊法规逐步健全，期刊的结构、布局日趋合理，加上期刊出版单位注重自身改革，进一步明确为经济建设和社会主义精神文明建设服务的指导思想，并增强了“精品意识”，使期刊从形式到内容都达到了前所未有的水平。

（二）期刊业平稳健康的发展阶段（1989年至20世纪90年代末）

中共十三届四中全会之后，根据《中共中央关于加强思想宣传工作的通知》的要求，全国开展了整顿、清理书报刊和音像市场工作。1989年9月16日、10月4日，中共中央办公厅、国务院办公厅先后发布了《关于整顿、清理书报刊和音像市场严厉打击犯罪活动的通知》及《关于压缩整顿报刊和出版社的通知》，要求“对政治方向严重错误、思想倾向不好和过多过滥的报刊和出版社，大力进行压缩整顿”。按照这一要求，有关部门在1988年期刊整顿的基础上，又对期刊社进行了整顿、清理，到1990年仅北京地区就有86种期刊被撤销、停办，全国期刊的品种亦略有下降。

进入20世纪90年代以后，我国期刊业迅猛发展的势头逐渐消去，转入稳步发展阶段。1992 年，邓小平的南方谈话极大地促进了全党全国人民的思想解放，党的十四大明确提出建立社会主义市场经济体制的目标，使我国的改革与发展进入到一个新的历史时期。1993 年 10 月 11 日，新闻出版署发布《期刊年度核验办法》，该办法共 11 条，内容包括核验工作的主管单位和核验时间，核验的主要内容，什么情况下应暂缓核验或注销登记、撤销登记等。期刊年检办法公布后，我国期刊开始进行一年一度的期刊核验工作，以便及时发现刊物中存在的问题，进行处理。至此，期刊管理结束了过去隔几年就要进行一次整顿、清理的局面，步入了常规化、制度化阶段。

这一时期的期刊业取得了很大的成绩，但也累积了一些问题。有鉴于此，1994 年初，新闻出版署提出了推动出版工作实现从总量增长阶段向优质高效阶段转移的思路，阶段转移包含两个方面的任务：一是要实现体制转轨，二是要实现增长转型。1996 年 10 月，中共十四届六中全会通过的《中共中央关于加强社会主义精神文明建设若干重要问题的决议》（以下简称《决议》）明确指出，要加强对新闻出版业的宏观调控，采取有力措施解决目前期刊总量过多、结构失衡、重复建设、忽视质量等问题，努力实现从扩大规模数量为主向提高质量效益为主的转变。《决议》还同时强调，出版工作要建立健全管理机制，一手抓繁荣，一手抓管理，促进文化市场的健康发展。中共十五大又提出，“对新闻出版业要加强管理，优化结构，提高质量”。由此，期刊业转入理性发展阶段。

为建立新的出版体制，党和国家对出版立法给予了高度重视。1997 年 1 月 2 日，国务院颁布《出版管理条例》。这是新中国成立以来第一个比较全面系统的有关出版管理的行政法规，对图书、报纸、期刊、音像制品和电子出版物等的出版、印刷（复制）、发行活动的管理确定了基本原则和基本制度，构成了中国特色社会主义出版管理体制的基本法制框架。1 月 29 日，新闻出版署颁布《关于严格禁止买卖书号、刊号、版号等问题的若干规定》，严禁出版单位以任何形式出卖书号、刊号、版号；严禁任何单位和个人以任何名义直接或间接购买书号、刊号、版号，并参与出版、印刷、复制、发行等活动。

综上所述，这一阶段是期刊发展较平稳的一个时期。各项期刊管理措施及法律、法规的相继出台、实施，促进了期刊业的健康发展。20世纪90年代，期刊品种保持了较平稳的增长，到1998年，期刊种数达到8000种，比1989年增长了33%。与此同时，随着期刊市场出现饱和局面，期刊的发行数量呈现出停滞状态，1998年时仍保持在1988年总发行量的水平（即年发行25亿册）。

由于期刊品种增加，期刊的平均发行量开始下降，期刊市场竞争日趋激烈。20世纪80年代时读者对期刊的需求状况开始改变，随着选择余地逐渐增多，读者对期刊价值的判断和选择决定着期刊的生存与发展。市场的有序竞争形成了对期刊发展十分有利的良好环境。因此，到20世纪90年代末期，期刊业者为了在市场上站稳脚跟，就必须努力办出精品期刊。精品期刊不仅表现在内容的精彩上，还表现在包装的精美及版式设计的美观上。不同类型的刊物都竭力在各自分工和定位上追求自身完美，在立意、深度、特色等方面力臻完善，在印刷和装帧上趋于讲究，市场上因之精品迭出，成为20世纪末我国期刊业走向成熟的显著标志。

（三）期刊业从数量规模型向质量效益型的转化阶段（20世纪90年代末至今）

中共十六大在许多理论问题上取得了重大突破，特别是十六大报告将文化领域划分为文化事业和文化产业两个部分；十六届三中全会又进一步对公益性文化事业单位和经营性文化产业单位分别提出了深化体制改革的任务，使人们深化了对出版业的地位与功能的认识，从而以发展为主线，深化出版体制改革，解放和发展出版生产力。

期刊业机构同其他出版业机构一样，在计划经济下形成的行政管理体制、产权所有制度、劳动用人机制、分配激励机制都被延续下来，没有获得实质性突破。直到2003年，在党的十六大和十六届三中全会“大力发展文化事业和文化产业，推进文化体制改革”思想的指引下，以企业化、市场化和产业化为中心的体制改革才真正开始破题，期刊出版单位的企业化转制开始进入试点阶段，发行单位的股份制改革也全面启动，以《行政许可法》为基础的政府职能转变也有了实质性进展。一是出现了一批实力较强、经营管理水平较高、在国内有一定影响的中国期刊刊群，如《读者》刊群、《知音》刊群、《家庭》刊群、《时尚》刊群和《瑞丽》刊群等。其中，最大的品牌刊群是《时尚》刊群，共有 12 本期刊；其次是拥有 8 本期刊的《知音》刊群。二是一些实力较强的出版社也在推进“社刊工程”。例如中国青年出版社刊群、中国少年儿童新闻出版社刊群、外语教学与研究出版社刊群、上海科技出版社刊群。刊群的出现标志着中国期刊产业正在走向品牌化、集约化和集团化。尽管到 2004 年，我国只有两家经新闻出版总署批准成立的期刊集团，即湖北知音期刊出版实业集团有限责任公司和家庭期刊集团，但以上几大品牌刊群都已在事实上形成了期刊集团，且这几个期刊集团无论是子刊的数量还是年营业额的比较上，都不逊于知音期刊出版集团和家庭期刊集团。由此可见，我国期刊的集团化趋势已经出现，且集团化步伐亦在显著加快。三是期刊经营开始由发行主导型向广告主导型转型。虽然到目前为止，在期刊经营中，发行收入仍高于广告收入，但从近几年广告主导型期刊的迅猛发展态势及西方发达国家期刊发展的历程中都可以看出，这一转型是势在必行的。

期刊业在新时期有了很快的发展，取得了很大的成绩，但其发展道路也是有起伏的。如 2004 年就是新时期以来我国期刊发展的一个小“歉收年”，无论是发行总量还是广告收入等，都比上年有所减少，其中发行量下降了 1 亿册左右（进入 21 世纪后，年发行量一直在 28 亿册徘徊），广告收入减少了 4 亿元人民币（2003 年期刊广告收入为 48.55 亿元）。造成发行量下降的主要原因之一虽然与 2003 年压缩了 400 余种政府摊派的刊物直接相关，但不可否认，一些刊物不能吸引读者以致影响了发行量，也是一个重要原因。广告收入的稳步增长，需要期刊社与广告商之间建立较稳定的业务关系，但时下大多数期刊社在这方面仍存在主动性不够的问题。上述不足导致了期刊发展受到了一定的影响。

为了适应新形势下我国期刊业改革发展和管理工作的需要，2005 年 12 月 1 日，《期刊出版管理规定》颁布实施，同时废止了已实施十多年的《期刊管理暂行规定》和《〈期刊管理暂行规定〉行政处罚实施办法》。新规定包括总则、期刊创办与出版单位设立、期刊的出版、监督管理及法律责任等共 6 章 67 条。新规定明确界定了期刊和期刊出版单位的概念，完善了期刊出版许可制度，明确规定了属地管理原则，第一次明确提出期刊出版退出机制，创新并完善了期刊管理的行政措施。

随着期刊管理法规的创新、细化，我国的期刊业也得到进一步发展。2006 年 10 月 10 日，《中国学术期刊网络出版总库》建成并通过新闻出版总署验收，该项目已覆盖我国及美、德、日等 30 多个国家和地区，我国学术期刊数字化、网络化的建设目标初步实现。学术期刊的权威性文献检索工具和网络出版平台的建成，为广大读者更好地阅读、使用学术期刊创造了良好的条件，但期刊网络投入使用后，也使部分期刊的发行量受到了一定的影响，出现了发行量下滑的现象。

总之，这一时期期刊业发展的特点是：总量得到了控制，布局逐步调整，全行业进入了以竞争为特点的创业阶段。到 2006 年底，全国期刊总数与上年基本持平，共出版期刊 9468 种，期刊总印数比上年增长了 3.38%，达到 28.52 亿册。进入 21 世纪，期刊的发行总量虽略有增长，但大体保持在 28 亿册的水平，而此时的期刊品种已比 20 世纪 90 年代末又增加了 1000 种，这说明期刊的平均发行量是略有下降的，表明期刊业的竞争正在进一步加剧。与此同时，随着我国社会分工的进一步细化，期刊市场也开始进入细分阶段。以往畅销的综合类期刊销量逐渐萎缩，以特定人群为读者目标的期刊开始出现，并得到发展。另外，随着出版改革的深化，期刊产业集团化趋势正在逐步加快，虽然目前我国期刊集团的规模和实力都还较小，但改革的深入必然会带来业外资本的涌入和期刊资源的重新配置，必将推动期刊集团逐渐向同时拥有报纸、期刊、电视、电台、网络、出版社的传媒集团发展。

二、新时期以来期刊发展的特点

（一）期刊保有量大大增加，期刊从内容到形式都更加丰富

随着国家工作重心转移到以经济建设为中心，以及社会主义市场经济体制的建立和发展，我国的各项事业均有了快速发展。期刊业的发展也不例外，期刊的品种迅猛增长，从 1979 年的 930 种猛增至 2006 年的 9468 种。

除期刊的品种增长迅猛以外，期刊的内容也更加丰富，分工更加趋向细化。此前的期刊多为综合性的，进入新时期以后，社会生活的各个

行业、各个领域、各个方面、各种门类均有相关的期刊出版。从期刊内容看，既有理论性的，也有信息资料性的；从服务对象看，既有面向大众的，也有针对特定人群的；从期刊性质看，既有专业性很强的，也有通俗性的，等等。此外，在这一期间的另一显著变化就是文摘类期刊及年鉴类期刊开始大量出现。由于人们的生产、生活节奏的加快，人们希望用有限的时间尽可能多地获取信息，文摘类期刊及资料性很强的各类年鉴（这里专指以刊号出版的年鉴）的大量出版，正是适应了这一需要。

这一时期除期刊的品种增长迅猛以外，期刊发行量亦随之增加，从1978年的7亿册，猛增到目前的28亿册。虽然进入21世纪以后，期刊发行量增长放缓，但国际上的社会发展研究表明，人均国民生产总值超过1000美元以后，人们对精神文化产品的需求将呈现直线上升的趋势。2003年我国的人均国民生产总值就已经突破了1000美元，今后人们对期刊的需求将会不断增强，期刊业的发展还有着巨大的市场空间。

此外，从20世纪80年代中期开始，我国的电子期刊从无到有，且逐步发展壮大。继电子期刊出现之后，网络期刊也开始出现。网络期刊以互联网为依托，以其低成本、无物流、无库存、无印数要求、即时更新、更环保等显著特点，势必会成为今后期刊出版的重要形式。到2006年，我国网络出版的核心技术——数字版权保护技术已经逐步成熟，此类版权保护技术的成熟必将推动这一产业的继续发展。

在期刊内容、形式日趋丰富多彩的同时，期刊的排印技术也得到了迅速提高。期刊已告别昔日铅排的历史，全部改为计算机排版。另外，印刷行业为提高印制水平，广泛应用新型印制机械，新技术、新工艺的普遍采用使期刊的印制、装帧日趋精美。现在我国的期刊比过去更加讲究装帧设计，无论是纸张的选用，还是印制水平，都达到了相当高的水平，已经不逊于国际知名期刊。期刊印装水平的提高，也为我国期刊的对外交流奠定了坚实的基础。

（二）期刊管理进入正规化、法制化阶段

1. 管理机构的建立、健全

为了全面加强对出版行业、著作权和书报刊出版物的市场监管，增

强执法的权威性和有效性，以适应我国社会主义市场经济发展的需要，1987 年 1 月，国务院成立了中华人民共和国新闻出版署。新闻出版署为国务院直属机构，随后各省、自治区、直辖市也都成立了新闻出版局。1988 年，新闻出版署期刊管理局及各省、自治区、直辖市新闻出版局的期刊管理处或报刊管理处相继建立，上述出版管理机构的建立，促进了出版物以及期刊的进一步健康发展。2001 年 3 月，经全国人大批准，新闻出版署改为新闻出版总署，升格为正部级单位。这一决定是中共中央、国务院根据出版业发展的现状，经过慎重研究作出的。1998 年政府机构改革撤并了很多部委办，2000 年又撤销了 9 个经贸委管理的国家局，而新闻出版署却升格为正部级，充分体现了党和国家对新闻出版业的高度重视，也正是由于国家对新闻出版业的高度重视，使期刊业得到了迅速发展，取得了骄人的成绩。

2. 管理法规逐步完善、细化

新时期以来，期刊的质量有了显著提高，从总体上看，办得好的和较好的期刊占绝大多数，它们在宣传党的路线、方针、政策，推动社会主义精神文明和物质文明建设等方面，发挥了积极的作用，取得了显著的成绩。但是，有些期刊也确实存在一些问题，有的问题还很突出。一些期刊偏离了正确的政治方向，刊发的文章中有宣扬资产阶级自由化观点的，有充斥淫秽色情、封建迷信、凶杀暴力的，严重毒害了广大读者特别是青少年读者的身心。

为此，中共中央办公厅、国务院办公厅、中宣部及新闻出版管理部门发布了一系列通知、法规，强化了对期刊出版业的管理。如 1983 年 12 月 16 日，中宣部发出《对期刊进行检查整顿的通知》，检查的重点是期刊的编辑方针和办刊指导思想，要求检查近几年来发表过哪些违背四项基本原则、违背社会主义精神文明、宣扬资产阶级自由化的文章和作品。1985 年 6 月 6 日，中共中央办公厅、国务院办公厅转发中宣部《关于整顿内容不健康报刊的请示》的通知；1988 年新闻出版署发布《关于加强对报纸、期刊、图书审读工作的通知》及《关于认定淫秽及色情出版物的暂行规定》，等等。特别是 1989 年，新闻出版署根据中共中央办公厅、国务院办公厅《关于压缩整顿报刊和出版社的通知》的精神，在全国范围内，对期刊出版工作进行了整顿，撤销、合并了一批期刊。经过整顿，期刊业的面貌有了较明显的变化，期刊出版事业重又走上了健康发展的道路。

在期刊发展史上具有里程碑意义的是以下三个法规的颁布及实施，即新闻出版署1988年颁布的《期刊管理暂行规定》、1989年颁布的《〈期刊管理暂行规定〉行政处罚实施办法》以及1988年国家技术监督局颁布的《中国标准刊号》。这三个法规的出台实施，使期刊管理纳入法制化、正规化轨道，期刊管理从此进入依法管理阶段。

在对1988年的《期刊管理暂行规定》进行修订的基础上，2005年《期刊出版管理规定》颁布实施。新的出版管理规定明确了期刊出版管理的事后审读制度、质量评估制度、年度核验制度和从业人员资格管理制度；加强了对期刊出版内容、导向和过程的管理；修改、完善了期刊出版许可制度；明确规定了期刊管理的属地原则。总之，新的出版管理规定的针对性、可操作性更强，对期刊出版活动以及深化期刊业改革起到了更好的规范、保障和促进作用。

三、结语

综上所述，新时期以来，我国期刊业的规模不断扩大，实力大为增强，服务社会的能力大为提高，对外交流不断扩大。特别是党的十六大以来，包括出版改革在内的文化体制改革试点工作正在深入推进，我国正在加快全面建设小康社会的进程，构建社会主义和谐社会，实现中华民族的伟大复兴。经济和社会的发展从宏观上为期刊业的繁荣发展提供了良好环境。近年来，我国居民消费层次的提升和消费结构的逐渐变化客观上为期刊发展提供了新的机遇。西方发达国家人均年占有期刊为15册，而我国目前人均仍然只有2册（同20世纪90年代初期水平一致），随着社会进步和经济的繁荣发展，期刊需求必然会进入下一轮快速增长时期，期刊产业可望成为文化产业中最重要的经济增长点之一。

我们有新中国成立以来特别是改革开放以来积累形成的良好基础和各方面的经验，正在开展的文化体制改革试点工作为期刊业的发展注入了生机和活力，蓬勃发展的高新科技为我们更好地发挥期刊功能提供了技术条件和基础。我们要遵循规律，静下心来，抓住机遇，踏踏实实地推进我国期刊业的发展。中国有 5000 多年的文明史，中国是纸张的发源地、印刷文明的故乡，我们这一代中国出版人应当有志气、有决心，为中国期刊业的发展作出更大的贡献。

［原载《出版广角》2008 年第 6 期］

以志研史

——从《北京志·期刊志》[1] 看北京地区期刊的发展状况及与国史的关系

杨文利

由北京市新闻出版局编纂的——《北京志·新闻出版广播电视卷·期刊志》是我国有史以来第一部专业期刊志，它主要收录从清同治十一年（1872 年）外国传教士创办的杂志——《中西闻见录》始至 1993 年底的 120 余年间北京地区创办的各类期刊，共计 1 万余种。北京地区的期刊向以数量大、质量高、影响广泛而著称，尤其是新中国成立以后，北京作为全国的政治、经济、文化中心，为北京期刊事业的发展提供了得天独厚的有利条件。研究北京地区 1949 年以后期刊发展的历史、现状及发展轨迹，不仅可以反映经济社会发展与期刊的相互关系，而且还可以从一个侧面反映出全国期刊事业的总体情况。综观《北京志·期刊志》1949—1993 年期刊事业的发展，便不难发现，其兴衰起伏反映了所处时代政治、经济、科学技术和文化等发展及变革的情况，在不同的历史背景下，显现出不同的特点。

---

① 本文所指的北京地区期刊是一个较宽泛的概念，涵盖北京地区出版的各类期刊，其中既包括在京的中央各部委、各行业协会等所出的期刊，也包括北京市的地方期刊。另外，由于《北京志·期刊志》的下限设在了 1993 年，因此，本文的下限也放在 1993 年。

一、1949—1966 年，期刊事业的初步繁荣时期

中华人民共和国成立后，党和政府十分重视期刊事业，出台了一系列文件，扶植期刊的发展。1949 年北京首次进行了期刊注册登记制度，当年登记在册的期刊有 54 种，这中间包括 1949 年以前创刊的期刊以及当年创刊的期刊。这些期刊至 1993 年仍在出版的只有 14 种，其中社会科学与综合类期刊有 10 种，自然科学与工程技术类期刊有 4 种。

中华人民共和国成立初期，文盲占全国人口的绝大多数[①]。为了扭转这一局面，党和政府在全国普遍开展扫除文盲的工作。为配合这一运动，1950 年 6 月，全国第一次出版会议通过了《关于改进期刊工作的决议》，决议提出应增加通俗期刊，配合工农兵的识字教育与文化、政治、技术教育。同时，决议还要求各类期刊应根据不同的读者对象，逐步做到专业分工，并注意在少数民族地区出版少数民族文字的期刊等项内容。为了进一步推进期刊出版的发展壮大，同年 10 月，政务院在《关于改进和发展全国出版事业的指示》中，特别指出要把期刊出版工作提到很重要的位置。1952 年 8 月，政务院又颁布了《期刊登记暂行办法》。在党和政府的大力支持下，期刊事业得到迅速发展，期刊种类明显增多。

（一）1949—1958 年，期刊增长较快的阶段

1. 社会科学与综合类期刊。社会科学与综合类期刊在 1949—1958 年间，新创办期刊 130 种。这一阶段主要有 5 类社会科学与综合类期刊增长较快。

其一，政治类期刊迅速增多。中华人民共和国成立后，党和政府为了巩固人民政权，加强了思想政治工作，政治类期刊主要是为各个时期的政治任务而服务，因而这一时期的政治类期刊增长较快，几乎每年都有新刊面世，9 年间共新创刊政治类期刊 15 种。

其二，财政金融管理类期刊增长较快。由于在全国开展了没收官僚

① 陆定一：《新中国的文化教育》，《人民日报》1950 年 4 月 19 日。

资本企业并将其改造成社会主义国家企业；统一财政经济、稳定物价；完成土地改革，镇压反革命，开展“三反”、“五反”等运动，使我国的经济得到迅速恢复和发展，为满足大力宣传财政金融政策的需要，财政金融管理类期刊开始增多，尤其在 1950 年及 1953 年，分别有 4 种和 3 种财政金融管理类期刊问世，9 年间新创财政金融管理类期刊 11 种。

其三，画报画刊类期刊增长明显。旧中国的教育是半殖民地半封建教育，因而当时我国文盲人口占到全国总人口的 80% 以上。面对众多的文盲人口，以图见长的画报、画刊成为宣传党和政府的各项政策措施的有效手段，这一需求促进了画报、画刊的增长，9 年间共新创刊 19 种画报画刊。

另外增长较快的两类期刊是文学类和艺术类期刊。随着 1949 年和 1953 年全国第一届、第二届文代会的召开，特别是 1956 年“双百”方针的确立及实施，极大地促进了文学艺术的繁荣发展。这期间创立了大量的文学类、艺术类期刊，9 年间共新创文学类期刊 13 种、艺术类期刊 22 种。尤其在 1958 年，新创刊的艺术类期刊达 7 种之多，艺术类期刊因此成为 1949—1966 年间，社会科学与综合类期刊中单年创刊最多的期刊①。

2. 自然科学与工程类期刊。中华人民共和国成立初期，随着经济建设的恢复和发展，促进了相关期刊的增长。到 1958 年，自然科学与工程技术类期刊已创刊 137 种，略高于社会科学与综合类期刊的增长数量。在自然科学与工程类期刊中，主要有 4 类期刊增长迅速，即工程技术类 44 种、医药卫生类 26 种、地球学类 14 种、自然科学总论类 12 种。从增长数据可以看出，在这 4 类期刊中，又以工程技术类和医药卫生类期刊增长最为迅猛。中华人民共和国成立初期，是经济领域各行业的迅速恢复和快速发展时期，各行业的发展使得对工程技术类期刊的需求量大增，带动了工程技术类期刊的激增，因而这一阶段的工程技术类期刊增长速度最快也就不足为奇了。与此同时，为了改变我国医疗卫生基础极其薄弱的现状，保障广大人民群众的身体健康，医疗卫生事业的发展被

---

① 《北京志·新闻出版广播电视卷·期刊志》，北京出版社 2006 年版，第 20 页。

摆到了重要位置，与此相适应，大量的医疗卫生类期刊得以创刊，以服务于这一工作的开展。

（二）1959—1966年，期刊增长放缓的阶段

由于“大跃进”运动、人民公社化运动和“反右倾”斗争及指导思想上的“左”倾错误的影响，加上自然灾害和苏联单方面撕毁合同，到1960年，我国国民经济陷入严重危机之中，国家面临中华人民共和国成立以来最严重的经济困难。1961年，中共八届九中全会通过了对整个国民经济实行“调整、巩固、充实、提高”的方针，这一期间的期刊数量有所下降。

在1959—1961年有大量的期刊由于纸张供应紧张、机构变化等原因停刊或合并，仅1993年仍在出版的社会科学与综合类正式期刊中就有21种先后在此期间停刊。直到1962年，随着国民经济的逐步恢复和好转，期刊数量才开始逐步增多起来。

1959—1966年经济发展的波动，使得期刊的增长进入一个较缓慢的阶段，8年间社会科学与综合类期刊只有30种创刊，远远低于1949—1958年间的增长速度。在新创刊的30种期刊中，政治类期刊占到了9种，体现出这一阶段政治工作的突出地位。1959—1966年，自然科学与工程技术类期刊增长了75种，大大高于同期社会科学与综合类期刊的增长速度，从一个侧面反映出国家对经济发展尤其是工业发展的高度重视，正是由于工业建设的需要，使工程技术类期刊成为这一时期增长最快的期刊，达到43种，尤其在1964年，工程技术类期刊有14种创刊，这类期刊因此成为1949—1966年间单年增长最多的期刊。这一阶段另一个增长较快的自然科学与工程技术类期刊是医药卫生类期刊，达到9种。

综观1949—1966年间的期刊发展历程可以看出，中华人民共和国成立后，期刊事业得到了较快的发展。期刊的增长与国家的各项工作密切相关，并伴随着政治、经济、文化等的发展而发展。其中社会科学与综合类期刊在这一时期新创办的期刊达到160种，而自然科学与工程技术类新创办的期刊更是达到212种之多，经济社会的发展水平，反映在期刊种类的迅速增多上，使北京期刊事业的发展呈现出了初步繁荣的景象。

二、1967—1976 年，期刊事业的萎缩时期

从 1966 年 5 月到 1976 年 10 月，我国进入了一个特殊历史阶段，即 10 年“文化大革命”时期。在这 10 年中，国家的各项建设事业遭到中华人民共和国成立以来最严重的挫折和损失，期刊事业亦受到极大的破坏。

“文化大革命”开始时我国有刊物 351 种[①]，在“文化大革命”期间被迫停刊的有 308 种，停刊数占总数的 87.8%，其中被迫停刊的社会科学与综合类期刊约有 100 种。在未停刊的 43 种刊物中，有 41 种都是社会科学与综合类期刊。这 41 种期刊除《红旗》以外，绝大部分是对外宣传类和外文版期刊，如《新华社外文电讯》《中国画报》等。自然科学与工程技术类期刊受到的冲击更大，1966 年 6 月以后，原有的绝大部分科技期刊均被迫停刊，只有 2 种得以保留下来[②]，且在“文化大革命”初期，新创办的期刊极少。据统计，自然科学与工程技术类期刊 1967—1969 年间创刊的仅 3 种[③]。

1971 年春，在周恩来总理的主持下，召开了“文化大革命”期间的第一次全国出版工作座谈会。同年 8 月 16 日，中共中央向全国有关部门发出文件，指出应“根据需要和可能，逐步地恢复和创办一些理论、文学艺术、科学技术、学术研究、文教卫生、体育等期刊，首先要注意恢复创办工农兵、青少年迫切需要的期刊”。文件下发以后，社会科学与综合类期刊开始有了转机。如 1971 年 7 月，时任中国科学院院长郭沫若给中央写信，建议举办出土文物展览，同时请求将《考古学报》《文物》《考古》等刊物复刊，以便报道有关新出土文物的情况。7 月 26 日，周恩来批示同意郭沫若的建议[④]。1972 年这 3 种期刊得以复刊。

1973 年 4 月，毛泽东在和姚文元的一次谈话中讲道：“有些刊物，为什么不恢复？像《哲学研究》《历史研究》。有些学报，不要只是内部，

① 以 1993 年仍然出版的正式期刊计算。

② 《北京志·新闻出版广播电视卷·期刊志》，北京出版社 2006 年版，第 3、15 页。

③ 同上书，第 231 页。

④ 《周恩来年谱（1949—1976）》（下），中央文献出版社 1997 年版，第 470 页。

可以公开。”在毛泽东的关心支持下，一些学术期刊、一批大学学报相继复刊[①]。至1976年，社会科学与综合类期刊陆续复刊的有18种。再加上在这10年间新创办的12种，至“文化大革命”结束时，社会科学与综合类期刊总数也只有71种，大大低于“文化大革命”以前的水平。

1970—1976年间，新创刊的自然科学与工程技术类期刊共有106种，其中工程技术类期刊增长最快，达到49种，基本恢复了前一阶段的创刊速度。期刊种类的增多，体现出经济、科技的发展在这一时期亦有所改善。

另一类增长较快的是地球学类期刊，达到15种之多。地球学类期刊在“文化大革命”初期也大多被停刊，但1966年3月河北邢台发生强烈地震，中央领导极为重视，周恩来总理在地质部部长李四光的陪同下考察灾区，并作出必须加强地震科学研究的指示。为了贯彻周总理的指示，加强地震科学的研究工作，一批专业的地球学类期刊得以创刊、复刊。

在“文化大革命”期间，受到冲击最小的期刊是自然科学与工程技术类期刊中的航空航天类期刊。主要原因是国家为了加强对尖端高科技的研究，航空航天类期刊由中央军委和国防科工委管辖，1949—1966年间创办的9种期刊正是得到了中央军委和国防科工委的保护而未被停刊。另外，在“文化大革命”期间，由于国际航空特别是航天事业的发展非常迅速，为及时介绍国外航天科技情况，先后又新创办了9种航空航天类期刊，其中航空类5种、宇航类4种（文摘检索类的1种、技术类的8种）。应该说，航空航天类期刊在“文化大革命”期间还是有一定发展的，这与此间我国航空航天事业的发展相辅相成。

关于科技期刊方面，在“文化大革命”后期，由于科学技术的发展，带动了科技期刊的恢复和发展。1966年12月，我国科学工作者经过6年零9个月的艰苦工作，在世界上第一次用人工的方法合成了一种具有生物活力的蛋白质——结晶胰岛素[②]。1971年9月，我国科学工作者成功地用X光衍射法完成了分辨率为2.5埃的猪胰岛素晶体结构的测定

① 《北京志·新闻出版广播电视卷·期刊志》，北京出版社2006年版，第16页。

② 《毛泽东思想武装的中国人民有志气有能力攀登前人没有攀登过的高峰　我国在世界上第一次人工合成结晶胰岛素》，《人民日报》1966年12月24日。

工作[①]。这是继我国首先在世界上人工合成蛋白质——结晶牛胰岛素以后，在蛋白质研究工作中取得的又一个重要成果。为了尽快发表胰岛素晶体结构测定工作的正式论文，1972 年，已经停刊 5 年的《中国科学》专门为此出版了一期试刊。1973 年，在周恩来总理的关怀下，《中国科学》和其他多种学术期刊一道正式复刊。1973 年《中国科学》复刊后，又发表了竺可桢的《中国近 5000 年来气候变迁的初步研究》，论文发表后得到国内外的高度评价，被美、苏、日、英等国外书刊竞相转载、介绍[②]。

总之，1967—1976 年间，是北京期刊事业发展的萎缩时期，期刊的保有量大大下降。不但原有的期刊被大量停刊，而且新创刊的期刊也极为有限，尤以社会科学与综合类期刊受到的冲击最甚，10 年间只创刊 12 种，直到“文化大革命”结束，期刊的保有量仍大大低于前一时期的水平。与人文类期刊相比，自然科学与工程技术类期刊的损失要小得多，10 年间有 109 种创刊。从整个“文化大革命”时期期刊的创刊及复刊情况来看，“文化大革命”时期的经济发展、科技发展虽然受到很大的冲击和影响，但确实还是有发展、有创新的。“文化大革命”对社会经济、科技进步的破坏性主要发生在 1966—1969 年，从 1970 年开始，期刊的保有量就开始有所改善，尤其是 1971 年全国出版工作座谈会以后，期刊开始逐步恢复发展。这一特点突出地体现在与经济、科技发展密切相关的自然科学与工程技术类期刊上，这类期刊的创刊速度基本已经恢复到中华人民共和国成立初期的水平。当然，如果没有发生“文化大革命”，我国在经济、科技等领域肯定会取得更大的成绩。此间期刊的发展状况说明，“文化大革命”期间我国在经济、科技等方面还是取得了一定的发展的。

三、1977—1993 年，期刊事业的激增时期

1978 年中共十一届三中全会以后，北京期刊事业的发展进入空前繁荣的时期。特别是 20 世纪 70 年代末至 80 年代前半期期刊发展最为迅

---

① 《在毛主席革命路线指引下我国科研人员团结一致群策群力测定胰岛素晶体结构研究工作获重要成果》，《人民日报》1971 年 9 月 27 日。

② 《竺可桢逝世十周年纪念会论文报告集》，科学出版社 1985 年版，第 92 页。

猛。1978 年，我国期刊品种只有 930 种，到 1985 年已发展到 4705 种，到 1988 年底，我国正式期刊总数已达 5865 种。此间，期刊发行量也迅猛增长，由 1978 年的年总发行约 7 亿册猛增到 1988 年的 25 亿册[①]。这一阶段是期刊发展的一个特殊时期，由于“文化大革命”时期文化生活的长期匮乏，使得广大群众对精神食粮极度渴求，因而这一时期是广大人民对各种知识、信息需求非常强烈的阶段，期刊业的迅猛发展正是适应这一形势的体现。

（一）社会科学与综合类期刊

这一时期社会科学与综合类期刊数量迅猛增长，仅新创办的期刊就有 789 种之多，尤其是 1985 年和 1993 年两年分别有 78 种、86 种社会科学与综合类新刊问世。在新创办的期刊中以财政金融管理类、经济贸易类、政治类和社会科学总论类最多。

随着国家工作重心转移到以经济建设为中心以及社会主义市场经济体制的建立和发展，与经济相关的期刊迅猛发展起来。在经济类期刊中，增长最多的是财政金融管理类期刊，达到 122 种。在这些新创刊的财政金融管理类期刊中，仅中央和北京市两级政府机关以及有关经济管理部门创办的就有 40 种期刊，占创刊期刊的 1/3，为配合国家的经济建设，宣传相关方针政策发挥了重要的作用。另一类增长较快的是经济贸易类期刊，1977—1993 年，新创办的此类期刊达到 84 种。内容既有学术理论性的，也有提供信息技术资料的，且行业门类涵盖工业、农业、商贸、投资等各个领域。

这一阶段的政治类期刊共创刊 76 种，其中时政期刊、民主党派期刊、国际政治类期刊发展最为突出。时政期刊为读者学习党的方针政策，了解和分析国内外大事提供了大量资料。民主党派期刊为宣传党的多党合作和政治协商制度，贯彻党的统一战线政策，发挥了积极作用。国际政治类期刊主要介绍世界上一些主要国家的政治、经济、社会、文化、历史等。这类期刊的增多，不但促进中国读者了解世界，而且还为决策

① 《中国出版年鉴（1999）》，中国出版年鉴社 1999 年版，第 54 页。

部门提供参考。

另一增长较多的期刊是社会科学总论类期刊。1993 年仍在出版的社会科学总论类期刊一共只有 69 种，而 1977—1993 年间创办的就占到 63 种。社会科学总论类期刊主要由中央各部委办及下属单位主办，随着中央和北京地方两级社会科学研究机构的建立，此类期刊的数量明显增加。

此间，除了期刊的种类增长迅猛以外，期刊的内容也更加丰富，分工更加趋向细化。此前的期刊多为综合性的，进入新时期以后，社会生活的各个行业、各个领域、各个方面、各种门类均有相关的期刊出版。此外，外文版期刊也开始逐渐增多起来。1977 年以前，外文版期刊只有 36 种，1977 年以后，新创办的外文版期刊就有 34 种之多。外文版期刊的增加，使人们开阔了视野，扩大了信息面。在这期间的另一显著变化，就是文摘类期刊及年鉴类期刊的大量出现。由于人们生产、生活节奏的加快，人们希望用有限的时间尽可能多地获取信息，文摘类期刊开始大量出版，此间创办的文摘类期刊有 13 种。另外，资料性很强的各类年鉴也开始大量出现，1980—1993 年间陆续创办了 25 种年鉴（数字中未含这期间以书号出版的年鉴）。

（二）自然科学与工程技术类期刊

1977—1993 年，自然科学与工程技术类期刊的增长略高于社会科学与综合类期刊，达到 813 种。其中工程技术类期刊及医药卫生类期刊的增长最为突出。工程技术类期刊新创刊 360 种，医药卫生类期刊新创刊 125 种。仅这两类期刊就占到新增自然科学与工程技术类期刊的一半以上。

工程技术类期刊所包含的类别较多，因而一直是自然科学与工程技术类期刊中的增长大户。在这一阶段新增的 360 种期刊中，又以轻工业技术类和建筑工程技术类增长最多，分别达到 63 种和 43 种。工程技术类期刊的激增反映出我国工业迅猛发展的状况。

党和政府历来重视医疗卫生事业的发展。医药卫生类期刊在各个历史时期均有较快的增长，正是这一方针的体现。新时期医药卫生类期刊中，增长最快的是临床医学和与临床相关学科的学术性刊物。这类期刊新增刊达到了69种。此外，随着人民生活水平的不断提高，科普保健类期刊的市场需求增加，因而这类期刊增长较快，这一时期共有19种新刊问世。

综上所述，我国的各项事业在这一时间均进入发展的快车道，作为与社会生活各个方面密切相关的期刊业也得到了迅猛发展，1977—1993年间是我国期刊事业发展的黄金时期，不仅新刊大量涌现，而且期刊的品种也更加丰富，从内容上看，既有理论性的，也有信息资料性的；从服务对象看，既有面向大众的，也有针对特定人群的；从期刊性质看，既有专业性很强的，也有通俗性的；等等。其中尤以经济、时政、文教、医药和工程技术类增长最多。与此同时，期刊的质量也大大超过了“文化大革命”前的17年。进入20世纪80年代后，随着政府对期刊出版管理力度的加强，期刊法规逐步健全，期刊的结构、布局日趋合理，加上期刊出版单位注重自身改革，进一步明确了期刊出版为经济建设和社会主义精神文明建设服务的指导思想，并增强了精品意识，使期刊从形式到内容都达到了前所未有的水平。

从上述各个阶段的期刊发展状况可以看出，期刊的发展与社会的发展进步密切相关，呈现出稳定的正相关关系，并与所处时代的特征紧密相连。在突出政治的年代，政治类期刊增长迅速；在经济快速发展的时期，经济类期刊随即大量涌现；在科技领域有所建树时，科技类期刊亦可反映出来。因此，我们在国史研究中应将期刊的研究纳入视野，并以此作为一个可供参考的指标，为国史研究的深化提供有益借鉴。

［原载《中国地方志》2011年第3期］

论新中国发展少数民族教育的政策与实践

叶张瑜

新中国成立前，我国少数民族教育基础薄弱、水平落后，适龄儿童入学率低，80% 以上人口为文盲和半文盲，全国没有一所正规的少数民族高等学校。[①] 新中国成立后特别是十一届三中全会后，党中央、国务院高度重视少数民族教育，并根据实际情况制定了许多重要政策，采取了许多重大措施，从人力、物力、财力等方面给予特殊扶持，主要有以下几个方面。

一、十分重视培养少数民族干部，加强少数民族教师队伍建设

新中国成立之初，《中国人民政治协商会议共同纲领》将民族区域自治制度确定为国家的基本政策和重要政治制度之一，同时还规定："人民政府应帮助各少数民族的人民大众发展其政治、经济、文化、教育的建设事业。"[②] 因此，培养少数民族干部和加强少数民族教师队伍建设就成为第一代中央领导集体发展少数民族教育的重要政策之一。1949 年 11 月，毛泽东在给西北局的指示中强调"在目前时期应一律组织联合政府，即

① 韦荣华：《托起民族的希望》，《人民日报》1998 年 11 月 17 日。

② 《建国以来重要文献选编》第 1 册，中央文献出版社 1992 年版，第 12 页。

统一战线政府。在这种合作中大批培养少数民族干部”。[①]11 月 24 日，政务院颁布的《培养少数民族干部试行方案》指出：“从中央至有关省、县，应根据新民主主义的教育方针，普遍而大量地培养少数民族干部。”[②]之后，包括中央民族学院在内的各民族学院相继成立。一些民族学院还设立了预科班和干部培训部，为少数民族地区培养了大批民族干部和教师。1951 年 9 月 20 日，第一次全国民族教育会议在北京召开，会议认为“少数民族教育工作目前应以培养少数民族干部为首要任务”。[③]1956 年 2 月 12 日，毛泽东在同藏族人士谈话时指出：“民族区域自治地区要搞建设，便要有自己民族的干部，自己的科学家”。[④]6 月 4 日，第二次全国民族教育会议召开，会议指出培养民族干部和大力提高人民文化水平是民族教育事业的两项重要任务。[⑤]1957 年 8 月 4 日，周恩来再次强调：民族自治“就应当有步骤地有计划地培养民族干部，要派好的干部到中央、省来学习，也要多把好的干部派回去”[⑥]。

1958 年后，由于“左”的思想的干扰特别是发生了十年动乱，使我国少数民族教育事业遭受挫折。十一届三中全会以后，党和政府进一步重视和加强少数民族教师队伍建设。1980 年 10 月 9 日教育部、国家民委印发的《关于加强民族教育工作的意见》指出：“大力加强和发展民族师范教育已成为当务之急。各自治区和各少数民族较多的省，一定要建立并办好一批民族师范院校。”[⑦]1981 年 2 月 16 日，第三次全国民族教育工作会议召开，重申要大力发展民族师范教育。[⑧]之后，各少数民族地区政府对本地区的师范院校进行必要的调整和补充。同时，各级政府增加

---

① 《毛泽东书信选集》，人民出版社 2003 年版，第 322 页。

② 《培养少数民族干部试行方案》，《人民日报》1951 年 6 月 14 日。

③ 《第一次全国民族教育会议闭幕确定目前少数民族教育应以爱国主义为中心内容，以培养少数民族干部为首要任务》，《人民日报》1951 年 10 月 6 日。

④ 《毛泽东文集》第 7 卷，人民出版社 1999 年版。

⑤ 《全国民族教育会议讨论民族教育事业规划　一般民族地区九年到十二年普及小学教育　少数民族小学已发展到二万七千多所》，《人民日报》1956 年 6 月 8 日。

⑥ 《周恩来选集》（下），人民出版社 1984 年版，第 269 页。

⑦ 《中华人民共和国重要教育文献（1976—1990）》，海南出版社 1998 年版，第 1859 页。

⑧ 《民族教育事业要在调整中前进》，《人民日报》1981 年 3 月 6 日。

投入，改善民族地区师范学校的办学条件，并兴办了一批民族师范学校和民族师范班。1985 年，教育部还通过西北师范学院和西南师范学院建立了西北少数民族师资培训中心和西南少数民族师资培训中心，为少数民族地区培养了大批合格教师。1992 年 1 月 14 日，江泽民在中央民族工作会议上强调要办好各级各类民族学校，为民族地区培养更多的经济、技术、管理等方面的专业人才。[①]1992 年 10 月 21 日，国家教委民族地区教育司印发的《全国民族教育发展与改革指导纲要（试行）》指出："大力培养当地土生土长的本民族教师，加强在职教师的培训提高工作，是当前发展民族教育事业，提高教育质量的关键。"[②]1999 年 9 月 29 日，江泽民强调："各级党委和政府要关心、支持民族工作部门，努力培养一支高素质的民族工作干部队伍，并帮助解决工作中遇到的实际困难。"[③]2002 年 7 月，《国务院关于深化改革加快发展民族教育的决定》提出，少数民族教师队伍建设要把培养、培训双语教师作为重点。鼓励非师范院校毕业生和东中部地区高校毕业生到少数民族地区任教。[④] 通过大力培养少数民族干部和加快少数民族教师队伍建设，使少数民族干部和少数民族师资在数量上和质量上有了质的飞跃，为少数民族教育事业发展奠定了坚实的基础。

二、建立健全各级少数民族教育管理机构

为加强对少数民族教育工作的领导和管理，第一次全国民族教育工作会议建议：各级人民政府的教育行政部门内均应建立少数民族教育行政机构，或指定专职人员掌管少数民族教育工作。[⑤]1952 年 4 月 16 日，政务院颁布《关于建立民族教育行政机构的决定》。根据该决定，中央人

---

① 《十三大以来重要文献选编》(下)，人民出版社 1993 年版，第 1842 页。

② 《中华人民共和国重要教育文献（1991—1997）》，海南出版社 1998 年版，第 3409 页。

③ 《十五大以来重要文献选编》(中)，人民出版社 2001 年版，第 1058 页。

④ 《民族工作文献选编（1990—2002 年）》，中央文献出版社 2003 年版，第 390 页。

⑤ 《第一次全国民族教育会议闭幕确定目前少数民族教育应以爱国主义为中心内容，以培养少数民族干部为首要任务》，《人民日报》1951 年 10 月 6 日。

民政府教育部设立民族教育司；各大行政区人民政府（军政委员会）教育部或文教部应视工作需要设民族教育处（科）或在有关处（科）内设专职人员；各有关省（行署）、市、专署、县人民政府教育厅（处）、局、科，应根据少数民族人口的多寡，民族教育工作的繁简，分别设适当的行政机构或专职人员。①之后，从教育部到各有关省、地、县都设立了民族教育机构或专人。

1958年后，少数民族教育事业受到了“左”的思想的冲击，“文化大革命”期间，民族教育工作遭受严重摧残，在原有的大多数民族学院被迫停办的同时，甚至取消了各级民族教育机构。十一届三中全会后，民族教育工作有所恢复和发展。教育部、国家民委印发的《关于加强民族教育工作的意见》就指出：少数民族人口较多的省、地、县，应在教育行政部门内设置民族教育工作机构，调配专门同志负责。②第三次全国民族教育工作会议则要求各地结合实际情况，逐步恢复、建立和健全民族教育行政机构。③之后，教育部民族教育司得到恢复，各级地方政府教育机构也分别设置或恢复了地方民族教育行政机构，加强了对当地民族教育的管理工作。1992年10月20日国家教委、国家民委下发的《关于加强民族教育工作若干问题的意见》提出要大力培养少数民族的教育行政管理干部。④此后，各级民族教育管理机构日益健全和完善，职能日益明确。除教育部民族教育司和国家民委教育司外，有11个省、自治区在省（区）一级的教育机构中设立了民族教育处，在一些地、县也设立了相应的民族教育机构或设专人负责民族教育工作，为少数民族教育事业的发展提供了有力的支持。

三、发展少数民族文字，推行双语教学

新中国成立后，不仅党和政府对少数民族语言文字充分重视，而

---

① 《中华人民共和国重要教育文献（1949—1975）》，海南出版社1998年版，第147页。

② 《中华人民共和国重要教育文献（1976—1990）》，海南出版社1998年版，第1860页。

③ 同上书，第1900页。

④ 《中华人民共和国重要教育文献（1991—1997）》，海南出版社1998年版，第3403页。

且，使用当地少数民族语言文字进行教学，在有关政策法规中也得到确认。1951 年 11 月 23 日，政务院批准的《关于第一次全国民族教育会议的报告》就规定："凡有现行通用文字的民族，如蒙古族、朝鲜族、藏族、维吾尔、哈萨克等，小学和中学的各科课程必须用本民族语文教学。有独立语言而尚无文字或文字不完全的民族，一面着手创立文字和改革文字；一面得按自愿原则，采用汉族语文或本民族所习用的语文进行教学。""会议一致同意各少数民族的各级学校得按当地少数民族的需要和自愿设汉文课。"[①]1951 年成立了少数民族语言文字研究指导委员会，专门组织并指导有关部门为没有文字或文字不完备的民族创造或充实发展其文字。[②] 从 1956 年开始，国家帮助尚无文字的 10 个少数民族创制了拼音文字，帮助一部分少数民族改革、改进了文字，国家科研机构和各级民族学院加强了民族学科专业建设，设置了民族语文专业，开设了各种民族经济、民族政策的课程，培养各种少数民族专业人才。

"文化大革命"期间，大多数民族院校被撤销或合并，民族语文教学被取消，双语教学实践及理论一度中断。十一届三中全会后，受到破坏的民族语文政策得到了恢复。1981 年教育部副部长臧伯平在第三次全国民族教育工作会议上指出："应该切实尊重少数民族的语言文字，在学校教育中认真恢复和加强民族语文教学，坚决克服在对待民族语文问题上的各种错误倾向。"[③]1982 年《宪法》第 4 条、1984 年 5 月《中华人民共和国民族区域自治法》第 10 条和第 37 条、1986 年 4 月《中华人民共和国义务教育法》、1995 年 3 月《中华人民共和国教育法》，以及 2005 年 5 月 31 日《国务院实施〈中华人民共和国民族区域自治法〉若干规定》第 22 条都明确规定，各民族有使用和发展本民族语言文字的自由，民族自治地方的自治机关保障本地方各民族都有使用和发展自己的语言文字的自由；凡以招收少数民族学生为主的学校，可以用少数民族语言文字教学。在这一系列法律法规的保障下，少数民族的语言文字建设事业得到

① 《中央人民政府教育部关于第一次全国民族教育会议的报告》，《人民日报》1951 年 12 月 22 日。

② 汤源：《发展中的少数民族教育》，《人民教育》1954 年第 3 期。

③ 《中华人民共和国重要教育文献（1976—1990）》，海南出版社 1998 年版，第 1899 页。

恢复并取得了巨大的发展。

在少数民族语文教学方面，国家也制定了一系列政策并采取措施确保各少数民族在中小学教育中首先使用本民族的语言文字进行教学，同时学好汉语。《全国民族教育发展与改革指导纲要（试行）》指出：在教学中，因地制宜地搞好双语教学。凡使用民族语文授课的学校，要搞好双语教学，推广全国通用的普通话。[①]《中华人民共和国教育法》以法律的形式明确规定了实行双语教学的政策："少数民族学生为主的学校及其他教育机构，可以使用本民族或者当地民族通用的语言文字进行教学。学校及其他教育机构进行教学，应当推广使用全国通用的普通话和规范字。"[②]《国务院实施〈中华人民共和国民族区域自治法〉若干规定》第22条指出，"国家鼓励民族自治地方逐步推行少数民族语文和汉语文授课的'双语教学'"[③]，再次从法律上肯定双语教学的地位。双语教学的实施，提高了少数民族的教学质量，使各少数民族的教育水平迅速提高。

四、不断增加对少数民族教育的财政投入

新中国成立以来，党和政府一直重视对少数民族教育事业的财政投入。关于少数民族地区的教育经费，第一次全国民族教育会议就规定："各地人民政府除按一般开支标准，拨给教育经费外，并应按各民族地区的经济情况及教育工作，另拨专款，帮助解决少数民族学校的设备、教师待遇、学生生活等方面的特殊困难。"[④]1953年，教育部《关于少数民族教育补助费使用范围的指示》中指出：少数民族教育补助费是为了帮助少数民族教育事业的发展，在一般教育经费之外特设的一笔补助费用，用以补助一般教育事业费之不足。不得以有此项"专款"而取消或减少

① 《中华人民共和国重要教育文献（1991—1997）》，海南出版社1998年版，第3408页。

② 《中华人民共和国教育法》，《人民日报》1995年3月22日。

③ 《国务院实施〈中华人民共和国民族区域自治法〉若干规定》，《人民日报》2005年5月27日。

④ 《中央人民政府教育部关于第一次全国民族教育会议的报告》，《人民日报》1951年12月22日。

其在一般教育事业费项下应有的份额，更不得以此项补助费代替一般教育事业费项下开支的任何费用之一部或全部。

十一届三中全会后，国家设置了“民族教育专项补助经费”“边境地区事业建设补助费”“不发达地区发展资金”等专项补助经费。对这些专项经费的使用，国家有专门规定。《关于加强民族教育工作的意见》指出：在财政上设立少数民族教育专项补助费。此外，建议从支援经济不发达地区发展资金、边境地区事业补助费、边境地区基建补助费中划出适当比例，作为发展民族教育之用。国家拨给的民族教育经费，一定要用在少数民族身上，绝对不许克扣挪用。[①]《全国民族教育发展与改革指导纲要（试行）》重申了上述政策：有关省、自治区财政要设立民族教育专项补助经费。国家拨给民族地区“三项”补助经费（民族地区机动金、边境地区事业建设补助费和不发达地区发展资金），各省、自治区要划出一定比例用于发展民族教育。民族教育专项经费要专款专用。从1990年开始，国家还设立了少数民族教育补助经费，每年2000万元，专门用于少数民族地区发展教育事业。之后，《关于加强民族教育工作若干问题的意见》指出民族教育专项补助经费由2000万元要逐步有所增加。“三项”补助经费各省（区）要增加用于发展民族教育的比例。[②]在这一政策指导下，各级政府用于少数民族教育的经费在地方财政所占的比例逐步提高，推动了民族地区各类学校办学条件的改善。

1993年2月13日中共中央、国务院印发的《中国教育改革与发展纲要》提出要在20世纪末实现基本普及九年义务教育和基本扫除青壮年文盲的目标，为此，1995年至“十五”期间，国家实施了两期“国家贫困地区义务教育工程”，投入近200亿元，通过这一工程，极大地改善了少数民族地区中小学的办学条件，促进了少数民族基础教育的快速发展。[③]《国务院关于深化改革加快发展民族教育的决定》还全面规定了多渠道筹措民族教育经费、增加民族教育投入的政策措施，提出：“国家贫困地区

① 《中华人民共和国重要教育文献（1976—1990）》，海南出版社1998年版，第1859—1860页。

② 《中华人民共和国重要教育文献（1991—1997）》，海南出版社1998年版，第3409、3403页。

③ 《我国义务教育取得长足进展——教育部负责人就当前我国义务教育和教育经费投入等问题答记者问》，《人民日报》2003年11月3日。

义务教育工程”“国家扶贫教育工程”“西部职业教育开发工程”“高等职业技术教育工程”“教育信息化工程”“全国中小学危房改造工程”，以及中小学贫困学生助学金专款、青少年校外活动场所建设项目等，要向少数民族和西部地区倾斜。[①] 中央还投入100亿专项资金帮助西部地区尚未实现“两基”的县（市、区）达到标准。[②] 此外，党和政府还通过实施国家扶贫教育工程、“211工程”、西部校园网建设、高校扩招资助、普通高中发展等项目对少数民族地区投入了大量经费，与此同时，各级地方政府对民族教育也给予不同程度的经费支持，使少数民族地区的办学条件发生了翻天覆地的变化。

五、实施有关少数民族教育的特殊措施和倾斜政策

多年来，党和政府一直对教育发展起点低、发展较为落后的少数民族教育采取许多特殊措施和倾斜政策。1951年，政务院颁布的《培养少数民族干部试行方案》规定：凡考入高等学校（包括少数民族高等学校）的少数民族学生一律公费待遇。为了适当照顾少数民族学生的文化水平，对投考高等学校与一般中学的学生应适当规定一个入学成绩标准；入学后，应给以适当补习条件。[③]

改革开放后，在招生和培养学生方面，国家对少数民族考生采取降分录取，先办预科打基础，后上本科学习专业，定向招生、定向分配等措施，加大了对少数民族人才的培养力度；在本科和研究生统招政策上，采取同等条件下优先录取、适当减分录取少数民族学生等措施，为他们创造更多的深造机会。1991年12月，《国务院关于进一步贯彻实施〈中华人民共和国民族区域自治法〉若干问题的通知》要求“对少数民族考生，仍继续实行适当放宽报考录取条件和同等条件下优先录取的办法，同时要下大力气办好预科班，逐步扩大从预科班录取新生的比例”，“边

① 《民族工作文献选编（1990—2002年）》，中央文献出版社2003年版，第388—389页。

② 《投入100亿元启动西部“两基”攻坚计划　下决心打赢攻坚战》，《人民日报》2004年3月8日。

③ 《培养少数民族干部试行方案》，《人民日报》1951年6月14日。

远少数民族地区，要实行定向生、定向分配的办法”[①]。1998年4月，教育部发出《关于1998年普通高等学校招收少数民族预科生的通知》，强调“少数民族预科班只能录取少数民族考生”，“录取时降分幅度为20分。个别省（区），人数特别少（人口在10万以下）的少数民族考生可降80分”。[②]2001年2月，修正后的《中华人民共和国民族区域自治法》从法律上肯定了对少数民族学生的特殊照顾政策：“对少数民族考生适当放宽录取标准和条件，对人口特少的少数民族考生给予特殊照顾。”[③]《国务院关于深化改革和加快发展民族教育的决定》则进一步明确采取特殊措施培养少数民族博士、硕士人才。[④]《国务院实施〈中华人民共和国民族区域自治法〉若干规定》指出：各类高等学校面向民族自治地方招生时，招生比例按规模同比增长并适当倾斜。对报考专科、本科和研究生的少数民族考生，应当根据情况采取加分或者降分的办法，适当放宽录取标准和条件，并对人口特少的少数民族考生给予特殊照顾。[⑤]此外，国家每年还划拨一定的研究生和出国留学生指标，定向招收少数民族地区学生，为民族地区培养了一批少数民族高级专门人才。事实证明，这些特殊照顾政策的实施对于培养少数民族人才起到了十分重要的作用。

六、采取灵活多样的办学形式

新中国成立以来，党和政府从不同的少数民族地区教育的实际情况出发逐步摸索出灵活多样的办学形式：针对部分人口稀少、居住分散、交通不便和游牧民族等特点，设立全日制寄宿制及半寄宿制学校；除举办普通中小学外，还设立民族小学、民族中学、民族中等专业技术学校、民族职业学校、民族师范学校；在一些传统观念和宗教习俗影响较大的

---

① 《民族工作文献选编（1990—2002年）》，中央文献出版社2003年版，第20页。

② 《中华人民共和国重要教育文献：1998—2002》，海南出版社2003年版，第85页。

③ 《中华人民共和国民族区域自治法（修正）》，《人民日报》2001年3月2日。

④ 《民族工作文献选编（1990—2002年）》，中央文献出版社2003年版，第388页。

⑤ 《国务院实施〈中华人民共和国民族区域自治法〉若干规定》，《人民日报》2005年5月27日。

少数民族地区，开办了女子学校和女童班；在边远地区，因地制宜地采取了牧读小学、早晚班、隔日班、教学承包点等一些非正规教育形式作为全日制正规教育形式的补充。为发展少数民族高等教育，还兴办了民族班和预科班。1980 年 6 月 21 日，教育部下发《关于 1980 年在部分全国重点高等学校试办民族班的通知》，开始有计划、有重点地在部分全国重点高等学校举办民族班。预科班是为尚不具备进入大学本科专业的少数民族学生进行补习而开设的，补习合格者直接升入本校本科有关专业学习。此外，1984 年召开的第二次西藏工作座谈会决定从 1985 年起在内地省、市创办西藏班（校），帮助西藏尽快培养大批建设人才。经商定，在北京、成都等城市创办 3 所西藏学校，在上海、天津、辽宁等 16 个省、市的一些院校开办西藏班。1985 年秋，16 省市西藏初中班同时开学，1300 名学生被选送到内地学习，内地西藏班（校）的教学工作由此正式开始。[①]1992 年 11 月 2 日，国家教委还下发了《关于加强民族散杂居地区少数民族教育工作的意见》，要求各地教育行政部门要把散杂居地区的少数民族教育列入议事日程，根据散杂地区少数民族的特点，提出了实行混合编班、划出一定指标定向招收民族散、杂居地区少数民族学生入学，以及多渠道筹措教育经费等措施。[②]《国务院实施〈中华人民共和国民族区域自治法〉若干规定》从法律上肯定了各种办学形式："大力支持民族自治地方有重点地办好寄宿制学校；在发达地区普通中学开设民族班或者开办民族中学，其办学条件、教学和管理水平要达到当地学校的办学标准和水平。""国家帮助和支持民族自治地方发展高等教育，办好民族学院和全国普通高等学校民族预科班、民族班。"[③]多种多样的办学形式有利于提高少数民族青少年的入学率和集中力量办学，有利于提高教学质量和民族人才的培养。

此外，在新的形势下，党和政府积极开展了对少数民族教育的对口

① 岳富荣、王建新：《党中央亲切关怀各方面大力支持　内地办学为西藏培养大批人才》，《人民日报》2000 年 3 月 31 日。

② 《中华人民共和国重要教育文献（1991—1997）》，海南出版社 1998 年版，第 3418—3419 页。

③ 《国务院实施〈中华人民共和国民族区域自治法〉若干规定》，《人民日报》2005 年 5 月 27 日。

支援工作，主要有两种形式：一是经济、教育发达的县（市）对少数民族贫困县开展多种形式的对口支援；二是各普通高校为民族地区培养各类专业技术人才。通过各种形式的对口支援，不仅推动了受援民族地区教育的发展，而且为民族地区培养了大批人才。

在党和政府的大力扶持下，通过少数民族地区自力更生和艰苦奋斗，我国少数民族教育事业获得了巨大的发展，取得了举世瞩目的成就：少数民族的教育发展水平与其他地区的发展水平差距在逐步缩小；已经逐步形成具有中国特色的少数民族教育发展体系；少数民族青壮年文盲率已经降到平均15%以下，其中，朝鲜族、满族、哈萨克、蒙古族等少数民族文盲率低于全国平均水平；少数民族受教育的范围不断扩大，办学条件得到了较大改善，教学质量大大提高。少数民族教育事业的发展，为少数民族地区经济、社会、文化全面发展，提高各民族人口素质，巩固和发展社会主义民族关系，增强民族团结，构建和谐社会，以及维护社会稳定和祖国统一作出了重大贡献。

[原载《经济研究导刊》2010年第9期]

建国初期教会大学的历史考察

叶张瑜

所谓教会大学，是指从19世纪末起西方基督教会在中国所创办的高等教育机构。其中由基督教创设的大学有13所，由罗马天主教创设的大学有3所。[①]它们主要是应西方培养高级布道人员或宗教领袖或为了早期教会的初等和中等教育提供配套的高等教育的需要而由一个教派或几个教派联合设立的。20世纪30年代，教会大学获得了很大的发展，其特点是“以文理科为办学方向，以资产阶级传统为蓝本，重视校内社团活动，具有私立大学地位”[②]。它们与公立高等学校共同存在，逐渐成为中国近现代高等教育的重要组成部分。新中国成立后，逐渐对高等教育进行了改造，其中也包括教会大学。特别是抗美援朝战争爆发后，美国成了中国的头号敌人，而教会大学多是由美国传教士所创办，因此，50年代初，中国政府发布了一系列法令，断绝教会大学与美国的经济往来，逐渐把教会大学国有化。1952年全国范围的高等院系调整，使教会大学与原来的公立大学和私立大学合并，组成新的大学，原来的校名均被取消，教会大学随之消亡。下面，拟就教会大学在50年代初的情况作一考察。

---

① 13所新教教会大学指齐鲁大学、福建协和大学、金陵女子大学、之江大学、华中大学、华南女子文理学院、岭南大学、金陵大学、圣约翰大学、沪江大学、东吴大学、华西协和大学、燕京大学；3所天主教大学指的是震旦大学、辅仁大学、津沽大学。

② 〔美〕杰西·格·卢茨：《中国教会大学史（1850—1950）》，浙江教育出版社1987年版，第453页。

一、朝鲜战争爆发前对教会大学的政策和教会大学的课程改革

中国全面内战爆发以后，决定中国前途的大决战很快就见了分晓。教会大学将在人民政府的领导下已成定局。1948年9月济南解放，齐鲁大学成为第一个被解放的基督教大学。[①]1949年1月北平解放，燕京大学也归人民政府领导。随着解放战争的胜利进行，到1949年底，所有的教会大学均归于人民政府。毛泽东在《在中国共产党第七届中央委员会第二次全体会议上的报告》上明确指出："剩下的帝国主义的经济事业和文化事业，可以让它们暂时存在，由我们加以监督和管制，以待我们在全国胜利以后再去解决。"[②]1949年8月30日，毛泽东在《"友谊"，还是侵略？》一文中强调："美帝国主义比较其他帝国主义国家，在很长的时期内，更加注重精神侵略方面的活动，由宗教事业而推广到'慈善'事业和文化事业。据有人统计，美国教会、'慈善'机关在中国的投资，总额达四千一百九十万美元；在教会财产中……教育费占百分之三十八点二……我国许多有名的学校如燕京、协和、汇文、圣约翰、金陵、东吴、之江、湘雅、华西、岭南等，都是美国人设立的。"[③]实际上表明了中国共产党在新中国成立前夕对教会大学的基本态度。

新中国成立前后，人民政府重视教育，对高等教育更是给予了高度重视。北平解放后，北平军管会文管会曾于1949年3月14日下午在北京饭店召开了"大学教育座谈会"。这次座谈会的目的在于研讨："一是北平各国立大学的课程改革和院系调整问题，二是私立大学的存废改进问题。"[④]各位出席人纷纷发言，马叙伦认为大学一般不须私立，一个地方不需要很多同性质的大学；洪深坚决主张大学合并；张西曼认为过去卓

---

① 王忠欣：《基督教与中国近现代教育》，湖北教育出版社2000年版，第161页。

② 《毛泽东选集》第4卷，人民出版社1991年版，第1434—1435页。

③ 同上书，第1506页。

④ 《马叙伦范文澜等四十人座谈改革大学教育主张裁并院系改造课程》，《人民日报》1949年3月16日。

有成绩的私立大学可以存在，各校党义神学的课程一定要取消。许德珩反对本位文化全盘西化的教育，说这是封建的、买办的教育；邓初民认为教育必须完全服从于政治，他认为教授治校的口号已经落伍，应该提倡学生参加治校。最后钱俊瑞提议，下次在新民主主义教育的总方针下，继续讨论大学课程问题。[①] 这表明人民政府对于高等教育的政策已初露端倪。后来，上述某些主张在不同程度上实现了。反映到教会大学，其"董事会一般都经过改组，结果所有成员都是中国人，西方人士参加的话没有表决权"，而且"参加决策的中国人不仅包括教员和行政领导人，也包括学生，甚至还包括学校所雇佣的工人和职员"，由这些人组成了"校务委员会"。国民党用作提供学生情况的机构——训导处被取消了，它的职责由校政委员会，或者在多数情况下由学生指导委员会来承担。[②]

1949 年 5—6 月间，北大、清华、燕京、辅仁等校开始座谈法学院及中文系的教育方针及课程改革，[③] 拉开了高等教育课程改革的序幕。同年 8 月 10 日下午，华北高等教育委员会召开常委会第三次会议，对"各大学共同必修课的制定，文法学院各系课程改革，各文物建筑的修缮、整理与保管，都作了详密的研讨与决定。关于各大学课程改革方面，决定各大学院校全校共同必修课为辩证唯物论与历史唯物论（包括社会发展简史）、新民主主义论（包括中国近代革命运动简史）两种。文法学院另加政治经济学一种为必修课"[④]。9 月 10 日，华北高等教育委员会举行了华北各大学公共必修课之一的辩证唯物论与历史唯物论座谈会，北大、清华、燕京等校教授该课程的教授对此进行了热烈讨论，并一致同意教学目的是"要使同学从教学中初步领会并开始建立无产阶级的立场、观点、方法，特别着重培养劳动观点、群众观点、阶级斗争的观点、分析

---

① 《马叙伦范文澜等四十人座谈改革大学教育主张裁并院系改造课程》，《人民日报》1949 年 3 月 16 日。

② 〔美〕杰西·格·卢茨：《中国教会大学史（1850—1950）》，浙江教育出版社 1987 年版，第 429 页。

③ 《北大清华燕京三大学座谈法学院教育方针》，《人民日报》1949 年 5 月 19 日；《清华北大等七校中文系教授昨座谈课程改革》，《人民日报》1949 年 6 月 6 日。

④ 《华北高教会常委会第三次会议讨论改革大学课程　订定辩证唯物论与历史唯物论新民主主义论为各大学必修课》，《人民日报》1949 年 8 月 12 日。

与处理矛盾与实事求是、调查研究的方法与作风”。此外这次座谈会还讨论了教材问题和教学方法。[①]

1949 年 9 月 29 日，中国人民政治协商会议第一届全体会议通过了《中国人民政治协商会议共同纲领》，其中第五章“文化教育政策”第 41 条规定“中华人民共和国的文化教育为新民主主义的，即民族的、科学的、大众的文化教育。人民政府的文化教育工作，应以提高人民文化水平、培养国家建设人才、肃清封建的、买办的、法西斯主义的思想、发展为人民服务的思想为主要任务”。第 46 条规定“人民政府应有计划有步骤地改革旧的教育制度、教育内容和教学法”。[②] 同年 10 月 12 日，华北高等教育委员会公布《各大学专科学校文法学院各系课程暂行规定》，除重申了文学院法学院的公共必修课程为辩证唯物论与历史唯物论（包括社会发展简史）、新民主主义论和政治经济学外，又规定：“各院系课程的实施原则是废除反动课程（如国民党党义、六法全书等），添设马列主义的课程，逐步地改造其他课程”。此外，还对文学系、哲学系、历史系、教育系、经济系、政治学系、法律学系的任务、基本课程及选修课程进行具体规定。[③] 这就是“要使我们的高等教育在民族的、科学的、大众的这个方针下真正地提高一步，前进一步；使青年们获得科学的世界观、社会观和方法论，去正确地了解中国的与外国的历史，批判地接受中国的与外国的哲学、文学以及其他方面学术的遗产，研究和解决目前的实际问题，如时事政治、财政经济与文化思想等各方面的问题。这样，才能培养出大批真正能为人民服务的革命和建国人材来”[④]。不难看出，各大学的课程改革是当时高等教育工作的中心环节，也是人民政府改造旧大学的首要环节。因此，为了适应新的形势，各教会大学纷纷实行课改，例如，辅仁大学把宗教课程改为选修；燕京大学则在 1949 年上半年就

① 《华北高教委会召集平津各大学教授研究辩证历史唯物论教学方法》，《人民日报》1949 年 9 月 12 日。

② 中共中央文献研究室：《建国以来重要文献选编》第 1 册，中央文献出版社 1992 年版，第 10—11 页。

③ 《华北高等教育委员会颁布各大学专科学校文法学院各系课程暂行规定》，《人民日报》1949 年 10 月 12 日。

④ 《认真实施文法学院的新课程》，《人民日报》1949 年 10 月 14 日。

自动添设了中国新民主主义经济问题、马列主义基本问题、中国社会史、历史哲学及共产党宣言和联共党史等新的课程。[①]齐鲁大学在中国文学系添设了两门新课。一门是文艺论，讲大众的文学是什么；另一门是鲁迅小说研究，讲鲁迅文学作品的革命精神。在历史系则添设马列主义名著选读、近代西洋革命史和苏联革命史，旨在使学生“了解革命的伟大意义和社会发展的伟大规律”。1949—1950年度下学期时任齐鲁大学文学院院长张维华[②]还开设了“马列主义史学名著选读”，内容有列宁的《国家与革命》《帝国主义论》，马克思的《法兰西内战》等。金陵大学“为贯彻新民主主义教育方针起见，设新民主主义论、辩证唯物论与历史唯物论（社会发展史）及政治经济学等课。岭南大学的课程也作了修改。每个学生必须上新民主主义课和马克思主义政治经济学课。福建协和大学课程中的三民主义、伦理、逻辑和哲学被取消。新民主主义代替了三民主义，辩证唯物主义和历史唯物主义代替了其他课程。中国近代史给予了新的解释”[③]。

1950年开始，中国政府进一步明确了对宗教的政策。1950年5月2—20日，周恩来在基督教问题座谈会上发表了《关于基督教问题的四次谈话》，在5月2日的谈话中，周恩来指出：“近百年来基督教传入中国和它对中国文化的影响，却是同帝国主义对中国的侵略联系着的。……中国人民对基督教曾产生一个很坏的印象，把基督教叫作‘洋教’，认为基督教是同帝国主义对中国的侵略分不开的，因而也就反对基督教……今天，美帝国主义仍企图利用中国的宗教团体来进行破坏中华人民共和国的活动”。而宗教团体就应该“把民族反帝的决心坚持下去，割断同帝国主义的联系，让宗教还它个宗教的本来面目……我们只要求宗教团体摆脱帝国主义的控制，肃清帝国主义的影响。我们不搞反宗教运动”。在5月6日的谈话中，周恩来进一步指出了在人民政府领导下，基督教会的作用及为国家建设出力的途径，并指出了对于外国捐款问题的政策是“基督教既然要清算同帝国主义的关系，自力更生办教会，那

---

① 陈泓：《北京各大学的课程改革工作》，《人民日报》1949年10月17日。

② 张维华是当时齐鲁大学文学院院长。

③ 陶飞亚、吴梓明：《基督教大学与国学研究》，福建教育出版社1998年版，第302—303页。

就不应该再问外国募捐。……但是，我们也不盲目排外。这个原则也适用于其他教育团体。因此，对每一笔外款，要加以辨别，如果是有附带条件的援助，就不能接受”[①]。同年8月19日，中共中央发布了关于天主教、基督教问题的指示，说明：“我国的天主教、基督教一方面是宗教问题，另一方面在长时期中又被帝国主义用为对我国进行文化侵略的工具，其一部分组织又被用为对我国进行间谍活动的机关……我们对待目前中国的天主教、基督教，应当不帮助他们的发展，并反对其中的帝国主义影响；同时坚持保护信教自由，并在其中扩大爱国主义的影响，使天主教、基督教由帝国主义的工具变为中国人自己的宗教事业”。这个指示还对教会工作中的有关问题规定了如下具体处理原则：教会学校“应视为私营事业，政府本公私兼顾原则，一视同仁。教会学校应遵守政府法令设政治课为必修课，同时在教会办的高等学校中亦得设宗教课为选修课。教会学校内不举行宣传宗教的或反对宗教的展览会”[②]。以上政策的颁布使得宗教在教会大学里的地位受到削弱，教会大学的特色逐渐消失。而第一次全国高等教育会议的召开及有关方针政策的公布，使中国高等教育的多样性迅速转变成一切重要方面均由中央领导的统一的全国性制度。

1950年6月1—9日，中央人民政府教育部召开了第一次全国高等教育会议。时任教育部部长马叙伦在开幕词中指出了今后整顿和加强高等教育的方针：第一，也是最重要的一点，要求“我们的高等教育，必须密切地配合国家经济、文化、国防建设的需要，而首先要为经济建设服务，因为经济建设乃是整个国家建设之本”。并进一步指出高等教育要达到为经济建设和其他各项建设服务，有两件重要的工作，一件是在力求理论与实际一致的基础上进行的全国课程改革的工作，另一件是“创设各种专科学校，并在各大学各学院添设必要的系和设立切合实际需要的专修科或训练班”。第二，要求“高等学校从现在起就应该准备和开始为工农开门”。第三，“我们的高等教育应该随着国家建设逐渐走上轨道，逐步走向计划化”。其中“私人办的和教会办的私立高等学校，也都必

---

① 中共中央文献研究室：《建国以来重要文献选编》第1册，中央文献出版社1992年版，第220—223页。

② 同上书，第408—411页。

须服从人民政府的法令，奉行新民主主义的教育政策。我们人民政府有责任引导这些私立高等学校更为顺利地走上新民主主义建设的正轨，为培养新中国建设人才服务”。[①] 会议还通过了《高等学校暂行规程》《专科学校暂行规程》《私立高等学校管理暂行办法》《关于高等学校领导关系的决定》《关于实施高等学校课程改革的决定》五个方针性文件，这些文件明确规定：高等学校的宗旨是“培养具有高级文化水平，掌握现代科学和技术的成就，全心全意为人民服务的高级建设人才”[②]；“全国高等学校的课程，必须实行有计划有步骤的改革，达到理论与实际的一致……在系统的理论知识的基础上，实行适当的专门化……各校开设课程应按照国家建设的实际需要”[③]；“私立高等学校方针、任务、学制、课程、教学及行政组织，均须按照《高等学校暂行规程》及《专科学校暂行规程》办理……私立高等学校的行政权、财政权及财产所有权均应由中国人掌握……全国私立高等学校均须重新申请立案”[④]；此外，“凡中央教育部所颁布的关于全国高等教育的方针、政策与制度，高等学校法规，关于教育原则方面的指示，以及对于高等学校的设置变更或停办，大学校长、专门学院院长及专科学校校长的任免，教师学生的待遇，经费开支的标准等决定，全国高等学校均应执行”[⑤]。这些方针政策的制定对于教会大学来说，表明中央政府虽然并没有排除私立学校，而且“教会学校与外国断绝关系后，经费上有很大困难，政府也应该照顾”[⑥]，但是在许多重大方面上，教会大学与原来的国立大学的差别在逐渐消失，国家对于教会大学的改造在逐渐加强。

值得一提的是，第一次全国高等教育会议已经提出了院系调整的任务，但并没有得到支持。会议争论的焦点在于如何理解大学的任务以及大学与专科学校的区别、如何理解和贯彻“理论联系实际”原则这两个

---

① 《教育部马叙伦部长在全国高等教育会议上的开幕词》，《人民日报》1950 年 6 月 14 日。

② 《中央人民政府教育部颁布高等学校暂行规程》，《人民日报》1950 年 8 月 19 日。

③ 《中央人民政府教育部发布决定实施高等学校课程改革》，《人民日报》1950 年 8 月 3 日。

④ 《中央人民政府教育部颁布私立高等学校管理暂行办法》，《人民日报》1950 年 8 月 19 日。

⑤ 《中央人民政府政务院发布关于高等学校领导关系的决定》，《人民日报》1950 年 8 月 3 日。

⑥ 中共中央文献研究室：《建国以来重要文献选编》第 1 册，中央文献出版社 1992 年版，第 275 页。

问题上。由于当时国家经济建设即将展开，在大学任务的确定、课程改革、院系调整等一系列问题上表现出了明显的使大学专科化的倾向。[①]对此，教会大学学者的看法基本上认为“大学与专科各有任务不同”“大学应维持一定水平”，因为“大学本身是创造性的，是全面性的”[②]。例如燕京大学国文系主任高名凯认为“大学教育的任务是在于培植程度比较高的‘准通才’，那末，这种教育本质上就是慢性的，所谓的‘百年大计’”。他还并反对“把大学校名存实亡的改为专门学校”，认为“这种方式是两败俱伤的方式”。认为比较妥当的办法是“在大学校里附设正规的专门学校”。[③]而对于后者的讨论，教授们多反对片面理解“理论联系实际”，反对在课改中忽视基础理论教育。如燕京大学校委会主委陆志韦就认为“课改要照顾到将来”[④]。除了教会大学的学者持上述观点外，清华、北大等校的高级知识分子也在这次争论中充当了“反对派”，这实际给后来的思想改造埋下伏笔。此外，根据高等教育必须为国家经济建设服务的方针，各系课程实行了适当的专门化，有关科学技术的课程更是颇受重视，而文理科课程则被认为是不切实用的，是“为学术而学术”的。这使得教会大学别具特色的文理科教育受到了很大冲击。与此同时，报考工科的学生人数很多，而主修人文学科的人数则显著下降。

二、朝鲜战争爆发后对教会大学的接收

1950 年 6 月 25 日朝鲜战争爆发，美国被迅速卷入战争，中美两国关系空前紧张，特别是志愿军入朝参战之后，中美已处于严重对立的局面。这不可能不对与美国有密切联系的教会大学产生重大影响。

朝鲜战争爆发之后，政府首先加强对教会学校的管理，而后各校又陆续开展了批判帝国主义利用教会进行文化侵略的活动。在此期间，各教会大学的领导人纷纷表态，例如，在 1950 年 9 月 23 日以吴耀宗为首

---

① 于风政：《改造》，河南人民出版社 2001 年版，第 126 页。

② 《高等教育问题座谈会记录》，《光明日报》1950 年 6 月 1 日。

③ 高名凯：《谈高等教育的改革问题》，《光明日报》1950 年 6 月 6 日。

④ 《高等教育问题座谈会记录》，《光明日报》1950 年 6 月 1 日。

的中国基督教界发表宣言“防止帝国主义利用教会危害中国人民”，当时签名的有燕京大学的陆志韦、赵紫宸，华中大学的韦卓民，福建协和大学的檀仁梅，金陵女子文理学院的吴贻芳，金陵大学的陈裕光，齐鲁大学的杨德斋，华西大学的方叔轩，东吴大学的杨永清，福建女子文理学院的王世静等，13 所教会大学除了之江大学可能因为缺席外，都签了名。[①] 在此过程中，政府接办辅仁大学是较有影响的一件事。由于“辅大的进步被天主教会方面认为于他们不利，因此他们用尽一切方法企图阻止这个进步，首先，他们想用减少补助经费的方法来阻碍学校的进步和发展”[②]，陈垣校长多次交涉无果，而教会驻校代表芮歌尼更进而于 7 月 2 日和 14 日先后致函陈校长表示经费问题必须满足以下四个条件才拨付，即一个新的董事会将由教会选任；教会经过代表对人事聘任有否决权；附属中学经费自给自足；圣言会所在地仍由教会保留，不准任何人侵扰，并将补助费自每年 16 万美元减至 14 万 4000 美元。且于 7 月 15 日复提出要求解聘五位教授作为补助本年经费的条件。此后又于 8 月起停发经费。对此，马叙伦部长于 1950 年 9 月 25 日邀芮歌尼谈话，并转达了周恩来总理对此问题的指示：“（一）在一个独立民主的国家里，不允许外国人办学校，除非是他们的侨民自己设立而为教育他们的子女的学校，这是世界通例。（二）外国人在旧中国所办的教会学校，因为它们已经办了多年，所以必须在它真实的遵守中国政治协商会议共同纲领及教育方针与法令的条件下，可以暂允许它继续办，但中央人民政府保有根据需要以命令收回自办的权利，更绝对不允许新设这类性质的学校。（三）宗教与学校教育是两回事，必须明确分开，不许任何曲解与含混，在学校课堂内不允许进行做礼拜、查经等宗教活动。（四）教会设立的高等学校，可以设宗教的课程，但只准是选修，而且不允许任何强迫与利诱学生选修宗教课程。（五）中央人民政府教育部最近颁布的《高等学校暂行规程》和《私立高等学校管理办法》是全国私立高等学校都要遵守的法令。”[③] 紧接着他又答复了关于辅仁大学的问题，说明“信教自由，同时不信教也

---

① 陶飞亚、吴梓明:《基督教大学与国学研究》，福建教育出版社 1998 年版，第 308—309 页。

② 何东昌:《中华人民共和国重要教育文献（1949—1975）》，海南出版社 1998 年版，第 62 页。

③ 同上。

是自由的，批评宗教也是自由的……教会与辅仁大学的关系只是补助经费及主持宗教选课，不能涉及学校行政及其他……辅仁大学校董会可以成立而且应该成立，但必须遵照《私立高等学校管理暂行办法》办理……中央人民政府在认为不能容忍的时候，即将收回自办”[①]。同年9月30日，芮歌尼代表天主教全正式答复：“根据9月26日来电的条件，补助费决定停止，除非条件基本上改变，教会坚持决定，即使你和全体神甫都要求重新考虑的话。卡盆勃。”[②]鉴于此种情况，经中央人民政府教育部报请中央人民政府政务院批准于10月12日明令将辅仁大学接收自办。但同时亦着重说明政府接收自办的是私立辅仁大学，与宗教无关。

随着抗美援朝战争的激烈进行，为使人民正确认识形势，中国共产党于1950年10月26日发表了《中共中央关于在全国进行时事宣传的指示》，指出：“为了使全体人民正确地认识当前形势，确立胜利信心，消灭恐美心理，各地应即展开关于目前时事的宣传运动。”宣传的基本内容是“坚持消灭亲美的反动思想和恐美的错误心理，普遍养成对美帝国主义的仇视、鄙视、蔑视的态度”，并进而指出了宣传方法。[③]1950年11月1日，《人民教育》发表社论《开展抗美援朝的政治教育》，指出对于“中等以上的学校，要系统地揭露、批判美帝国主义过去在中国所传播的一切有毒害的思想影响”[④]。1950年12月1日，《人民教育》又发表社论《继续开展与深入学校教育中抗美援朝的思想政治教育》，对于进一步开展抗美援朝的政治教育提出了新的要求。1950年12月9日，燕京大学校长陆志韦等带头签署了“打碎美帝文化侵略”的声明，所有教会大学都参加了签名。这一时期各教会大学教授几乎都参加了当时的抗美援朝宣传运动，而这正是当时中国的主要目的，即引起全国人民对美帝的蔑视和仇恨。与之相比，影响教会大学前途的实质性行为首先来自美国。1950年12月16日，美国政府宣布冻结中国在美国的财产，并于同月宣布禁

---

① 何东昌：《中华人民共和国重要教育文献（1949—1975）》，海南出版社1998年版，第62页。

② 同上书，第62—63页。

③ 中共中央文献研究室：《建国以来重要文献选编》第1册，中央文献出版社1992年版，第436页。

④ 《开展抗美援朝的政治教育》，《人民教育》1950年第2卷第1期。

止向中国汇寄资金，而在当时中国的20所教会高等学校中间，接受美国津贴的即占17所之多，[①]因此，教会大学在经济上受到严重威胁。为此，中国政府也宣布冻结美国在中国的财产，并于同年12月29日通过《中央人民政府政务院关于处理接受美国津贴的文化教育救济机关及宗教团体的方针的决定》，对于一切接受美国津贴的机关拟定了处理方针，即“政府应计划并协助人民使现有接受美国津贴的文化教育救济机关和宗教团体实行完全自办。接受美国津贴之文化教育医疗机关，应分别情况或由政府予以接办改为国家事业，或由私人团体继续经营改为中国人民完全自办之事业，其改为中国人民完全自办而在经费上确有困难者，得由政府予以适当的补助”。又于同日通过了《接受外国津贴及外资经营之文化教育救济机关及宗教团体登记条例》，以便于对上述机关的管理。[②]此项决定公布后，各教会大学纷纷表示热烈完全拥护政务院的决定。

1951年1月11日，教育部颁布了《教育部关于处理接受美国津贴的教会学校及其他教育机关的指示》，拟定了处理方案，根据教会大学接受经费情况的不同分别拟定了处理原则，并对人事问题规定了处理原则。除此之外，还规定“在处理过程中，一律维持学校现状，不迁校，不合并，不调整院系；接收的学校，经费及教职员工待遇照旧；高等学校中的宗教学院或神学院，暂维现状”[③]。这些保证使得教会大学在这一时期的暂时存在成为可能。1951年1月16—22日，教育部召开了处理外国津贴的高等学校会议，马叙伦在开幕词中指出，会议将“集中力量解决接受美国津贴的学校问题”，而对于“接受其他外国津贴的学校，除政治上坚决反对中华人民共和国者以外，目前一般地只采取履行登记，督促他们逐步改造，使其适合于中国人民利益的方针”。并进一步重申了处理办法的要点。[④]经过讨论，会议拟定了对每个学校的处理方案，并呈请政

---

① 除了上面提到的16所教会大学外，还有铭贤学院、文华图书馆专科学校、震旦女子文理学院以及求精商学院。

② 何东昌：《中华人民共和国重要教育文献（1949—1975）》，海南出版社1998年版，第71—72页。

③ 同上书，第75页。

④ 马叙伦：《处理接受外国津贴的高等学校会议的开幕词》，《人民教育》1951年第2卷第4期，第6页。

务院批准。处理方案大致分为三种类型：（一）立即接收改为公立。（二）暂时维持私立，准备条件改为公立。（三）继续由私人办理，改组董事会及学校行政领导，使成为完全由中国人自办的私立学校。[①]会议期间，参加会议的校长、校董和教授分别向《人民日报》记者发表书面和口头谈话，表示热烈拥护政务院决定，并于1月26日发表了联合宣言。[②]截至1951年底，由政府接收改为公立的计有11校，其中华北区4校，燕京大学、津沽大学、协和医学院（改为公立后定名为中国协和医学院）、铭贤学院（部分系科改为山西农学院、部分系科与山西大学工学院及西北工学院合并）；华东区4校，即金陵大学、金陵女子文理学院（前2校合并改为金陵大学）、协和大学、华南女子学院（前2校合并改为福州大学）；中南区2校，即华中大学（改公立后逐渐调整成为师范学院）、文华图书馆学专科学校；西南区1校，即华西协和大学（改称为华西大学）。改为中国人民自己办理仍维持私立，政府予以补助的计有9校，其中华东区7校，即沪江大学、东吴大学、震旦大学、震旦女子文理学院（前2校合并为私立震旦大学）、圣约翰大学、之江大学、齐鲁大学（齐鲁与之江两大学将由政府分别接办）。中南区1校，即岭南大学；西南区1校，即求精商学院。[③]

教会大学被接收后，尽管这些大学与西方教会已经没有直接经济联系，但“割断经济的联系的目的，是在最后达到割断美帝的思想联系”[④]，即消除美国在中国高等教育中的影响。这样，教会大学不可避免地就成为主要的对象。由于“目前社会上以及接受美国津贴的学校中对美帝文化侵略的认识是非常不够的，其中还存在着许多不正确的观点，错误的观点的。这就需要很好地批评它，需要配合一个思想的解放运动”[⑤]。这一运动的性质是“受了美帝思想影响的人的一种思想解放，目的是认清美

① 《教育部召开处理接受外国津贴的高等学校会议　研究实施政务院决定拟定方案各校分三种类型处理》，《人民日报》1951年1月25日。

② 《出席全国处理接受外国津贴等学校会议代表的联名宣言》，《人民日报》1951年1月26日。

③ 何东昌：《中华人民共和国重要教育文献（1949—1975）》，海南出版社1998年版，第134页。

④ 方直：《认识美帝文化侵略的本质》，《人民教育》1951年第2卷第4期。

⑤ 同上。

帝文化侵略的本质；内容主要是密切结合各教会学校自己学校内美帝国主义分子对学校的控制，压迫，以及思想上的毒害，政治上的阴谋破坏的间谍活动等等具体的罪行，不是抽象的谈谈，或仅说一些道理；在形式上，可以多多利用控诉会，彻底揭发自己学校内部的一切黑暗；然后加以分析，提到美帝文化侵略的本质上来，这样才可以达到思想教育的目的”[①]。随之，各教会大学掀起了肃清美帝文化侵略影响，展开爱国思想教育运动。燕京大学、辅仁大学、金陵大学、岭南大学等纷纷举办展览会、讲演会、控诉会揭露美国利用文化教育机关宣传西方资产阶级的价值观与生活方式，培养为殖民目的服务的奴才的罪行。燕京大学从校长到教授还纷纷撰文愤怒声讨美帝的文化侵略。校长陆志韦在《燕京大学受到的美帝国主义文化侵略》一文中说：“教会学校的同人对于美帝文化侵略有种种不同的看法，大致可以分为两类：一是借着文教事业来直接推进政治侵略、经济侵略，办学只是一个幌子；二是先制造美国人在教会学校教书的机会，然后传布所谓美国的生活方式。这两种情形燕大都有，可是主要的病症是第二种。……燕大内部的情形老是那么迂回曲折，叫人防不胜防。有点骨气的中国人决不必害怕张牙咧嘴、红眉毛、绿眼睛，也不必警惕那些卑躬屈节、礼贤下士的怪现象。不论是文工夫、武工夫，在燕大同人不大用得上，大问题在乎艾其逊、奥斯汀的‘生活方式’。”[②]新闻系教授蒋荫恩说：“美帝国主义利用教会在中国办学校，其目的绝不是为了造就替中国人民服务的人才，是可以断言的。过去的教会学校教育，不仅止于宣扬美国物质文明、贩卖美国生活方式，还有更甚于此的，那就是造成青年学生的自卑心理，看不起自己的国家，觉得自己的国家什么都不行，因此也就逐渐失去了热爱自己祖国的心情。而与此相反的，由于教会学校这一套思想教育的结果，却养成了青年学生的崇美思想，觉得美国一切都比我们好，我们是没法和美国比的。”[③]社会系教授严景耀则检讨了自己曾在上海公共租界工部局监狱里做事的经历，认为“这是单纯技术观点，使我敌友不分，而为帝国主义服务的。我在燕京

---

① 方直：《认识美帝文化侵略的本质》，《人民教育》1951年第2卷第4期。

② 陆志韦：《燕京大学受到的美帝国主义文化侵略》，《光明日报》1951年2月13日。

③ 蒋荫恩：《一个燕京人的自白》，《光明日报》1951年2月1日。

与在美国所受的教育，只有一种想法，就是好好学得专门学问，将来可以为社会服务。至于为谁服务，从来没有提出来过，也从来没有想到过。这是资本主义帝国主义教育的巧妙所在。只要你学会技艺，能够谋生就是服务。帝国主义的单纯技术观点的教育，使我参加了上海公共租界工部局的工作，直接帮助维持着帝国主义的统治，成为他们的帮凶而自己不知道”[①]。

1951 年 9 月 29 日，周恩来总理应北大校长马寅初之邀在北京、天津高校教师学习会上发表了《关于知识分子的改造问题》的讲话，集中阐述了知识分子思想改造的必要性和长期性，并号召广大知识分子认真学习，开展批评与自我批评。“京津高等学校教师学习委员会”的成立，标志着这场全国性的知识分子思想改造运动首先在京、津高校中拉开了帷幕。10 月 23 日，毛泽东在全国政协一届三次会议上的讲话指出：“思想改造，首先是各种知识分子的思想改造，是我国在各方面彻底实现民主改革和逐步实现工业化的重要条件之一。”[②] 这使思想改造运动在全国全面展开。中央教育部在发起这一运动时，明确将运动的目的规定为“改造教师思想，改革高等教育”[③]。在这次教师学习运动中，教会大学校长、教授从各方面纷纷表态，有的从学习态度上表明自己要站在无产阶级的立场来批判各种非无产阶级的反动思想和错误思想，如燕京大学历史系教授聂崇岐[④]；有的则批判了学校的办学风格，如中国协和医学院内科主任医师邓家栋[⑤]；还有的则对思想改造的方法进行了探讨，论证了“思想改造的过程就是认识和实践的过程”，认为“中央教育部所提高等教育学校教师思想改造的主要目的是改革高等教育，是完全正确的”，如津沽大学校长张国藩等。[⑥]

1952 年 1 月 12 日，中共中央指示在宣传文教部门进行“三反”运动。3 月 13 日，中共中央颁布关于在高等学校中进行“三反”运动的指

---

① 严景耀：《诉美帝文化侵略的毒辣》，《光明日报》1951 年 3 月 20 日。
② 《毛泽东选集》第 5 卷，人民出版社 1977 年版，第 49—50 页。
③ 钱俊瑞在《高等教育改革的关键》一文中对此有集中阐释，见《学习》第 5 卷第 1 期。
④ 聂崇岐：《我为什么热望参加政治学习》，《光明日报》1951 年 10 月 28 日。
⑤ 邓家栋：《我们要批判过去“协和”的一切》，《光明日报》1951 年 11 月 17 日。
⑥ 张国藩：《思想改造应当与实践相结合》，《光明日报》1951 年 11 月 29 日。

示，指出“要依靠学生群众推动教师，批判和打击现在学校中仍普遍和严重存在着的各种资产阶级思想（如崇拜英美、狭隘民族主义、宗派主义、自私自利、对人民国家不负责任、保守观点等）”，因为它“严重阻碍教育的改革和国家建设人才的培养”。[①] 随后，各教会大学开展了以批判资产阶级思想为主要目标的“三反”运动，以燕京大学为例：燕京大学的“三反”运动，大约可以划分为三个阶段：第一阶段是发动群众普遍检查校内各部门的贪污、浪费问题。第二阶段，燕大节约检查委员会提出两个中心口号，即“坚持把‘三反’斗争搞彻底！”“肃清美帝国主义文化侵略在燕京的影响！”。号召教师人人“洗澡”，要求他们在运动中洗掉美帝国主义文化侵略在各人思想上留下的影响。在此阶段内，工作组还举办了“控诉美帝文化侵略展览会”。第三阶段是那些极少数有严重反动思想的人向全校师生员工进行检讨。[②] 辅仁大学的教师们在运动中“认识了自己的资产阶级腐朽思想是肮脏的……他们真正要求改造思想，要求以马克思列宁主义和毛泽东思想来武装自己”。经过“三反”运动，“出现了一片新气象。这种新的气象的出现，是由于工人阶级思想在辅仁大学占了领导地位的结果”[③]。运动期间，各大学的教授纷纷在报纸杂志上发表“自我检讨”，检讨自己身上存在的各种各样的资产阶级思想，这其中教会大学学者的文章更是受到重视。如燕京大学劳动系教授赵承信的《批判我的“国际学者”思想》、辅仁大学校长陈垣的《自我检讨》，以及津沽大学副校长李宝震的《我的反动思想危害了人民教育事业》等。[④] 事实上，经过思想改造和“三反”运动，进一步的高等教育的改革——院系调整已经摆上了日程。

---

① 中共中央文献研究室编：《建国以来重要文献选编》第 3 册，中央文献出版社 1992 年版，第 117—118 页。

② 方约：《燕京大学教师思想改造的经验》，《人民教育》1952 年第 7 期。

③ 刘福惠：《“三反”运动改变了辅仁大学的面貌》，《光明日报》1952 年 7 月 16 日。

④ 赵承信：《批判我的“国际学者”思想》，《光明日报》1952 年 3 月 4 日；陈垣：《自我检讨》，《光明日报》1952 年 3 月 6 日；李宝震：《我的反动思想危害了人民教育事业》，《光明日报》1952 年 4 月 16 日。

三、20世纪50年代初的院系调整与教会大学的消亡

合并到新中国的教育体制中去是教会大学的必然命运，但合并的形式、时间和进程对每个教会大学来说是不一样的。1951年底至1952年的全国高等院校的院系调整可以说是把教会大学融合到新中国教育体制中去的最后一步。尽管院系调整工作并非只针对教会大学，但对于教会大学来说，院系调整的进行却标志着教会大学在中国大陆的消亡。

1951年11月3—9日全国工学院院长会议召开。会议拟定了以“华北、华东、中南三个地区的工学院为重点作适当的调整”的方案：1.将北京大学工学院、燕京大学工科方面各系并入清华大学。清华大学改为多科性的工业高等学校，校名不变，清华大学的文、理、法三学院及燕京大学的文、理、法方面各系并入北京大学。北京大学成为综合性的大学，燕京大学校名撤销。2.将南开大学的工学院及津沽大学的工学院合并于天津大学。3.将浙江大学改为多科性的工业高等学校，校名不变。将之江大学的土木、机械两系并入浙江大学，浙江大学的文学院合并入之江大学。4.将南京大学的工学院划分出来和金陵大学的电机工程系、化学工程系及之江大学的建筑系合并成为独立的工学院……8.将中山大学的工学院、华南联合大学的工学院、岭南大学工程方面的系科及广东工业专科学校合并成为独立的工学院。①全国工学院院系调整方案于1952年4月16日公布，这时，由于经过了思想改造，燕京大学的师生们公开表示拥护这个方案：认为“院系调整能够实现是‘三反’运动开展后所带给我们的胜利果实之一”。对于撤销校名这一点，师生们认为是“绝对必要的，是意味着美帝国主义文化侵略的彻底破产”②。有的则披露以前的错误：“记得在一年以前当提到院系调整的时候，就会有许多人提出各种各样的理由来阻挠，不是‘牌子老’不愿换，就是‘设备好’怕别人‘沾

① 何东昌：《中华人民共和国重要教育文献（1949—1975）》，海南出版社1998年版，第131页。

② 《北京大学清华大学和燕京大学师生热烈拥护全国工学院调整方案》，《光明日报》1952年4月19日。

了光’。基本上还都是由自私自利为少数人的利益斤斤计较的原故。他们不曾看到祖国建设的需要，不曾想到为人民服务。”认为“‘三反’和‘思想改造’运动打垮了这些自私自利的思想……院系调整是政府的英明措施”①。此外，还对于院系调整的意义进行了阐述，认为这“是中国高等教育脱离对于帝国主义的依附与无政府主义状态走上结合新中国的实际需要和有计划地发展的道路的第一步。对于国家工业建设与工业技术人才的培养具有决定的意义”②。

1952 年 5 月，教育部进一步公布了关于全国高等学院 1952 年的调整设置方案。经过调整，教会大学与原来的公立、私立大学融合到一起，组成新的大学，而教会大学原有的校名均被取消。具体情形如下：

华北区：1. 燕京大学的文学院、理学院系科，经济系理论部分并入北京大学；经济系财经部分并入新设的中央财经学院；燕京大学工科各系科并入清华大学，其化工系的一部分并入天津大学。2. 辅仁大学外文系一部分及经济系理论部分并入北京大学；经济系财经部分并到新设的中央财经学院里；其他各系科并入北京师范大学。3. 津沽大学工学院系科并入天津大学；其文学院、理学院系科并到南开大学，财经学院暂附在南开大学；津沽大学师范学院并入新设的天津师范学院。

华东区：1. 沪江大学的文、理学院并入新的复旦大学；机械、电机、造船等系科并入交通大学；教育系并入华东师范大学；财政经济学院各系科并入新的上海财经经济学院；政治系则并入新设的华东政法学院。2. 上海圣约翰大学财经系科并入新设的上海财经经济学院；文学院并入复旦大学；土木系科及建筑系并入同济大学；教育系并入华东师范大学；政治系并入新设的华东政法学院；圣约翰大学医学院、震旦大学医学院与同德医学院合并成了上海第二医学院。3. 东吴大学财经系并入新设的上海财经经济学院；化工系并入新设的华东化工学院中；理学院各系并入华东师范大学；文理系科并入苏南师范学院。东吴法学院财经系并入新设的上海财经经济学院；法律系并入新设的华东政法学院。4. 震旦大

① 吴健生：《我对于调整全国工学院的认识》，《文汇报》1952 年 4 月 27 日。

② 雷洁琼：《拥护全国工学院调整方案》，《光明日报》1952 年 4 月 22 日。

学的文学院和经济系并入复旦大学；机械、电力、造船等系科并入交通大学；土木系科并入同济大学；化工系并入新设的华东化工学院；教育系并入华东师范大学；法律系并入新设的华东政法学院；震旦大学托儿专修科并入南京师范学院。5. 金陵大学经济系并入复旦大学；文学院、理学院系科并入南京大学；土木、机械、电机、化工、食品工业等系科并入南京工学院；体育系科并入新设的华东体育学院中；音乐系并入中央音乐学院华东分院；师范系科并入南京师范学院；农学院各系科并入南京农学院，其农学院森林系并入新设的华东林学院，园艺系部分合并到山东农学院，部分合并到浙江农学院；其农学院蚕桑师资设备并入安徽大学农学院。6. 齐鲁大学天文系并入南京大学；文学院各系科并入山东大学；物理、化学、生物部分并入山东师范学院；医学院并入山东医学院；理学院药学系及东吴大学药学专修科合并到新设的华东药学院；经济系并入山东财经学院。7. 之江大学建筑系并入同济大学；工学院系科并入浙江大学；教育、中文及外文系并入浙江师范学院。

中南区：1. 岭南大学的文、理、政法、财经各院系并入新中山大学；工学院并入华南工学院；医学院并入华南医学院；农学院并入华南农学院；教育系并入华南师范学院。2. 华中大学经济系并入武汉大学。新华中大学由原华中大学与湖北省教育学院合并组成。3. 当时这个方案制定时，华西大学的调整方案未定。1953 年院系调整时，华西大学更名为四川医学院，设医学、口腔、卫生、药学 4 个系和 1 所综合性附属医院。[①]

1952 年院系调整结束之后，教会大学的命运走到了历史的尽头。纵观在新中国成立后的变化直至最后的消亡的历史，很多学者认为它们消亡的主要原因是政治的，而非教育的或宗教的。如有的学者认为“教会大学从中国大陆的消失，乃是自 20 世纪以来共产主义革命运动与基督教普世运动正面冲突的结果，也是第二次世界大战以来世界政治格局重新调整组合的结果。因此，教会教育的失败主要的不是一种教育制度或宗教信仰的失败，而是一种政治的失败，是美国和其他西方国家在中国大

① 根据《教育部关于全国高等学校 1952 年的调整设置方案》整理。见何东昌《中华人民共和国重要教育文献（1949—1975）》，海南出版社 1998 年版，第 151—153 页。

陆政策失败的附属品。正是在这些更为深刻的历史运动背后，隐藏着中国教会大学的因果性”。[①] 还有的学者认为教会的学校失败并不在教育上，传教士努力探求在中国开办教育的内在规律，而这种努力和尝试本身却“受到传教士所依靠的帝国主义的政治经济利益的限制，传教士本身的宗教目的又进一步加深了这种利益与中国社会的矛盾。这是传教士在近代中国不可能解决的问题，也是导致其教育活动最终失败的根本原因”[②]。以上分析无疑是正确的，除此之外，笔者认为教会大学的消亡还有一个重要原因，即所谓教会大学的办学特色——在以文理科为办学方向上，与新中国成立初期的国家的总体目标不符，当时国家目标是要努力实现国家的工业化，相应地就十分重视工学院的发展，特别是新中国成立初期的建设工作又受到苏联的影响，重视专门教育，因而教会大学所擅长的文理科在当时是不可能受到重视的，也无法适应当时新政权的要求，教会大学在中国大陆的消亡是不可避免的，这个问题的解决只是时间的早晚和采取什么样的方式而已。

［原载《当代中国史研究》2001 年第 3 期］

① 章开沅：《文化传播与教会大学》，湖北教育出版社 1996 年版，第 425 页。

② 同上。

改革开放以来北京高等教育的发展

叶张瑜

在党的十一届三中全会精神的指引下，北京高等教育事业已经走过了几十年改革、发展的历程，取得了巨大成就，本文试对改革开放以来北京高等教育的发展历程进行初步考察，以求教于方家。

一、拨乱反正与北京高等教育的初步发展

1977年邓小平恢复工作后主抓科技和教育工作。教育工作方面，在他的指示和支持下，推翻了“四人帮”炮制的“两个估计”，在政治思想上进行了拨乱反正；主持恢复了高考制度。1978年3月18—21日、4月22日至5月17日，全国科学大会和全国教育工作会议在京召开。这两次会议提出了向科学技术现代化进军的伟大号召，推动了北京高等教育秩序的恢复和制度的重新建立。12月18—22日，十一届三中全会召开，重新确立了解放思想、实事求是的思想路线，作出了把党的工作重心转移到社会主义现代化建设上来的决策，为新时期高等教育的改革与发展奠定了思想基础。

“文化大革命”期间，北京高等教育事业受到严重破坏，19所高等院校被撤销停办，15所院校迁往外地，6所院校被合并。至1976年，北京仅有高校26所。在1977年恢复高考制度后，北京高等学校开展了一系列整顿工作：一批高等学校恢复、迁回和新设；组织机构、领导体制和

各级领导班子得到调整；整顿教学、科研工作和后勤保障工作，使学校工作逐步走上正常轨道。1978 年，北京市委、市政府决定依托北京地区高校办学力量和地方财政支持，兴办了一批大学分校。当年就招收了大学生 1.6 万人。①

为贯彻十一届三中全会精神，1979 年 1 月，全国高等学校科学研究工作会议召开。会议指出：高等学校应“把工作的着重点转移到教学和科学研究上来。全国重点高等学校更应当努力办成教育中心和科学研究中心（即‘两个中心’）”。②北京各重点高校从抓重点学科入手，努力争取达到“两个中心”的要求，在解决重大科技问题和科技发展上，不断取得重要成果。如在国家自然科学奖评审中，在 3 项一等奖中，北京高校与其他单位合作的成果有 2 项；在 13 项二等奖中，北京高校获得 8 项。③

1979 年 4 月，中共中央决定对国民经济实行“调整、改革、整顿、提高”的方针，并把加强教育事业列为国民经济调整计划的重要内容。北京高等教育主要进行了以下工作：第一，坚持四项基本原则，加强思想政治教育。根据中央的有关批示，北京高等学校普遍开展了坚持四项基本原则的学习。十一届六中全会通过了《关于建国以来党的若干历史问题的决议》，完成党在指导思想上的拨乱反正。之后，北京各高等学校认真组织师生学习贯彻会议精神，面貌焕然一新，为进一步的改革创造了条件。第二，建立学位制度，发展研究生教育。根据《关于高等学校招收研究生的意见》，北京高等学校从 1978 年初开始恢复招收和培养研究生。1980 年 2 月 12 日，第五届全国人大常委会第十三次会议通过了《中华人民共和国学位条例》。1981 年 2 月 24 日，通过了《国务院学位委员会关于审定学位授予单位的原则和办法》。5 月 20 日，批准了《中华人民共和国学位条例暂行实施办法》。11 月，国务院批准了首批博士和硕士学位授予单位名单。北京地区有 18 所高校是首批博士学位授予单

① 转引自陈忠：《乘胜前进努力发展北京高等教育事业》，《北京高等教育》1998 年第 6 期。

② 《中华人民共和国重要教育文献（1976—1990）》，海南出版社 1998 年版，第 1693 页。

③ 《北京高等学校百年科技发展》，北京工业大学出版社 2003 年版，第 80 页。

位，34 所高校是首批硕士学校授予单位。[①]

1982 年 9 月 1—11 日，中共十二大召开，会议强调了“在今后二十年内，一定要牢牢抓住农业、能源和交通、教育和科学这几个根本环节，把它们作为经济发展的战略重点”[②]。把教育作为社会主义现代化建设的战略重点之一并正式写入党的大会决议，为教育事业的发展开辟了道路。1983 年 5 月 7—19 日，全国高等教育工作会议在武汉召开，会议确定了加快调整改革的步伐，加速高等教育的发展，努力提高教育质量[③]，还决定要抓好重点大学、重点学科的建设，并考虑建立定期评定重点大学、重点学科的制度。[④]之后，根据中央关于重点建设几所大学的指示精神，教育部建议将北京大学、清华大学等 14 所高等院校（其中有 5 所设在北京的高校）列为当前国家重点建设项目。在一系列方针、政策的指导下，北京高等教育取得了突出的成绩和宝贵的经验，为此后的教育改革发展打下了良好的基础。

二、高等教育体制的改革与北京高等教育的发展

1985 年 5 月 15—20 日，改革开放后的第一次全国教育工作会议在京召开，会议以“教育要面向现代化，面向世界，面向未来”为指针，确立了“教育必须为社会主义教育建设服务，社会主义建设必须依靠教育”的根本指导思想。中心议题是讨论《中共中央关于教育体制改革的决定（草案）》，并研究贯彻执行的步骤和措施。5 月 27 日，《中共中央关于教育体制改革的决定》（以下简称《决定》）颁布，标志着社会主义教育事业进入全面改革的新的历史时期。

在《决定》的指引下，北京高等教育管理体制改革全面展开。具体

---

① 《北京高等学校百年科技发展》，北京工业大学出版社 2003 年版，第 77 页。

② 《全面开创社会主义现代化建设的新局面——在中国共产党第十二次全国代表大会上的报告》，《人民日报》1982 年 9 月 8 日。

③ 《教育部长何东昌强调高等教育要加快调整改革的步伐》，《人民日报》1983 年 5 月 10 日。

④ 《全国高教工作会议决定　加快高等教育改革步伐　在今后几年内，每年多招五万大学生》，《人民日报》1983 年 5 月 20 日。

体现为：第一，对高校进行调整合并、促进校际联合办学。北京市政府对高校进行了整体布局结构调整，优化布局结构：原北京师范学院分院、北京联合大学外语师范学院和北京师范学院三校合并，成立首都师范大学；北京计算机学院和原北京联合大学经济管理学院并入北京工业大学；北京经济学院和北京财贸学院合并，筹办北京经济贸易大学；北京联合大学的文理学院与文法学院合并为应用文理学院，电子工程学院与自动化工程学院合并为电子自动化工程学院；邮电部、林业部分别将所属管理干部学院并入北京邮电大学和北京林业大学；以首都医科大学为主体进行市属医科类院校的调整。跨部门高校之间的校际协作也开始萌芽，在较大范围内形成校际共建联办的探索：中国人民大学、北京科技大学、北京理工大学、北京医科大学、北京航空航天大学、北京邮电大学、北方交通大学等高校校际合作内容广泛，包括互聘教师、学校跨校上课、互相开放实验实、合作培训师资等；对外经济贸易大学、北京中医药大学、北京化工大学、北京服装学院和中国金融学院五所院共建联办，建立大学园区；北京大学与北京医科大学两校共建生命科学学院和新药研究与发展中心；清华大学与北京中医药大学联合建立中医科学与工程研究中心。第二，支持社会力量兴办高等学校，支持企业办学和民办大学。首都钢铁工学院和北京海淀走读大学的建立就是比较典型的例子。第三，支持高校与企业、科学研究单位等的协作办学，大力推进产学合作。如清华大学长期坚持教学、科研、生产三结合的办学体制，并在全国建立了一批相对稳定的三结合基地；北京邮电大学与 13 个省市的邮电管理局、3 个邮电企业合作；石油天然气总公司、石油化工总公司和海洋石油总公司组成石油大学理事会共同办好石油大学；中国金融学院与五大银行合作；北京林业大学、中国地质大学、北京科技大学分别与本系统的科学院合作；北京化工大学与北京自控设备厂、北京远东仪表公司和北京化工研究院建立产学研联合教学体制；北京工业大学与近 20 个大中型企业和科研机构合作等。[①] 第四，推进学校内部管理体制改革。从 1985 年

---

① 胡昭广：《北京高等教育管理体制改革的实践和体会——北京市副市长胡昭广在全国高等教育体制改革座谈会上的发言》，《北京高等教育》1994 年第 3 期；王浒、林浦生：《积极稳步推进高等教育办学体制改革》，《北京高等教育》1994 年第 2 期。

起，北京师范大学和北京工业大学等一批高校就率先进行校长负责制的试点工作。北京高校还普遍实行了教师职务聘任制度。第五，实行高等教育自学考试制度和高考招生与毕业生分配制度的改革。自1981年起，北京作为高等教育自学考试试点之一，进行了为期两年多的试行，从1983年下半年起，试点经验逐步向全国推广。至1985年下半年，全国大部分地区都实行了高等教育自学考试制度。此外，《决定》发布后，北京高考招生和毕业分配制度也开始了重大改革，出现了保送生、委托培养、定向培养和自费生等多种形式的改革。

1987年5月27日，《关于改革高等学校科学技术工作的意见》（以下简称《意见》）公布，其中指出，必须在高等学校中有计划地建设一批符合社会主义现代化建设需要、门类结构比较合理的重点学科。[①]《决定》和《意见》成为指导北京高校建设重点学科和国家重点实验室的指导文件。1987年8月至1989年3月，国家教委组织首次高等学校重点学科的评选工作。全国共有167所高校申报了1184个重点学科点，经过评选，确定107所高校的416个重点学科点，其中北京有17所高校138个学科被评为第一批重点学科点，占全国的33%。经过评议，至1989年初，最终确定了组建57个国家重点实验室和58个国家专业实验室。其中，北京的8所高校共组建18个国家重点实验室，占全国的31%。[②]总之，随着进一步的改革开放和中央对高等教育的重视，北京高等教育获得了长足发展，不仅为全国和首都的经济建设和发展输送了大量的人才，同时也通过自身的改革为高等教育的进一步发展奠定了基础。

三、《中国教育改革与发展纲要》与北京高等教育的进一步发展

1993年2月13日，《中国教育改革和发展纲要》（以下简称《纲要》）

---

① 何东昌：《中华人民共和国重要教育文献（1976—1990）》，海南出版社1998年版，第2614—2616页。

② 张国华主编：《北京高等学校百年科技发展》，北京工业大学出版社2003年版，第96、97页。

颁布。《纲要》确定了到20世纪末我国教育改革与发展的基本目标、战略和指导方针，是指导我国20世纪90年代末至21世纪初教育改革和发展、建设有中国特色社会主义教育体系的宏伟纲领。中央决定召开教育工作会议落实《纲要》和推动教育发展。1994年6月14日，第二次全国教育工作会议在北京召开，通过了《关于〈中国教育改革和发展纲要〉的实施意见》(以下简称《实施意见》),《实施意见》是实施《纲要》的指导性文件。《实施意见》指出，高等教育要走内涵发展为主的道路；不同类型、不同层次的高等学校应办出各自的特色；实施“211工程”。《实施意见》还指出，要通过立法，明确高等学校的权利和义务，扩大学校的办学自主权，使学校真正成为面向社会主义自主办学的法人单位；政府要切实转变职能，改善对学校的宏观管理；高等教育逐步实行中央和省、自治区、直辖市两级管理，以省级政府为主的体制；逐步改变高等学校条块分割、“小而全”的状况。①

为了贯彻《纲要》，北京市委、市政府于1994年8月下旬召开了北京市教育工作会议，市长李其炎在会上作了题为《高标准落实〈中国教育改革和发展纲要〉，为实现首都教育现代化而奋斗》的报告。报告指出，到2000年，北京要建成具有中国特色和首都特点、适应21世纪发展要求的社会主义教育体系的基本框架，基本实现首都教育的现代化。报告还指出，北京市委、市政府决定组织教育十大系统工程，其中有关高校工作的有：高校“三重”工程，即在高等院校建设一批高水平的重点学科、重点课程和重点实验室；“110工程”，即到20世纪末，推广应用100项高等院校的高新技术科研成果，组织高等院校参加10个北京重大科技改造项目；“示范学校工程”，即各级各类学校要建设一批高标准高质量的、能够代表首都教育最高水平的示范学校，力争有一批北京地区高等院校进入国家“211工程”。②“110工程”由市政府提供科技开发周转金给予支持，重点加强高科技成果的转化。“211工程”是我国面向21

---

① 何东昌：《中华人民共和国重要教育文献（1991—1997）》，海南人民出版社1998年版，第3661—3666页。

② 李其炎：《高标准落实〈中国教育改革和发展纲要〉，为实现首都教育现代化而奋斗》，《北京教育》1994年第11期。

世纪的跨世纪的战略工程。1993 年 7 月 15 日，国家教委制定了《关于重点建设一批高等学校和重点学科点的若干意见》，对“211 工程”的目标、中心任务、遴选条件、重点学科的选择原则、工程分期分批滚动实施的办法、资金的筹措、成立“211 工程”小组、“211 工程”的立项等进行了明确规定。[①]北京很多高校都把工作重点放在培养、提高教师队伍水平上，认为是进入“211 工程”的重要条件，北京大学、清华大学和北京航空航天大学等学校还实施了“跨世纪人才工程”，使学校更具有竞争力。[②]“九五”计划期间，共有 96 所大学进入“211 工程”，北京有 19 所高校进入“211 工程”，分别是：北京大学、清华大学、中国人民大学、北京师范大学、北京航空航天大学、北京科技大学、北京理工大学、北京邮电大学、北京外国语大学、北京化工大学、北方交通大学、中国农业大学、北京林业大学、北京工业大学、北京中医药大学、中央音乐学院、中央民族大学、对外经济贸易大学、首都师范大学。[③]“211 工程”的实施，不仅为我国先进生产力的发展和促进先进文化的发展作出了积极的贡献，而且也为北京高等教育现代化建设起到了带动作用，使高校在人才培养数量和质量上都有了大幅度的提高。“211 工程”的实施，以重点学科建设为龙头，调整优化结构，学科实力显著增强，比如中国农业大学在“211 工程”中依托重点学科，建设了饲料、玉米改良、转基因植物研究等一批研究中心（基地），在教学、科研和人才培养等方面起到了龙头和示范作用。“211 工程”的实施，使高校科研装备水平和科研能力大幅提高，取得一批标志性成果：北京大学“无机化学”项目“锑、铕、铈的国际原子量新标准”成果；清华大学“低维结构的量子特性及计算设计研究”成果；北京师范大学“中国特产濒危雉类生态学及驯养繁殖研究”项目；中国地质大学“壳幔物质组成、结构、流变状态及壳幔相

① 何东昌：《中华人民共和国重要教育文献（1991—1997）》，海南人民出版社 1998 年版，第 3531—3532 页。

② 《争取进入“211”》，《人民日报》1994 年 6 月 15 日。

③ 何东昌：《中华人民共和国重要教育文献（1998—2002）》，海南出版社 2003 年版，第 1335—1336 页。此外，被列入“211 工程”建设的高校还有在京办学的中国地质大学、石油大学和华北电力大学。

互作用和深部过程研究”成果等。[①] 随着“十五”计划建设规划的展开,“211 工程”进入二期规划。2002 年,《关于“十五”加强“211 工程”项目建设的若干意见》发布，提出继续重点学科建设与重点建设“211 工程”院校。截至 2008 年，中国政法大学、中央财经大学和华北电力大学新批准列入“211 工程”，北京高校进入“211 工程”高校已经达到了 22 所，占全国的 1/5。

四、面向 21 世纪，北京高校的深化改革和积极发展

1995 年 5 月 6 日，中共中央、国务院颁布了《关于加速科学技术进步的决定》，做出了科教兴国的伟大战略。1998 年 5 月 4 日，在北京大学百年华诞庆祝会上，江泽民指出：“大学应该成为科教兴国的强大生力军。教育应与经济社会发展紧密结合，为现代化建设提供各类人才支持和知识贡献。为了实现现代化，我国要有若干所具有世界先进水平的一流大学。”[②] 这个讲话为面向 21 世纪我国高等教育推进改革和发展指明了方向。8 月 29 日，第九届全国人大常委会第四次会议通过了《中华人民共和国高等教育法》(以下简称《高等教育法》)，将新中国成立以来特别是十一届三中全会以来高等教育工作中已经被实践证明是成功的经验以法律的形式确定下来，为 21 世纪的高等教育的改革和发展指明了方向。12 月 24 日，教育部在《面向 21 世纪教育振兴行动计划》(以下简称《行动计划》) 中正式提出重点支持部分高校创建世界一流大学和高水平大学。[③]1999 年 1 月 13 日，国务院批转了《行动计划》。6 月 13 日，中共中央、国务院颁布了《关于深化教育改革全面推进素质教育的决定》。6 月 15—18 日，第三次全国教育工作会议召开。十五届五中全会提出了

① 《为科教兴国奠基 ——“211 工程”“九五”建设成就综述》,《人民日报》2002 年 9 月 3 日。

② 《北京大学喜庆百年华诞》,《人民日报》1998 年 5 月 5 日。

③ 根据《行动计划》，以建设一流大学为目标的“985 工程”拉开了帷幕。北京大学、清华大学首先获得国家的大力支持。2004 年 6 月，“985 工程”二期工程正式启动，除北京大学和清华大学以外，北京航空航天大学、北京理工大学、中国人民大学、北京师范大学也进入了“985 工程”。徐小洲、王家平编著:《卓越与效益——大学重点发展战略研究》，浙江教育出版社 2007 年版，第 46 页。

教育适度超前发展的重大方针。2003 年 10 月 11—14 日，十六届三中全会召开，科学发展观的提出成为我国教育事业改革发展始终要坚持的重要指导思想，“十一五”计划期间，提出了着力提高高等教育质量的任务。这都标志着我国教育事业进入了深化改革、积极发展的新阶段。

在这种形势下，北京高等教育的改革发展进入关键时期，如何在新形势下总体规划北京高等教育成为紧迫问题。1997 年 1 月召开的北京市教育工作会议提出了进一步落实科教兴国和教育优先发展战略和早日实现首都教育现代化。[①]2001 年，北京市委第八届四次全会上，提出了“十五”计划期间北京高等教育的任务，即以转变观念为先导，树立正确的人才观和质量观；以发展为主题，以改革开放和体制机制创新为动力，全面推进素质教育，到 2005 年使北京高等教育在校生达到 80 万，毛入学率[②]达到 50%，基本满足人民群众的需求；以结构调整为主线，不断提高教育质量和办学效益，使研究生在校人数达到 12 万人，本科生在校人数达到 36 万人。[③]根据世界通行标准，一国高等教育入学率在 15% 以下时，属于精英教育；在 15%—50% 时，属于大众教育；达到或超过 50% 时，属于高等教育的普及阶段。据统计，2003 年底北京各类高等教育在校生人数已经超过 90 万人，北京高等教育毛入学率达到 52%，标志着北京高等教育在全国已率先进入高等教育普及化阶段。2003 年，研究生在校人数达到 10.38 万人，2005 年，达到 14.4 万人。此外，北京高校结构调整稳步前进，民办高等教育、中外合作高等教育和高等教育职业教育也有较快发展；成人高等教育、社区教育、网络与远和教育、高等教育自学考试等其他办学形式也持续发展。北京高等教育已基本形成了全面、协调发展的态势。[④]

---

① 贾庆林：《振奋精神开拓前进努力实现首都教育现代化——在北京市教育工作会议上的讲话》，《北京教育》1997 年第 4 期。

② 毛入学率，指某学年度某级教育在校生数占相应学龄人口总数比例，标志教育相对规模和教育机会，是衡量教育发展水平的重要指标。

③ 徐锡安：《北京高等教育面临的形势和“十五”期间的任务》，《北京高等教育》2001 年第 2—3 期。

④ 《北京率先进入高等教育普及化阶段》，《中国高教研究》2004 年第 2 期；《北京高考录取率达 70%，率先进入高等教育普及阶段》，《北京日报》2005 年 1 月 5 日。

为了促进北京高等教育持续、健康、快速的发展，2004 年 4 月底，北京市教育大会召开，出台了《关于实施首都教育发展战略，率先基本实现教育现代化的决定》和《首都教育 2010 发展纲要》，这是北京市委、市政府对今后十年北京教育发展的一次纲领性战略规划，同时也对北京高等教育的发展提出了更高的要求，使北京高等教育必须要充分考虑到已经进入普及化发展阶段的情况，探索出一条高等教育发展之路。2006 年 11 月底，《北京市“十一五”时期教育发展规划》（以下简称《规划》）公布。《规划》提出了“十一五”时期北京高等教育的行动纲领。《规划》要求：高等教育要健康协调发展；高校人才培养质量、科学研究及创新水平、社会服务能力明显提高；多种形式的高等教育得到进一步发展；提高高等教育质量；继续深化教学改革；优化高等学校布局；建立高校对口支援机制；等等。

总之，改革开放 30 年来，北京高等教育事业不仅为首都乃至全国的经济发展和社会事业的进步作出积极贡献，而且也为我国初步形成多层次、多种形式、学科门类基本齐全的高等教育体系作出了重要贡献。

［原载《北京党史》2008 年第 4 期］

新中国第一个科技发展规划的制定、实施及历史经验

杨文利　张蒙

新中国成立以来编制过七次中长期科技发展规划，其中最成功、最有影响的是20世纪50年代中期制定的《1956—1967年科学技术发展远景规划》（以下简称“十二年科技规划”），它是新中国的第一个长期科技发展规划，它的制定和实施对我国科学和技术乃至整个国民经济的发展产生了巨大而深远的影响。

一、决策制定“十二年科技规划”

“十二年科技规划”是在20世纪50年代中期国内外政治经济迅猛发展变化的历史条件下孕育、制定和实施的。

新中国成立不久，美国悍然发动了侵朝战争，将战火烧到了鸭绿江边。科学技术发展和国防现代化建设被提到了更加突出的位置。毛泽东指出：“如果不在今后几十年内，争取彻底改变我国经济和技术远远落后于帝国主义国家的状态，挨打是不可避免的。”[①] 新中国成立时，科研机构（包括社会科学研究机构在内）只有三四十个，科技人员不超过5万人，

---

① 《毛泽东文集》第8卷，人民出版社1999年版，第340页。

其中专门从事科研工作的人员仅 600 余人[①]，许多尖端科学领域基本属于空白。而与此形成鲜明对照的是，世界范围内科学技术革命浪潮的兴起及所带来的资本主义社会生产力的深刻变革。

1953 年 3 月，毛泽东在中国共产党全国代表会议上的讲话中指出："我们进入了这样一个时期，就是我们现在所从事的、所思考的、所钻研的，是钻社会主义工业化、钻社会主义改造、钻现代化的国防，并且开始要钻原子能这样的历史的新时期。"[②]1955 年 1 月 15 日，中共中央书记处召开扩大会议，专门研究发展我国原子能的问题。会议听取了著名科学家钱三强、李四光介绍几个国家原子能发展的概况、我国铀矿资源及原子能工业的情况。会上，毛泽东总结道："我们的国家，现在已经知道有铀矿，进一步勘探，一定会找到更多的铀矿来。我们也训练了一些人，科学研究也有了一定的基础，创造了一定条件。过去几年，其他事情很多，还来不及抓这件事，这件事总是要抓的。现在到时候了，该抓了。只要排上日程，认真抓一下，一定可以搞起来。"[③]

同年 1 月，苏联派来的中国科学院（以下简称中科院）院长顾问 B.A. 柯夫达[④]向中科院提交了《关于规划和组织中华人民共和国全国性的科学研究工作的一些办法》。他在报告中提出了关于学科建设、科研机构布局、根据生产力和资源合理配置产业、加强科研与产业部门的合作等多项建议，其中最重要的是柯夫达在报告中建议中国规划全国的科学研究工作、编制 15 年科学发展远景规划，以解决国民经济建设 15 年计划中提出的最重要的科学技术问题。柯夫达的建议受到重视，加快了制订中国第一个科技发展远景规划的进程。随后，制订中国科学发展远景规划也成为 6 月中科院学部成立大会的中心议题。9 月，中科院院务常

---

① 《当代中国的科学技术事业》，当代中国出版社 1992 年版，第 4—5 页。

② 《毛泽东文集》第 6 卷，人民出版社 1999 年版，第 395 页。

③ 《毛泽东传（1949—1976）》，中央文献出版社 2003 年版，第 287 页。

④ 第一任中科院院长顾问 B.A. 柯夫达是苏联科学院通讯院士、国际著名土壤学家。他曾担任国际土壤学会第 10 届主席（1970—1974 年）、国际土壤学会第 V 组主席，参与编制了世界土壤图（1965—1974 年），对促进世界土壤学的发展和国际土壤学的交流起了重要作用；曾受过苏联国家奖励（1951 年、1953 年）、B.B. 道库恰耶夫金质奖章（1967 年）以及法国土壤学会银质奖章（1971 年）。

务会议讨论通过的《关于制订中国科学院15年发展远景计划的指示》强调：制订科学院发展科学事业的长远计划是全国科学发展的重要措施，是规划全国科学事业的主要组成部分。

2月12日、4月7日，中科院党组和院长郭沫若先后向周恩来总理和陈毅副总理汇报了柯夫达的报告，建议由国家计委、中科院、高教部及其他相关各部共同组成“全国科学研究工作计划委员会”，统筹制订全国五年与远景科学研究工作规划，并在国家计委下设立管理科学计划的专门机构——科学研究工作计划局。4月22日，中共中央政治局召开会议讨论中科院的报告，刘少奇在总结时指出：柯夫达的建议很重要，值得重视，并责成计委、中科院和有关部门提出实现这些建议的具体意见再提交中央讨论解决。[①] 同年夏天，国务院召开北戴河会议，讨论15年远景规划的编制。会后，不同领域均着手制订远景规划。7月，根据毛泽东“全面规划，加强领导，这就是我们的方针”的指示，国家计委主任李富春要求中科院把科学远景规划工作抓起来。9月15日，中科院组织各方面专家，在认真研究国民经济的第一个五年计划、分析了各学科的国内外情况、了解了全国各地区的科研机构和力量的基础上，着手制订中科院15年（1953—1967年）发展远景计划。10月，国务院提出了编制“十二年科技规划”的任务。

二、“十二年科技规划”的制定

毛泽东和中共中央高度重视编制科技发展远景规划。1956年1月14—20日，中央在北京召开了关于知识分子问题的会议。周恩来在会上做了《关于知识分子问题的报告》，指出：“科学是关系我们的国防、经济和文化各方面的有决定性的因素。”[②] 他明确提出由国家计委负责，会同有关部门，抓紧制定1956—1967年科学技术发展远景规划。[③] 毛泽东于1

① 樊洪业主编：《中国科学院编年史（1949—1999）》，上海科技教育出版社1999年版，第52页。

② 《周恩来选集》（下），人民出版社1984年版，第185—186页。

③ 同上。

月20日到会并发表了重要讲话，他强调：现在我们革什么命，革技术的命，革没有文化、愚昧无知的命，所以叫技术革命、文化革命；中国要培养大批知识分子，要有计划地在科学技术上赶超世界水平。[①]

1月25日，毛泽东在最高国务会议第六次会议上说："我国人民应该有一个远大的规划，要在几十年内，努力改变我国在经济上和科学文化上的落后状况，迅速达到世界先进水平。为了实现这个伟大的目标，决定一切的是要有干部，要有数量足够的、优秀的科学技术专家……"[②]毛泽东的讲话，再次强调了制订远景规划、使中国科技发展迅速达到世界先进水平的重要性。在此后不久召开的政协二届二次全体会议上，周恩来明确提出了"向现代科学技术大进军"的号召，要求国家计委、中科院和有关部门在4月以前制订出"十二年科技规划"，并对这个规划的总的方针和要求做了明确指示，他说："这个远景规划的出发点，是要按照需要和可能，把世界科学的最先进成就尽可能迅速地介绍到我国来，把我国科学事业方面最短缺而又最急需的门类，尽可能迅速地补足起来，根据世界科学已有的成就来安排和规划我们科学研究工作，争取在第三个五年计划期末使我国最急需的科学部门能够接近世界先进水平。"这就是我们制订"十二年科技规划"总的指导思想和依据。

（一）十人科学规划小组的成立

1956年1月31日，国务院召开动员大会，周恩来、陈毅、李富春主持会议，中科院、国务院各有关部门、高等院校的领导人和科技人员参加了大会。会议宣布由计委负责，会同有关部门制订"十二年科技规划"，并由周恩来亲自挂帅，当时中央主管科学工作的陈毅副总理和兼国家计委主任的李富春副总理负责具体领导。会议还宣布了国务院成立十人科学规划小组的决定，范长江任组长，组员有张劲夫、刘杰、周光春、张国坚、李登瀛、薛暮桥、刘皑风、于光远、武衡。

中央政治局和书记处多次开会，研究编制"十二年科技规划"问题。

① 薄一波：《若干重大决策与事件的回顾（修订本）》（上），人民出版社1997年版，第524—525页。

② 《毛泽东文集》第7卷，人民出版社1999年版，第2页。

规划编制开始后，为了更好地了解我国科技发展现状与世界先进水平之间的差距，毛泽东、刘少奇、周恩来、陈云等党和国家领导人在中南海怀仁堂集体听了中科院吴有训、竺可桢、严济慈、潘梓年等科学家的学术报告。在毛泽东等中央领导人的高度重视下，科技规划编制工作迅速展开。

为了更好地组织、领导科技规划编制工作，2 月 24 日，中共中央政治局会议正式批准将十人科学规划小组改组为国务院科学规划委员会。3 月 14 日，国务院科学规划委员会正式成立。陈毅副总理任主任（党中央和国务院在 1956 年 11 月任命聂荣臻为副总理兼国务院科学规划委员会主任）[①]，由李富春副总理、国家建委主任薄一波（在 1956 年 6 月 15—30 日召开的一届全国人大三次会议上被任命为国务院副总理兼国家计委主任）[②]、中科院院长郭沫若、副院长李四光任副主任，张劲夫为秘书长，科学规划十人小组的其他九人任副秘书长，科学规划委员会成员是来自中科院、高等院校和各产业部门的科技专家。

（二）“重点发展，迎头赶上”的方针

1955 年 9 月 15 日，中科院召开会议，决定从当年 10 月起，开始编制中科院第一个至第三个五年计划期间的科技发展远景计划（即“十五年科技发展远景计划”），并提出了编制计划的原则，即首先要了解国民经济发展对科学工作的要求，研究国内外各门科学发展的现状与趋势，分析各项科学研究与国家经济建设实践的关系，科学地预见国家发展对科学的要求，找出各门科学的生长点。然后再提出发展的途径、步骤和应该研究的重大问题。“十五年科技计划”的内容包括重大科学问题的研究、学科发展、机构设置、重要的调查和考察工作、重要的科学著作和图书资料的编纂、干部的培养以及基本建设和财务概算等内容。“十五年科技计划”的制订，为后来国家编制“十二年科技规划”作了基础性的准备，“十五年科技计划”中提出的大部分任务均被收入了“十二年科技

① 参见武力《意气风发——1956 年的中国》，工人出版社 2000 年版，第 160 页。

② 《中华人民共和国国史百科全书》，中国大百科全书出版社 1999 年版，第 15 页。

规划”之中。

1956年1月23日至2月11日期间，在苏联中科院的第二任院长顾问Б.Р.拉扎连柯[①]的指导和帮助下，中科院三个学部[②]和学术秘书处共组织约360名科学家，根据各学部提出的十五年远景计划方案，经过综合平衡，拟订了科学院远景规划初稿。在此基础上，中科院学术秘书处于3月10日上报了《中国科学院十二年内需要进行的重大科学研究项目》，项目共有53项。其中涉及国防科研和尖端技术领域的有：原子能、半导体、无线电电子学、电子计算机、自动化系统、火箭、精密机械仪器、新材料等项目；涉及科学前沿的有蛋白质的结构与生物合成等项目；除此以外还有资源的考察、开发与利用等在国民经济建设中带有综合性、关键性的一系列重大理论与技术问题的项目。

随着3月15日国务院科学规划委员会的正式成立，大规模的编制工作随即全面铺开，参加编制工作的主要是自然科学方面的中科院学部委员，此外中央还从全国的23个单位中选调了787名各个领域的知名学者[③]。

编制规划要有明确的指导思想。周恩来在听取规划工作汇报时强调指出，要尽量采用世界先进技术，瞄准当时的新兴科学、新兴技术，不失时机地“迎头赶上”，同时又要看到新中国成立不久、国力有限的客观实际，要求“重点发展”，避免力量分散、拖延时日。[④]这样就确定了

---

① 第二任中科院院长顾问Б.Р.拉扎连柯是苏联金属电火花加工的发明者。在华期间，他参加了中科院十五年发展远景计划的编制，并自始至终地参与了“十二年科技规划”的制订工作，且亲自编写了第43项任务中有关电加工和电能新应用的计划任务书，促进了在中科院电工研究所内建立联合电加工的研究机构，为新中国培养了第一代电加工科技工作者。参见樊洪业主编《中国科学院编年史（1949—1999）》，第59页。

② 三个学部即中科院的物理学数学化学部、生物学地学部和技术部。

③ 关于参加编制工作的科技工作者的确切数字有几种不同说法：一说是有600多人，如薄一波认为当时“中央调集了600多名各种门类和学科的科学家”。参见《若干重大决策与事件的回顾（修订本）》（上）（人民出版社1997年版，第527页）；樊洪业主编的《中国科学院编年史（1949—1999）》认为“集中全国600多位科学家”（上海科技教育出版社1999年版，第67页）；另一说是有787人，如《当代中国丛书》的《中国科学院》（上）（当代中国出版社1994年版，第73页）。

④ 参见《周恩来传》，中央文献出版社1998年版，第1210页。

“十二年科技规划”的制订方针——“重点发展，迎头赶上”。在这个方针的指导下，专家学者们对国家计委制定的国民经济长期计划草案及各部门已拟定的生产和科学技术长远计划进行研究，以弄清整个国民经济对科技的具体要求，在此基础上作学科发展报告，讨论中国科学技术发展现状，提出赶超的办法和条件。正是由于讨论得充分，保证了“十二年科技规划”的科学性，拉扎连柯感叹道：“像这样一个全面的科学规划，又采取这种民主的议事方式，工作的本身就是先进水平。苏联都不曾举办过。”①

此间拉扎连柯向科学规划委员会提出建议，希望中国邀请苏联相关领域的著名学者到中国参与编制工作。国务院及科学规划委员会经研究后决定接受拉扎连柯的建议，邀请苏联各学科的著名科学家来华作短期讲学。3 月 26 日至 4 月 5 日，由苏联科学院的 8 名院士、博士组成的专家组帮助拟定和审议了科学规划。苏联专家组的协助，使我国的科学家及时了解了当代世界科技的发展水平和未来趋势，使科技规划的编制工作更加有的放矢。苏联专家组还提出了需要重点发展的一些新兴学科，像半导体、计算机等。根据他们的建议，我国设立了几个科技重点发展领域，这对后来的发展起到了重要作用。

（三）发展新技术的“四大紧急措施”

制订全国性的长远科学规划，核心的问题是怎样引导我国的科学技术更快地赶上世界先进水平。所以，一方面要了解当时国际上科技发展的现状和趋势，另一方面又要考虑到本国的实际能力和可能。经过周密的调查研究，“十二年科技规划”确定了 57 项重要科技任务和 616 个中心问题，其中重点任务是 12 项，即原子能和平利用；喷气技术；电子学方面的半导体、计算机、遥控技术；生产自动化和精密机械、仪器仪表；石油等重要资源的勘探；建立我国自己的合金系统和新冶炼技术；重要资源的综合利用；新型动力机械和大型机械；长江、黄河的综合开发；农业的机械化、电气化和化学肥料；几种主要疾病的防治；若干重要基

---

① 刘振坤：《春风秋雨二十年——杜润生访谈录》，《百年潮》1999 年第 6 期。

本理论的研究。

军工方面，由航空工业委员会、总参装备计划部、国防工业部的同志参加，共同拟定了武器装备发展规划，作为“十二年科技规划”的组成部分。当时确定的初步目标有：在利用民用科研成果的基础上，准备开展地对空、空对空等各种防御性战术导弹和火箭的研究；原子能作为军用动力堆的研究；电子学方面进行提高雷达探测距离，武器装备自动化和通信装备小型化等方面的研究；喷气飞机提高速度、高度和其他性能的研究；潜艇、快艇等各型舰艇提高速度、续航力和装备系统自动控制的研究；坦克、火炮等进行减轻重量、改善越野性能和自行火炮的研究；军事医学科学方面进行防原子、防化学、防生物武器的研究。当然，限于当时的水平，这些项目一般只是提出了奋斗目标、要求，大多不是很具体的。[①] 最重要的是确定了加速科学发展的“四大紧急措施”[②]，即原子能、喷气与火箭、计算机、半导体、电子学和自动化技术，构成了发展尖端科学技术的关键性措施。

经过几百位专家学者近 5 个月的努力，1956 年 8 月，“十二年科技规划”基本完成了制订工作。《1956—1967 年科学技术发展远景规划》文件由《1956—1967 年科学技术发展规划纲要》和四个附件组成。为了实施这一规划，根据不同任务，国家科委成立了若干专业小组。有些专业组的组长由一个副部长担任，副组长由科研和生产负责人担任，成员包括科研、生产、设计等方面的人员。尽管后来由于政治运动特别是“大跃进”的干扰，专业组的工作受到了一定影响，但还是对规划的完成起到了监督、保障作用。

总之，“十二年科技规划”是新中国第一次体现国家意志的一个科学发展远景规划，它紧密结合国家建设的实际需要，根据我国当时科技力量的实际及其可能的发展速度，同时参考了世界科技发达国家特别是苏联的经验，在“重点发展，迎头赶上”的方针指导下，对新中国科技发展做了重要部署。

---

① 《聂荣臻回忆录》（下），解放军出版社 1984 年版，第 774 页。

② 又称为六项，其中包括当时未公开的两项国防任务，俗称“六朵金花”。

三、"十二年科技规划"的深远影响及启示

实践证明，"十二年科技规划"较好地体现了当时中国经济社会发展的需求和战略性预期目标。在制订阶段，既照顾了当前，又考虑到了长远；在组织实施阶段，由专业组督促、检查、协调，及时解决问题，使远景规划的实施效果得到了切实保证。"有了科学规划，就有了奋斗目标"，原定用12年完成的科学发展的主要任务，大多提前5年即到1962年就完成了。在"十二年科技规划"的指导下，我国科技方面取得了巨大成就。

（一）"十二年科技规划"的意义及影响

第一，在国防尖端科技方面取得了令世界瞩目的进步。从1960年至1970年，实现了多个"第一次"发射成功，即第一枚液体探空火箭、第一枚自主研发的中近程导弹、第一颗原子弹、第一枚携带核弹头的增程中近程导弹、第一颗氢弹、第一颗人造地球卫星——东方红一号。"两弹一星"的研制成功，不但打破了超级大国的核垄断，大大提升了中国的国际地位，而且，最重要和可贵的是，抓住了研发的历史时机。试想一下，如果不是当时毛泽东和中共中央的正确决策，错过了这一时机，等到我国国力发展到一定水平有条件进行核试验时，国际上已开始"全面禁止核试验"，再想进行核武器研制工作，必然会阻力重重，举步维艰。

第二，在自然条件和自然资源考察方面取得了显著的成果。基本查清了中国边疆地区自然条件的特征和自然资源的数量、质量与一些分布规律，填补了这些地区综合调查研究的空白；为自然资源的开发和生产力布局提出了综合开发方案和远景设想；培养了一批科学考察人才，帮助边疆地区建立了一些科研机构等。[①]

第三，通过规划的制订、实施，推动中国科技研究和管理体系的形成。建立了门类比较齐全、资源配置比较合理的科研机构体系和科研管

① 参见《中国科学院》（上），当代中国出版社1994年版，第127—129页。

理机构体系，培养了大批科研人员。正是由于毛泽东与中央其他领导人对科技发展规划工作的高度重视，从国家层面集中一切可能的力量，千方百计吸引海内外顶尖科技人才归国，并调动各种资源开展科学研究，使新中国仅用了很短的时间就建立起比较完整的基础科学研究体系。我国“科研机构（国防系统研究机构除外，下同），由 1956 年的 381 个增加到 1962 年的 1296 个，各主要学科和技术领域几乎都设置了专门的研究机构。其中，仅中科院系统的研究所就由原来的 40 多个发展到 100 多个，至此中科院成为学科门类比较齐全的综合研究基地。同时，全国专门从事研究工作的科技人员，从 1956 年的 6.2 万多人增加到 1962 年的近 20 万人，其中大学毕业的有 5.5 万人，副研究员以上的高级研究人员达到 2800 多人”[①]。这些变化，改善了我国原来科学力量薄弱的状况，造就了一支具有较高政治素质和科研能力、结构比较合理、层次比较齐全的科技人员队伍，尤其是形成了一支特别能吃苦、能攻关、能协作、能创新的尖端科技研究队伍。这支科技研究队伍所体现的精神就是实施“十二年科技规划”过程中形成的自力更生、自主创新；集中攻关、重点突破；密切协作、吃苦耐劳；不怕牺牲、热爱祖国；等等。这些可贵的精神，激励和鼓舞了一代又一代科学家和广大科技工作者献身祖国科技事业，他们至今仍是我国科技事业的栋梁和基础。

第四，在国民经济各领域中取得了骄人的成绩。例如在计算机技术方面，1958 年 8 月 1 日，中国第一台小型通用计算机“八一型计算机”诞生；1959 年 9 月，中国第一台大型通用计算机诞生；1965 年 6 月，中国第一台大型晶体管计算机 109 乙机通过国家鉴定。在石油工业方面，相继发现并开发了大庆、大港、胜利等大油田，推翻了“中国贫油”的观点，有力地支持了国家的经济建设。在重工业方面，建成了鞍钢、武钢、包钢等钢铁基地，并开始兴建攀枝花钢铁基地。在机械工业方面，分别形成了冶金、采矿、发电、石化等工业设备制造以及飞机、汽车、工程机械制造等十几个基本行业。[②] 在医疗卫生方面，也取得了重大进展，

---

① 薄一波：《若干重大决策与事件的回顾（修订本）》（上），第 532 页。

② 参见刘国新《中国小通史中华人民共和国》，中国青年出版社 1995 年版，第 241 页。

1965 年 9 月 17 日，中国在世界上第一次人工合成了一种具有生物活性的结晶蛋白质——牛胰岛素，表明我国在多肽和蛋白质合成方面的科技水平已居世界领先地位。[①] 在基础科学理论和其他方面也取得了骄人的成绩。

第五，建立起中国式集中型的“大科学”体制。从由中科院负责计划、指导全国的科技工作，到由科学规划委员会负责组织制订规划，进而负责监督规划的实施，编制科学研究的年度计划，协调、安排、管理全国各方面的科学研究工作，中国科技事业的领导管理体制即“大科技”体制初步形成，这种体制的形成，对中国科技事业的发展产生了深远的影响。由于第一个科技规划的成功实施，制订科技规划成为我国集中力量，有重点、有步骤地发展科学技术，使之成为服务于社会经济发展等战略目标的一种重要手段。事实上，此后国家制订实施的科技发展战略和科技规划都以此为模式，这就使我国科技发展战略既保持了连续性，又体现了不同时期的特点，即使在“文化大革命”期间也未中断，分别于 1971 年、1975 年制订了两个科技发展规划。

“十二年科技规划”是新中国组织科学技术事业取得的巨大成功范例，体现了社会主义的优越性，正如龚育之所指出的：“中国于 50 年代中期在世界最先制定国家的全面的科学技术发展远景规划，采取几大紧急措施有效地发展新技术，以及在经济和科技力量都还比较弱的情况下，用较少的钱，以比资本主义国家更快的速度研制成功‘两弹一星’。这些也曾经使世界瞩目，是中国社会主义的胜利，马克思列宁主义毛泽东思想指导的胜利。”[②]

“十二年科技规划”为新中国的科学技术发展作出了巨大贡献，并产生了深远影响，这是当年规划制订的领导人和参与者，以及国内外研究者比较一致的看法。聂荣臻作为规划制订及实施的主要领导人之一，从五个方面概括了规划对中国科学事业发展所起的推动作用：“首先，它勾画出了我国科学技术发展的蓝图，有了一个总的发展方向，展示了前

① 参见《中国科学院》（上），当代中国出版社 1994 年版，第 135 页。

② 龚育之：《马克思主义和科学技术》，《科学学研究》1991 年第 3 期。

景，鼓舞了人心。其次，它确定了我国科学技术发展的重要领域，并具体化为课题，从而统一了思想、统一了步伐，使攻关有了明确的奋斗目标。通过制订规划，我们也初步摸清了国际上当时先进科学技术的状况，和我国自己的‘家底’，了解了发展科研事业所必须具备的基本条件，如组建机构、组织队伍，建立必要的科研服务系统等。由于规划制订过程中科学家们对各种问题进行了广泛的探讨和争论，也促进了科技界‘百家争鸣’的大好局面。同时，通过制订和执行规划，我们还初步制定了若干科研工作政策，对党如何领导好科研工作开始摸索和积累了一些经验。”“制订这样一个宏伟的科学规划，是一项创举，这样做是必要的、正确的。”[①]“十二年科技规划”之所以说是一项创举，是因为制订这一规划时虽然借鉴了苏联制订科技规划的经验，在制订的过程中也得到了苏联专家的指导和帮助，但是“十二年科技规划”并不是简单的模仿和翻版，而是从中国的实际出发，适合当时中国的发展目标，采取了“以任务为经，以学科为纬，以任务带学科”的基本原则，并由此形成了科技宏观管理的“规划模式”。“从历史的发展趋势看，‘规划模式’不仅在未来中国的科学技术事业的发展过程中仍会发挥巨大的作用，而且就是就范围而言，它也将是最佳和最重要的组织管理形式之一。”[②]

（二）“十二年科技规划”成功的主要原因

第一，毛泽东等党和国家领导人的高度重视。“十二年科技规划”是由国务院总理和两位副总理共同组织制订的，这不仅在国内，就是在国外也不多见。此举体现出毛泽东和中共中央对科技发展的高度重视。作为新中国第一任国家主席的毛泽东，为发展新中国科技事业投入了巨大的精力。1956 年 1 月 25 日，他在最高国务会议第六次会议上指出：“我国人民应该有一个远大的规划，要在几十年内，努力改变我国在经济上和科学文化上的落后状况，迅速达到世界上的先进水平。”[③]他最先提出要

---

① 《聂荣臻回忆录》（下），解放军出版社 1984 年版，第 778—779 页。

② 马惠娣：《关于中国第一个科学技术发展规划的理论思考》，《自然辩证法研究》1998 年第 6 期。

③ 《毛泽东文集》第 7 卷，人民出版社 1999 年版，第 2 页。

搞技术革命，要把党的技术革命搞上去；并号召全党干部都要学习科学；积极支持编制科技发展远景规划；下决心要搞原子弹、核潜艇，要搞人造卫星。在“十二年科技规划”的制订和实施过程中，贯穿着毛泽东一系列科技思想，比如，关于组织全国科技力量瞄准世界先进水平；关于科技发展要有长远规划；关于重点发展、大力协同、集体攻关；关于科技发展必须与国家需要和经济发展相结合；关于不能跟在别人后面爬行，必须打破常规实现跨越式发展；等等。作为党和新国家的最高领导人，在千头万绪的社会主义建设任务中，仍能在科技发展问题上提出许多富有创见的思想观点，作出许多重要的决策，既显示了一代革命家的远见卓识和雄才伟略，也说明了他极为关注科技发展问题。

“十二年科技规划”自1957年开始实施，在社会主义公有制的基础上，以毛泽东为代表的党中央和人民政府，运用国家强大的行政力量，对全国人力、物力、财力及自然资源进行统一调配和使用。在当时国力还很薄弱的情况下，关于中国是否要研制核武器的问题，毛泽东等党和国家领导人从战略高度出发，有力地支持了核武器的研发工作。即使在苏联撤走专家以及三年困难时期，国家财政对科技拨款所占的比重仍基本保持稳定，1963—1965年随着国民经济的好转，国家对科技的投入逐年增加。正因有了国家财政的保障，“十二年科技规划”才能够在这一时期发展耗资巨大的核技术及其他一些国防必需的尖端技术。在规划实施的过程中，由于反右斗争扩大化和“大跃进”的浮夸风，科技界也深受影响。为了排除“左”的干扰，1961年中共中央批准了由国家科委党组和中科院党组共同拟定的《关于自然科学研究机构当前工作的十四条意见（草案）》（简称《科学十四条》），着重阐述了党的知识分子政策和科技政策，这个意见被广大科技人员喻为“科技宪法”，它的制定与实施，在科技界创造出较为安定团结的政治局面，对于建立良好的科研秩序，推动出成果、出人才起到了积极作用，为“十二年科技规划”的顺利完成奠定了坚实的基础。正是由于毛泽东等党和国家的领导人的高度重视，才有了后来“两弹一星”的研制成功，使新中国的科技事业在短短几年时间里迅速发展壮大起来。

第二，正确的指导方针对规划的制订和实施起到了重要作用。“重点发展，迎头赶上”的指导思想，是在对我国综合国力有一个充分认识的基础上提出来的，也正是由于有了明确的指导方针，才使科技规划的制订有的放矢、切合实际，在把握好现代科学技术发展特点的同时，正确处理了我国科学技术发展中任务与学科、尖端与基础、重点与一般、分散与集中的辩证关系，对于百废待兴的新中国尽快建立起自己的科学技术体系，并支撑起社会经济的持续快速发展，发挥了重要作用。真正应验了那句老话“良好的计划就是成功的一半”。另外，在规划的组织实施阶段，成立相关的专业组，对规划的实施进行督促、检查、协调，发现问题及时解决，进一步保证了远景科技规划的实施效果。有了正确的指导方针，有了实施过程中的监督、检查，才使“十二年科技规划”得以顺利完成，使我国取得了一项又一项重大科技成果，并使科技进步在经济建设中的作用日益显著。

第三，科技规划的实施得到了与之相适应的科研和管理体制的有效保障。这种体制分工协作，集中力量，协同攻关，充分发挥了社会主义制度的优越性。由于我国当时技术力量和各种条件有限，国防尖端科技又具有综合性、复杂性，精密程度要求高等特点，因此更需要集中力量，突破重点。党的第一代领导集体将毛泽东的军事思想运用于中国的科技发展事业，提出了“集中力量，协同攻关，重点突破”的方针。根据国家的经济发展和可能条件，全面协调分工，集中使用力量。组成科技主力兵团，将全局的分散劣势集中起来，形成局部的相对优势。事实证明，这个举措非常正确。钱学森认为，这是“把四十年代后期中国人民解放军大兵团作战的成功经验运用到现代化大科学工作上来”[①]的成功范例。

从历史发展的进程看，通过新中国成立以来的艰辛探索，毛泽东和中共中央逐渐形成了依靠科学技术发展社会生产力的明确认识，并将科技发展与社会主义现代化进程紧密地联系在一起，“十二年科技规划”就是以毛泽东为核心的第一代中央领导集体作出的对新成立的人民共和国的社会经济发展、政权的巩固和国家安全有着重大战略意义的决策。明

---

① 国防科学技术工业委员会：《国防科技事业的伟大奠基者——深切缅怀聂荣臻元帅》，《光明日报》1992 年 5 月 29 日。

确了中国科技事业在整个国家建设中的战略地位，规划设计了国家科技发展蓝图，指明了中国科技事业发展的道路和指导方针，第一次使科技活动纳入国家战略计划，推动了中国现代科学体系的建立，极大地促进了中国科技事业的发展，缩短了与发达国家科技发展水平的距离。“十二年科技规划”的实施，使我国建立了一系列新兴的科技门类，带动了一系列新兴工业部门的诞生和发展；初步改变了我国科技落后的局面，使我国的科技、经济和社会面貌都发生了巨大变化；国家的综合实力得到极大提升，国防力量也有了长足的发展；改善了中国的国际形象，提高了中国的国际地位和影响力。正如邓小平所说：“如果六十年代以来中国没有原子弹、氢弹，没有发射卫星，中国就不能叫有重要影响的大国，就没有现在这样的国际地位。这些东西反映了一个民族的能力，也是一个民族、一个国家兴旺发达的标志。”[①]

制定“十二年科技规划”所起的巨大作用，完全证明了科技规划的必要性与重要性。只要我们充分发挥社会主义制度的优越性，调动各方面的积极因素，大力协同，我们就能加快赶超世界先进科技水平的步伐。[②]当前，面对更加开放的国际环境，面对经济、科技全球化的新格局，面对科技资源的全球化快速流动，我们必须以更开放的眼光来统筹规划国家经济发展、国家安全等对科技的需要，确定科技发展的重点目标和重点领域，提高国家自主创新能力。系统地总结“十二年科技规划”的成功经验，对在当前实施“科教兴国”战略情况下，探求国家建设发展中亟待解决的问题，更好地组织规划科研工作，提高科研规划的实施效果，都将是十分有益的。

［原载《中共党史研究》2007 年第 6 期］

---

① 《邓小平文选》第 3 卷，人民出版社 1993 年版，第 279 页。

② 《聂荣臻回忆录》（下），解放军出版社 1984 年版，第 779 页。

社会史

社会经济史视野下上海青年支援新疆缘起研究（1962—1966）

易海涛

一、引言

1963 年，刚从北京开会回到上海的时任上海市副市长曹荻秋找时任上海团市委代理书记张浩波谈话。曹荻秋告诉张浩波，他在北京时周恩来总理、农垦部部长王震和他三个人在一起开了个小会，议论了一件事，要上海每年动员两三万知识青年去支援新疆生产建设兵团（以下简称“新疆兵团”）。得知这件事情后，张浩波和曹荻秋在一起简单讨论了一下，就算把这件事情给定了下来。[①] 从 1963 年到 1966 年，上海先后动员了大约 10 万名知识青年 [②] 到新疆兵团。早些年，张浩波认为有三点原因

---

① 张浩波口述，林升宝、易海涛访谈：《到江西去、到新疆去——张浩波动员青年支援外地工作琐忆》，《青年学报》2018 年第 1 期。

② 关于 1963—1966 年上海支援新疆兵团的知识青年人数问题，目前通行的说法是 9.7 万人，占同时期进疆知识青年 12.7 万人的 76.4%。但据新疆兵团 1973 年的一份材料显示，1963—1966 年到新疆兵团的知识青年为 8.14 万人。参见《上海支边知识青年分配情况》（1973 年 12 月 2 日），新疆兵团档案馆藏。显然，关于进疆上海知识青年的人数问题，还需要做进一步分析。另外，在当时的文献记载中，对上海知识青年的称呼并不统一：知识青年、社会青年、社会知识青年、支边知识青年、青年，等等。因此，关于名称的问题也需要做进一步讨论。但由于主题所限，故拟另辟文。而在本文中所有关于“青年”的词汇，若非特别说明，一般指知识青年。

促成上海知识青年到新疆。第一，来自上海的就业压力；第二，中苏关系越来越恶化，特别是 1962 年新疆“伊塔事件”爆发，反修防修的任务艰巨；第三，要锻炼青年，实现知识分子与工农相结合。[①]后来，他对这三点原因又进行了一定调整，认为首先是因为国家边疆局势紧张，即“伊塔事件”之影响；其次，是因为新疆兵团人口日益老化，需要补充一些有知识的青年；最后，则是因为上海的一部分学生无法升学就业。[②]不难发现，随着时间推移，在张浩波的支边认知中对“锻炼青年”这一点日益淡化，更加突出了现实因素在动员上海青年支援新疆时的关键作用。这也说明现实因素确实成为当时输出上海青年的关键，因此也才能在张浩波的脑海中留下如此深刻的印象。但无论如何，这些原因归结起来不外乎两点——现实客观因素与意识形态因素。而这与解释知识青年上山下乡的原因大致相同，或侧重于经济因素，或侧重于政治因素，或二者兼论。[③]作为知青史中的一段重要历史，上海青年支援新疆的讨论也主要在这几种因素里打转，但主要还是侧重于经济因素（即现实客观因素）的分析。[④]确实，以“后见之明”来看，上海青年支援新疆的缘起本就如此，但是，仍有需要值得注意的三个主要问题：其一，为什么是这个时段？其二，为什么就非得是到新疆兵团？其三，为什么就非得是上海城市知识青年？要知道，同时段还有湖北、天津、浙江、北京等地的知识青年到新疆兵团，还有江苏知识青年到新疆维吾尔自治区；同样，上述地区的知识青年也有到其他地方去的情况。故而，要进一步回答上述问题，就需要作对比分析，要有前后的纵向对比，也要有区域之间的横向对比。

---

① 王炳虎访谈整理：《火红的年代 热情的青年——原共青团上海市委书记张浩波忆上海支边知识青年到兵团》，载李开全《新疆兵团史料选辑（第 12 册）·支边知识青年专辑》，新疆人民出版社 2003 年版，第 269—283 页。

② 张浩波口述，林升宝、易海涛访谈：《到江西去、到新疆去——张浩波动员青年支援外地工作琐忆》，《青年学报》2018 年第 1 期。

③ 易海涛：《资料·内容·理论方法：中国知青史研究的回顾与思考》，《中共党史研究》2018 年第 1 期。

④ 姚勇：《上海知青在新疆》，新疆大学出版社 2001 年版，第 32—57 页；谢忠强：《1960 年代上海知识青年新疆垦荒支边运动述论》，《石河子大学学报（哲学社会科学版）》2013 年第 3 期。

事实上，上海青年支援新疆从本质上来看也属于移民范畴，因此，要更好地回答上述问题，也必须借助移民问题的研究理论。而在移民研究的范畴里，认为人口迁移得力于迁出地的“推”和迁入地的“拉”，在这种“推”与“拉”之间又存在一个中间障碍（interverning obstacles）。[①] 这种“中间障碍”正好将人口迁移构成了一个完整的系统。在这个系统里包含了种种社会因素，这些因素既是来自人口输出地和安置地，也有来自二者之外的因素，并最终决定了人口迁移的走向。[②] 不过，值得进一步探讨的是，在上海与新疆之间，“推”与“拉”之力有哪些？具体是如何发力的？又是如何构成一个安置系统的？这些都是值得进一步探究的问题。因此，从社会经济史[③] 的角度去追溯可以得到很好的答案。而大量地方档案、内部文件等相关资料也为此研究提供了材料基础。

二、现实困境：中小学生升学、就业问题日益严峻

因粮食问题，“大跃进”后，城市人口精简成为当务之急。从 1961 年至 1963 年 7 月 31 日中央精简小组宣布全国性精简工作基本结束，全国职工减少了 1887 万人，城镇人口减少了 2600 万人，吃商品粮人数减少了 2800 万人。[④] 而作为中国最大的城市上海，在这场人口精简运动中也扮演着重要的角色。到 1963 年 7 月全国精简工作结束之后，上海的城镇常住人口有 698.7 万，只比 1957 年底的 688.2 万增加了 10.5 万。如果剔除这 5 年内自然增长人口 75.2 万，实际上还减少了 64.7 万。这表明新中国成立后上海控制城市人口机械增长的成效显著，只是无法避免人口高

---

① Everett S. Lee, “A Theory of Migration,” *Demography*, No.1,1966, p.47-57.

② 参阅魏朗云：《劳动力流动的特点及其对上海城市劳动力市场的影响》，载柯兰君、李汉林主编《都市里的村民——中国大城市里的流动人口》，中央编译出版社 2001 年版，第 198 页。

③ 需要说明的是，尽管本文主旨在于从社会经济史的角度来探讨上海青年支援新疆的缘起，但这并不代表笔者否认政治等其他因素对上海青年支援新疆的影响，只是本文的研究视角更侧重社会经济因素考察。

④ 中共中央党史研究室：《中华人民共和国大事记（1949—2009）》，人民出版社 2009 年版，第 155 页。

自然增长率的出现。

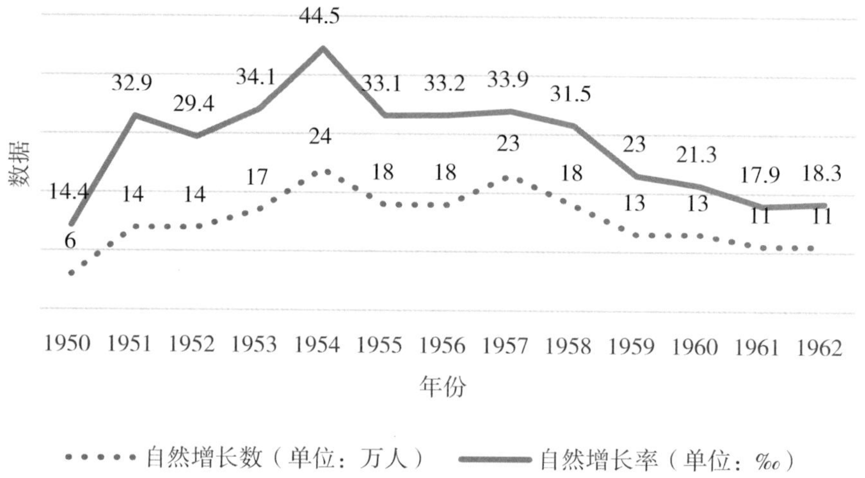

图 1　1950—1962 年上海市区人口自然增长数（率）

资料来源：《上海通志》编纂委员会编：《上海通志》第 1 册，上海人民出版社、上海社会科学院出版社 2005 年版，第 683 页。

从以上数据来看，1962 年上海人口自然增长率 18.3‰比 1957 年的 39.9‰下降了 21.6 个千分点。但是人口自然增长的绝对数字还是很多的，5 年上海共出生 86.4 万人，死亡 18 万人，净增 68.4 万，平均每年净增 13.7 万。这些新生婴儿日渐长大，也引起了上海市区人口年龄的变化，其中典型的变化就是 15 岁以下儿童的比重，1953 年为 34.5%，1962 年上升到 46.2%。因此，控制人口出生率成为此后减少市区人口的首要工作。[①]然而，高人口自然增长率所引发的城市中小学毕业生无法升学就业问题却已经出现。

① 中共上海市委精简小组办公室：《上海市第三个五年计划期间减少城镇人口工作的初步计划（修正稿）》（1963 年 8 月 31 日），上海市档案馆藏。

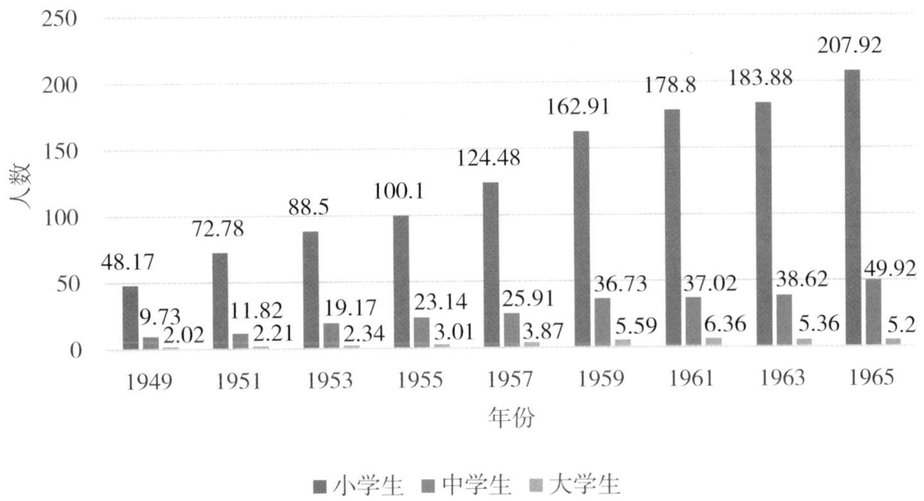

图 2　1949—1965 年上海各类学校在校学生数（单位：万人）

资料来源：《上海通志》编纂委员会编：《上海通志》第 7 册，上海人民出版社、上海社会科学院出版社 2005 年版，第 4969 页。

不难发现，从总量上看，新中国成立后上海的中小学生在校人数持续增加。但从其增长的幅度和数量上来看，随着受教育程度的提高，人数增长幅度则不断递减。这也再次证明了升学的困难。

尤其是到 1962 年，由于中央加强对各条战线的调整，全国各地大学、高中招生数目大大减少，不能升学的初高中毕业生比此前大为增多，因此毕业生的思想波动较大，精神紧张，情绪不安。许多学生担心当年学校难考，部分学生忧虑埋怨。不少学生埋怨自己毕业不适时，“八字方针”打破了自己“如花似锦的大学生活”的美梦，“把自己的前途给调整掉了”。还有些学生埋怨过去学校劳动多、学习少，影响了他们的学业质量和升学。多数学生一心想升学。据湖北省教育厅对 9520 名高中毕业生的调查发现，准备升学的占 98%。许多学生把能不能升学视为“一生命运的转折点”，因此拼命赶功课，星期天普遍不休息，平日里起早贪黑，开夜车，不少住宿生要求走读，以便在家“自由”地开夜车。[①]

① 《部分地区应届高、初中毕业生的思想情况》，《内部参考》1962 年 6 月 4 日。

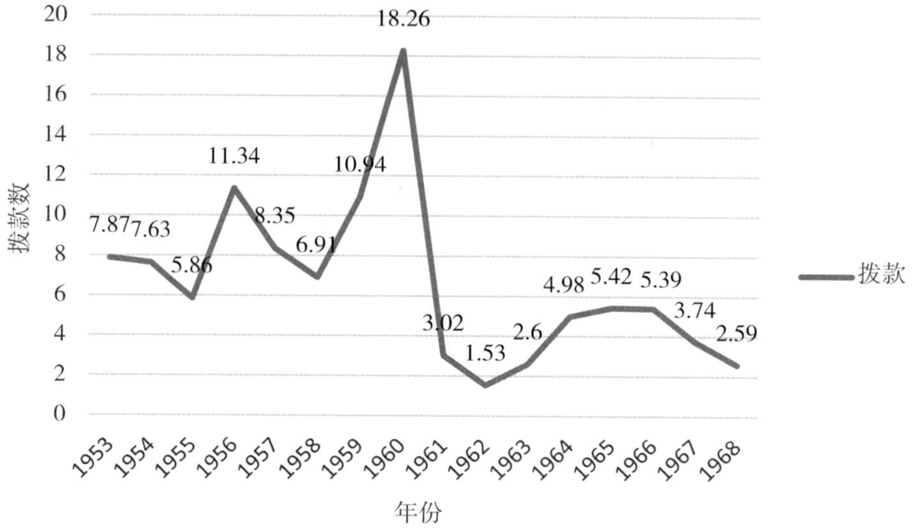

图 3　1953—1968 年文教、卫生、科研部门拨款数曲线图（单位：亿元）

资料来源：财政部基本建设财务司：《基本建设财务拨款统计资料》（1950—1975 年），内部出版，1979 年 7 月，第 19 页。

能升学的数字被严格控制着，因此不能升学的学生就不得不面临如何安置的问题。尽管到 1963 年 7 月中央宣布精简任务结束，但从中央到各个地方还是把城市精简工作延续了下来。上海也确定了继续坚决贯彻执行控制城镇人口增长的方针，如此一来，上海显然无法安置如此数量众多的未升学学生。毕业生的升学困难很大，就业又很难找到出路，因此问题重重。对此，上海市 1962 年没有出路的 1.2 万名高中毕业生中甚至有人酝酿闹事。[①] 然而，升学、就业的难题仍旧在不断延续，困难也在日益累积。

据 1963 年预测，1967 年上海进入劳动年龄的青年有 98 万人，其中，除继续升学的约 25 万人、料理家务和病残的约 9 万人外，需要安排就业的约有 64 万人。[②] 然而，由于上海能安置的人数有限，加之持续的高人口自然增长率，因此有许多未能升学的中小学毕业生无法得到安排，留在

① 《上海今年有一万多高中毕业生没有出路》，《内部参考》1962 年 8 月 10 日。

② 中共上海市委精简小组办公室：《上海市第三个五年计划期间减少城镇人口工作的初步计划（修正稿）》（1963 年 8 月 31 日），上海市档案馆藏。

社会上就成了“社会青年”。据初步估计，每年留在社会上的青年约有 6 万—7 万人得不到安排。1964 年上海需要安排就业的初高中文化程度的社会青年共计 3.8 万人（高中 1.5 万人、初中 2.3 万人）。[①]1965 年，上海非在职在学的青少年达 30 万人（其中社会青年 8 万人），[②]经过一定安置，到当年年底全市估计仍有青年 8 万人未得到安置，其中女青年约占 70% 左右。[③]到 1966 年，情况比 1965 年还要糟糕，据 1966 年 7 月估计，当年年底上海市区仍有社会青年 7 万多人，主要是历届毕业生。其中女性和四类分子[④]子女的比例比当年年初还要高一些，能符合安置单位要求的对象也将相对减少。[⑤]据当时预测，这种趋势只会越来越严重：达到劳动年龄不能升学的青年到 1967 年仍有 20 万，到 1974 年将增加到 24 万。而其归根结底仍在于极高的人口自然增长率。[⑥]

确实，高人口自然增长率是城市人口问题的重要原因，但与此同时，自 1953 年开始计划经济体制逐渐建立起来，城市市场并不能提供更多的就业岗位也是城市人口就业问题形成的客观原因。[⑦]因此，积极动员上海城市人口外迁，支援农业、支援外地建设成为上海长期的城市人口转移政策，而其中最主要的就是以安排多余劳动力（首先是青年）为主。[⑧]显然，城市青年的安置问题确实成为困扰上海城市发展的重要问题之一。

---

① 《关于安排未能升学的高、初中毕业生参加生产劳动的工作方案（内部掌握，不得外传）》（1964 年），上海市档案馆藏。

② 《关于加强战备，减少与疏散上海城市人口的初步意见（稿）（绝密）》（1965 年），上海市档案馆藏。

③ 中共上海市委：《批转劳动局党组、团市委〈关于广泛组织社会青年参加劳动锻炼的请示报告〉》（1965 年 9 月 23 日），上海市档案馆藏。

④ 四类分子，指未改造好的地主、富农、反革命和坏分子。参见《常用公安词汇》，黑龙江省人民警察学校 1981 编印，第 82 页。

⑤ 《关于 1966 年上山下乡计划的初步意见》（1966 年 7 月 2 日），上海市档案馆藏。

⑥ 《突出政治，做好今年的新疆动员工作》（1966 年），杨浦区档案馆藏。

⑦ Lynn T. White III, “The Road to Urumchi: Approved Institutions in Search of Attainable Goals during Pre—1968 Rustication from Shanghai,” *The China Quarterly*, No. 79 (Sep 1979), p. 481—510.

⑧ 上海市委精简小组办公室：《本市 1966 年控制与减少城市人口工作方案》（1966 年 3 月 22 日），上海市档案馆藏。

三、应对之道：知识青年上山下乡政策的继续执行

1960年初，各地给教育部反馈的信息仍旧是招生工作中生源不足。为此，教育部指出，要在春季招生工作中扩大生源。[①]但这种状况在当年下半年就发生了改变。同年9月，河北人民广播电台举办了“河北省青年红在农村、专在农村”的专题广播节目；10月，吉林省1.1万名初中、高小毕业生到农村安家落户；11月，黑龙江省哈尔滨市一批知识青年到通河县农村安家落户，建立“共青团公社”。[②]随着中央人口精简政策的落实，知识青年下乡的规模越来越大，范围亦越来越广。

自1961年开始，全国各地开始贯彻中央“八字方针”，采取“面向外地、面向农村”的方针安置青年学生。当年8月16日，中共上海市委人口工作领导小组办公室发布《关于精简职工、减少城镇人口若干具体问题的意见》，其中关于动员外迁对象中的第二条即“有劳动能力的闲散人口”，首先就包括“没有升学尚未就业的社会青年”。其中有回乡条件的，应该动员他们回乡生产。[③]1961年全国各地都陆续动员城市知识青年参加农业生产，更是涌现出了像董加耕[④]这样的典型，成为引导全国知识青年参加农业建设的榜样。

1962年6月1日，国务院召开全体会议，通过《关于精简职工安置办法的若干规定》，其中包括一些不能在城镇就业的青年学生的安置政策。[⑤]同年7月，为处理市区中小学毕业生安置问题，上海市委指示由教育局、劳动局、团委抽调人员组成上海市中小学毕业生工作委员会负责此项工作。截至10月，未能升学的7万多名上海市中小学毕业生有3.1

---

① 《教育部关于今年春季招生工作的意见》，《内部参考》1960年2月10日。

② 金光耀、金大陆主编：《中国新方志知识青年上山下乡史料辑录》，上海人民出版社、上海书店出版社2014年版，第148、811、990页。

③ 中共上海市委人口工作小组办公室：《关于精简职工减少城镇人口若干具体问题和核实城镇人口粮食定量的意见和实施办法》（1961年），上海市档案馆藏。

④ 董加耕（1940—），男，江苏省盐城县人，1961年夏他高中毕业选择回乡务农。

⑤ 顾洪章主编：《中国知识青年上山下乡始末》，人民日报出版社2009年版，第30页。

万人安排进入各种民办学校（广播、电视、函授、夜大学、补习班等）继续学习，还有1.5万人到崇明垦区劳动，0.1万名高中毕业生组成“上海青年农业建设队”参加为期一年或二年劳动锻炼。[①]11月22日，中共中央、国务院批转《农林办关于国营农、林、牧、渔场安置家居大中城市精简职工和青年学生的报告》中规定：应届毕业生未能升学或就业，年满18周岁、有独立生活能力的青年学生都应纳入上山下乡的范围。[②]由此，知识青年上山下乡再次成为中央的一项政策。12月22日，《人民日报》发表社论文章，指明了农村建设的重要性，号召大家要从各方面支援农村，建设社会主义的现代化的大农业，并从中外历史上列举了到农村去的重要性。[③]

1963年1月，上海市委指示：“当前农村各级党组织的重要任务是，要进一步加强对农村知识青年的思想教育和具体帮助，不断提高他们的政治、文化、技术水平，更好地发挥他们的作用。”[④]其实不难理解，这一方面是为了检查回乡知识青年的稳定情况，以促进农村和农业的发展，另一方面也是为继续动员知识青年下乡做准备。接到此指示后，上海《文汇报》派记者到宝山县罗店人民公社金星大队和东南弄大队展开了相关调查。通过记者的调查发现，宝山县的回乡知识青年确实很快能在农村安定下来，充实了农村的劳动力，成为农村的一支重要劳动力量。[⑤]既然知识青年下乡到上海市郊不但能很好地巩固下来，而且还能给农村的发展带来莫大帮助，因此，反馈的信息无疑是动员知识青年上山下乡肯定行得通。

从1963年下半年开始，国家开始考虑加快农村建设与安置城市知识青年相结合的问题，认为“大批城市知识青年下乡，使城乡青年结合在一起，既有利于稳定农村青年从事农业生产，也有利于更快地形成一支

① 《中共上海市毕业生工作委员会办公室的请示报告》（1962年7—10月），上海市档案馆藏。

② 顾洪章主编：《中国知识青年上山下乡大事记》，人民日报出版社2009年版，第31页。

③ 《到农村去（社论）》，《人民日报》1962年12月22日。

④ 《文汇报编辑委员会关于对郊区农村知识青年调查材料的批示》（1963年），上海市档案馆藏。

⑤ 同上。

有社会主义觉悟、有科学文化知识的新型农民队伍”[①]。7月，上海《文汇报》社论也指出，支援外地建设、支援边疆建设，是城市青年们义不容辞的光荣的责任。中学毕业生在抉择自己前途的时候，应当在这方面做好充分的思想准备。[②]8月19日，中共中央、国务院批转《中央安置工作领导小组关于城市精简职工和青年学生安置工作领导小组会议的报告》中规定：“安置下乡的学生，年龄可以由18周岁放宽到16岁，条件是能够独立生活。主要是安置大中城市的学生，县城里不能升学和就业的学生也可以安置一些。”[③]

与此同时，团中央也给各地发文，要求各地调查知识青年上山下乡的情况，以期总结经验，为今后的工作积累经验。1963年8月2日，上海团市委在收到团中央的文件后便着手对此前的上山下乡活动进行调查、总结。通过调查发现，上海知识青年上山下乡的成效显著，历年倒流回上海的约占总数的20%。1959年前上山下乡的知识青年，大部分已被当地抽调参加工矿企业、文教事业或保送投考专业学校。即使留在农村的，大多也不再直接从事农业生产，而担任了政治、技术、文教等方面的工作。1960年后上山下乡的知识青年，绝大部分都稳定在农村，直接参加农业生产。进而，上海团市委认为今后应该继续坚持上山下乡的大方向。[④]当然，这也不排除因为安置知识青年需要以及响应中央政策层面的考虑，地方有可能夸大了安置知青的效果。上海市长宁区在崇明县的畜牧场1960年才围垦出来，该场自1962年10月起陆续招收知识青年829名。在1963年11月给团中央的准备材料中，该场认为知识青年的劳动锻炼取得了成功，进步很快。真正不愿落户、坚决要求离场或已到期离

① 《关于动员和组织城市知识青年参加农村社会主义建设的两个文件》，载中共中央文献研究室编《建国以来重要文献选编》（第18册），中央文献出版社1997年版，第18页。

② 《摘自文汇报社论：文汇报〈应届中学毕业生和家长们〉》，《人民日报》1963年8月1日。

③ 金光耀、金大陆主编：《中国新方志知识青年上山下乡史料辑录》，上海人民出版社、上海书店出版社2014年版，第1664页。

④ 《共青团上海市委关于组织知识青年下乡上山的情况简报》（1963年12月3日），上海市档案馆藏。

场的知识青年约125人，占15%。[①]当然，这种数字并不能真正反映存在的问题，知识青年上山下乡的政策也在上述经验中被继续执行。

1964年1月16日，《中共中央、国务院关于动员和组织城市知识青年参加农村社会主义建设的决定（草案）》和《中央安置城市下乡青年领导小组向中央的报告》发布。文件高度肯定了城市知识青年上山下乡的正确道路，认为这既能锻炼青年，也为城市青年开辟了就业门路。[②]随后不久，上海市也确定将“减少城镇人口，控制人口增长，动员青年支援外地建设”作为一项长期艰巨的任务。[③]而且，在同年6月召开的精简会议上也提出了由于人口工作牵涉面越来越大，每年要动员几万青年出去，因此需要将其纳入国家计划，否则维持不了几年。[④]显然，上海对这项工作的重视程度要比北京好得多。到当年7月，北京的知青上山下乡安置计划完成还不到18.6%（计划安置86万人，完成不到16万人），其原因就在于城乡两头对动员上山下乡不够重视、劲头不大，或者是因为缺乏经验，等等。[⑤]无论如何，知青上山下乡这一政策在全国推广开来，并继续延续下来，直到1966年，上海依然确定：动员青年下乡上山，支援边疆建设是一项长期任务。其原因就在于青年不能升学和在上海安排工作。[⑥]

四、资源配置：多方协作中的青年安置工作

确实，无法升学就业的中小学毕业生对于城市而言无疑是一种负担，如何把这些人口安置下去，其主要的方法就是参加农业生产。但是，对

① 共青团长宁区畜牧场委员会：《我场一年来城市知识青年落户工作总结（原文批注：此件为团中央召开知青下乡上山落户座谈会议准备材料之一）》（1963年11月7日），上海市档案馆藏。

② 《关于动员和组织城市知识青年参加农村社会主义建设的两个文件》（1964年1月16日），载《建国以来重要文献选编》第18册，中央文献出版社1997年版，第38—39、45页。

③ 中共上海市委员会：《市委批转市委精简小组1964年减少城镇人口工作方案》（1964年3月18日），上海市档案馆藏。

④ 《中共上海市委精简小组办公室会议和17级以上干部会议记录》（1964年6月23日），上海市档案馆藏。

⑤ 《关于城市需要就业的劳动力安置、管理工作若干问题的意见提纲（草稿）》（1964年7月4日），北京市档案馆藏。

⑥ 《突出政治，做好今年的新疆动员工作》（1966年），杨浦区档案馆藏。

于上海这样的大城市而言，尽管安置青年的方向也是农村，但其主要面向却是外地农村。

在1963年2月的上海市精简工作要点中，确定了今后减少城镇人口的重要任务是安排青年就业，其出路主要有两条：一是进行技术培训后输送给外地，二是到外地从事农垦。其实归纳起来就一点——到外地去。[①] 之所以如此，是因为当时上海农村的容量有限，无法安置更多的城市人口。

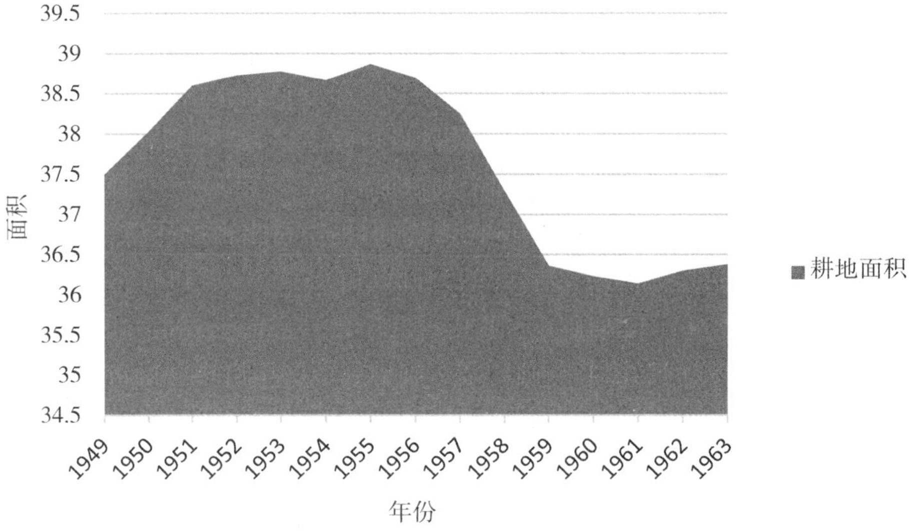

图4　1949—1963年上海农村耕地面积（单位：万公顷）

资料来源：上海市统计局：《上海农村五十年统计资料汇编（1949—1998）》，内部出版，1999年10月，第15页。

与此同时，在一些被动员回乡的职工和知识青年中都产生了一些问题，因此，上海就必须动员这些人到外地去。据1963年调查发现，尽管已过去六年时间，但1957年到上海郊区下乡的青年仍有很多问题，包括生活上的实际困难，情绪不安定，思想有问题，甚至还有不少人走上与

① 中共上海市委精简小组办公室：《关于精简工作中几个问题的汇报要点》（1963年2月7日），上海市档案馆藏。

既定目标相反的道路，个别堕落成为犯罪分子。[①]而1961年、1962年回乡的职工也问题不少，其中就包括回到上海郊区的人员。1961年、1962年两年来，上海共精简职工35万人，其中动员到上海市郊农村约8万人。其中有些人回乡后一直不安心农业生产，向往城市；有的好吃懒做，不事生产；有的进行投机贩卖活动；有的已经倒流回城，赖在厂里不走；有的精简退职以后一直不肯回乡。少数职工回乡以后当地不接受安置，有的是去非原籍农村落户，有的是回到小城镇，有的是原籍农村强调地少人多，安置有困难，不给报户口，也不安排生产。[②]到邻近省农村安置的精简职工也有同样的问题。从上海回安徽的职工都抱怨安徽苦，不愿在安徽生活下去，要求回上海；浙江义乌一公社的47名此前为申新九厂的工人也要求回上海来。[③]动员职工回乡后难以安置、巩固，而动员在职职工家属回乡同样难度不小。这一点上海负责人口精简工作的干部也深有体会，动员职工家属的困难很大，因为职工家属一走，“一个工人三四十岁，家属回乡，小孩子也不在身边，显得孤苦伶仃，所以还是动员小青年去新疆去，搞四类分子”。而1964年的人口工作重心就是“第一新疆，第二回乡，第三安徽”[④]。而且，在1961—1964年间，上海市区安置到新疆兵团的知识青年有5.15万人，到其他国营农场（崇明、江西“共大”）和安徽、上海市郊参加农业生产的一共为4.16万人（安徽0.77万，市郊0.4万）。[⑤]上海市郊、安徽的安置空间小、难度大不难理解，但为何新疆兵团能安置如此多的上海知识青年？

一直以来，上海知识青年对新疆兵团有巨大的吸引力。当王震还在

---

① 中共上海市委农村工作部、劳动局党组、共青团上海市委员会：《关于1957年部分知识青年落户在本市郊区的情况的报告》（1963年6月27日），上海市档案馆藏。

② 《关于本市两年来动员回乡职工中一些遗留问题的情况和处理意见的请示报告》（1963年10月15日），上海市档案馆藏。

③ 《中共上海市委精简小组办公室会议和17级以上干部会议记录》（1963年），上海市档案馆藏。

④ 《中共上海市委精简小组办公室会议和17级以上干部会议记录》（1964年3月17日），上海市档案馆藏。

⑤ 《中共上海市委精简小组办公室编制的上海市减少城镇人口、精简职工、历年安置经费使用情况统计表和上海市1963—1977年减少城镇人口、农村安置城镇人口、农村安置城镇人口规划表》（1965年5月—1966年6月21日），上海市档案馆藏。

进军新疆的途中，就注意到要延揽知识人才，以便为建设新疆打好基础。后来他也不断思考动员一批城市青年到新疆去，[①]但难度不小，1955—1957年新疆兵团招纳青年学生一共也才6000多人。[②]1958年8月，当时全国各地在上海招收知识青年参加建设。新疆确定在上海招收700名知识青年（其中男70人、女630人）到新疆就读重工业专业学校，这700人仅占当时外地在上海招生的5万余人的1.3%。[③]要招满这700人对当时的新疆而言尚显困难。即便如此，新疆还是一直在上海招收相关技术人员。1959年4月2日，纺织工业部要求上海帮助新疆培训纺织技工人600人、纺织机器制造工人100人。[④]除工业系统外，新疆还需要上海支援行政、文教系统工作人员。1959年4—5月，新疆兵团政治部干部科科长王明义到上海与复旦大学联系，要求调给新疆一些教师和干部，如一般教师及干部无法支援，可考虑调一些“右派分子”。因此，自1959年6月至1960年9月底，上海高等学校系统调到新疆的共有“右派分子”314人（教职员85人、学生229人），其他干部9人（主要是一些平时表现不好、工作不安分、受过处分、有政治历史问题的人员）。[⑤]后来，这批人走上各个岗位，为新疆的建设作出了巨大贡献。[⑥]不难发现，上海的人才对新疆兵团有巨大吸引力。

也正因如此，所以在1962年夏天，从新疆考察回来在上海养病的农垦部部长王震与上海市委书记柯庆施商定，由上海动员青年支援新疆兵团。[⑦]二人商谈的具体情形目前无从知晓，但支援方针算是定了下来。后

---

① 《王震传》编写组：《王震传·下卷》，当代中国出版社2001年版，第54页。

② 金光耀、金大陆主编：《中国新方志知识青年上山下乡史料辑录》，上海人民出版社、上海书店出版社2014年版，第1924页。

③ 《共青团上海市委统战部1958年关于动员知识青年参加江西、河南、云南、新疆等省工作的文件》（1958年），上海市档案馆藏。

④ 《纺织工业部关于为新疆维吾尔自治区培训技工的函》（1959年4月2日），上海市档案馆藏。

⑤ 《中共上海市委教育卫生工作部处关于新疆军区生产建设兵团与复旦大学联系要求调给他们一些教师和干部，以支援生产建设的报告》（1960年10月14日），上海市档案馆藏。

⑥ 参阅徐立汉：《我的右派岁月：从上海交大到新疆建设兵团》，《世纪》2016年第5期；易海涛对张成觉的访谈，2017年6月4日，香港荃湾。

⑦ 天津市劳动局等：《关于去新疆为我市社会青年找安置问路和护送支边青年工作报告》（1964年2月10日），天津市档案馆藏。

来，当年11月19日，王震又写信给周恩来、谭震林，转呈新疆兵团农一师师长林海清关于将该师作为安置上海学生的蚕桑基地的报告。[①]事实上，这件事情王震和柯庆施早已经商量好了，只是最终通过新疆兵团农一师上报国务院来实施。而这也符合当时强调集中统一的政治制度。正是基于此，也才有了开篇提到的上海团市委书记张浩波所回忆的安置计划。

王震之所以有如此考虑，也与当时西北边疆局势紧张关系密切。自苏共二十大之后，中苏关系已经逐渐走向恶化，到1960年7月16日，苏联政府照会中国政府，单方面决定全部召回在中国工作的苏联专家。8月中苏在新疆博孜艾格尔山口附近地区发生边境冲突后，两国之间的边界纠纷不断发生。苏联在中国北部边境地区排兵布阵，加强战略部署。1962年4—5月，新疆伊犁哈萨克自治州塔城地区发生了6万多边民大规模逃往苏联的事件，以及5月29日边民冲击州人民委员会、围攻中共伊犁区党委、进行打砸抢的事件（“伊塔事件”）。[②]随后，毛泽东、周恩来等人都对此反复作出批示，要求加强新疆的防务工作。在应对边疆局势突变的过程中，新疆兵团做了大量工作，包括抽调人员奔赴边境实施“三代”[③]工作，维持地方治安等。为此，同年8月3日，毛泽东同来北戴河出席中共中央工作会议的西北地区的陕西、甘肃、青海、宁夏、新疆五省区党委负责人谈话。在谈到新疆问题时，毛泽东对新疆兵团农业师的武装情况进行了询问，要求新疆要集中力量对付苏联。[④]与此同时，印度也在中国的西北边境挑起武装冲突，中国被迫自卫反击。在此过程中，

---

① 《王震给周总理、谭副总理的信》（1962年11月19日），载李开全《新疆兵团史料选辑（第12册）·支边知识青年专辑》，第28页。

② 对此事件起因的考察，详见李丹慧《对1962年新疆伊塔事件起因的历史考察》，《党史研究资料》1999年第4、5期。

③ 1962年“伊塔事件”发生后，新疆军区生产建设兵团根据中央和新疆维吾尔自治区指示，从北疆5个农业师和直属单位抽调干部、工人组成工作队，前往塔城、裕民、霍城、额敏4个县执行代耕、代牧、代管（简称“三代”）任务。参见《当代中国的新疆》，当代中国出版社1991年版，第786页。

④ 中共中央文献研究室编：《毛泽东年谱（1949—1976）》（第5卷），中央文献出版社2013年版，第124—125页。

新疆兵团组织了大量支前工作，为中印自卫反击战的成功作出重要贡献，得到了毛泽东等中央领导人的高度肯定。随着西北边疆局势的恶化，新疆兵团的军事职能也被激活，同时也要求有更多的力量充实兵团，以应对威胁。①

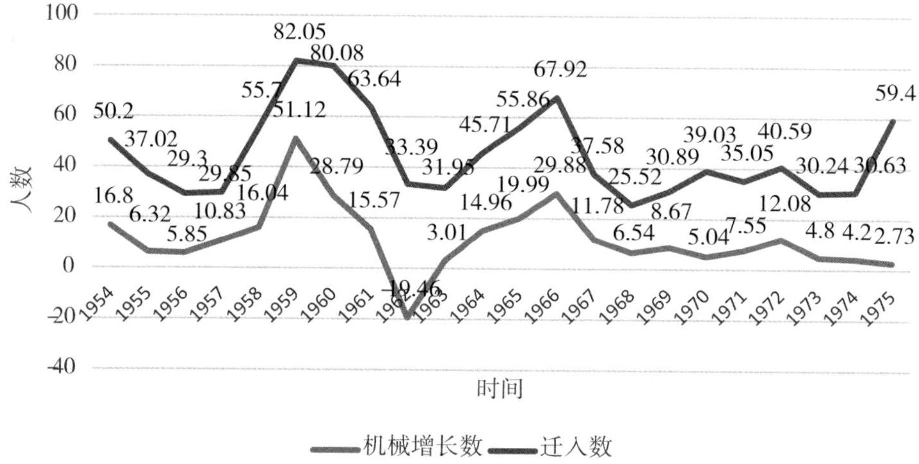

图 5　1954—1975 年新疆人口机械变动图（单位：万人）

资料来源：新疆维吾尔自治区计划委员会：《新疆维吾尔自治区人口统计资料（1963—1975）》，内部出版，1977 年 5 月，第 10—11 页。

一直以来，新疆的人口机械增长都是正数，但是到 1962 年呈现负增长，为 –19.46 万人。尽管当时整个国家都在进行调整工作，但人口减少如此多，这与当时新疆的局势显然不相符合。故 1962 年 7 月，王震到新疆塔里木垦区视察时也发现兵团需要补充新生力量。②

事实上，不只是新疆兵团，新疆维吾尔自治区也具有广阔的安置空间和安置能力。早在 1958 年中央动员青年支援边疆和少数民族地区建设时，新疆就取得了巨大成功。据 1962 年下半年的调查发现，在 1958 年农垦部关于动员青年参加边疆建设后的 1959—1961 年间，总共迁移安置了 148.5 万人，其中新疆共安置了 30.51 万人（巩固下来的占 90%）。相

① 魏英杰：《历史制度主义视角下的新疆兵团》，《学海》2013 年第 6 期。

② 《兵团建设》编辑部：《王震十五次到新疆》，《兵团建设》2008 年第 4 期。

较而言，新疆的安置效果非常好，因为宁夏回族自治区和青海省各跑掉了8万人（占安置的80%）、9万人（占安置的95%）。[①]此时之所以以新疆兵团安置为主，与其屯垦戍边的军事职能有直接关系。1954年12月5日，在新疆兵团成立大会上，中共中央新疆分局第一书记王恩茂在讲话中就阐述了组建兵团的重要国防意义。[②]经过兵团近10年的发展，他更加肯定这种认识，并认为“兵团的存在、壮大和发展，可以作为中央支援地方、汉族人民支援少数兄弟民族的一种最好方式”[③]。基于新疆兵团的成功经验，自1963年底至1966年，中央令新疆兵团先后帮助甘肃、宁夏、青海、陕西组建农十一师、十二师、十三师、十四师。

与此同时，新疆兵团传递给上海的也是非常积极的消息。到1962年为止，新疆兵团各方面建设都取得了巨大成就，其中：在农业方面，开拓的耕地面积达到1000多万亩，新建大型农牧场167个，机械化程度一般达到70%以上，各种园林建设达到300多万亩；在工业方面，新建大型工厂100多所，工业年产值达到2亿多元；在畜牧业方面，共饲养牲畜144万多头。新疆兵团农一师、农二师都驻在天山以南的塔里木地区。这个地区气候温和、土地肥沃、水源充足，具有发展蚕桑生产的良好条件。因此，农垦部要求农一师、农二师除继续发展粮食和棉花生产外，还要大规模发展蚕桑生产，力争在短时期内把塔里木地区建设成为一个蚕桑基地。因此需要输送大批劳动力到该地区去。[④]当然，不排除对这方面的宣传有夸大成分，但这样的报告材料是给上海当局了解新疆兵团之用，如此令人瞩目的成就也更加坚定了上海动员青年支援新疆兵团建设的决心和信心。

在“大跃进”期间，尽管新疆也犯了不少错误，但同时新疆还吸收了大量内地劳动力；而且，在1960—1962年间，新疆还出了3万吨粮食

① 李开全主编：《新疆生产建设兵团史料选辑（第12册）·支边知识青年专辑》，新疆人民出版社2003年版，第9—10页。

② 兵团党委党史研究室、兵团档案局编：《新疆建设兵团历史文件选编（1952—1981）》，新疆兵团出版社2015年版，第7—8页。

③ 《新疆兵团在生产建设中取得巨大成就》，《内部参考》1964年4月2日。

④ 《关于上海市社会青年参加新疆生产建设情况的汇报》（1963年8月21日），上海市档案馆藏。

和 0.8 万吨肉支援国家。[①] 可见，新疆在农业方面的巨大潜力。对新疆兵团而言，“大跃进”期间在天山南北开垦了大片荒地，也确实需要有大量的劳动力来进行耕种。1958—1960 年，新疆兵团人口从 31.15 万人猛增加到 72.41 万人；农牧场从 59 个猛增加到 166 个；耕地面积从 337.2 万亩猛增加到 1035.45 万亩（其中农一师、农二师共开荒 126.79 万亩）。[②] 其人口增加的比例显然无法满足新开垦土地的垦种。

基于上海和新疆兵团的商谈结果，加之中央对这种意见的肯定，上海青年支援新疆的事情就算定了下来。1962 年年底，上海就动员了 400 多名社会青年到新疆兵团农一师，要培养蚕桑工人和技术人员。同行的还有上海组织的一个工作组，他们到农一师访问了 40 多天，最终再次确认了新疆兵团，尤其是农一师是上海青年就业的一个良好场所。此后，农垦部和上海市委、市人委明确指示，在“三五”计划期间每年都可以动员一批青年去新疆兵团，1963 年先动员 2 万人，以便创造经验，为今后动员更多青年参加新疆建设打下基础。[③]1963 年 9 月 7 日至 27 日，以上海市劳动局局长王克等人为首的 10 人上海市工作组再次到新疆兵团进行访问，这次先短暂访问了北疆的农八师、农七师、农四师，后来又到南疆访问了农一师、农二师。通过访问再次发现，上海青年在新疆兵团巩固得很好，兵团各级对上海青年安置工作非常重视；同时上海青年们也深切感受到新疆的发展前途远大，初步勘测有可垦荒地 1.6 亿亩，相当于全疆现有耕地面积 4700 万亩的 3.3 倍。地势平坦成片，适宜于机械化耕作。[④]

历年来新疆兵团反馈给上海的信息也是安置上海青年的工作效果良好。据 1964 年 4 月统计，1963 年到新疆兵团农一师的 1.5 万名上海青

---

① 朱培民：《新疆“大跃进”研究》，《当代中国史研究》1995 年第 2 期。

② 李福生主编：《新疆兵团屯垦戍边史》，新疆科技卫生出版社 1997 年版，第 426、439—440、457 页。

③ 《关于上海市社会青年参加新疆生产建设情况的汇报》（1963 年 8 月 21 日），上海市档案馆藏。

④ 《市委批转王克等同志关于访问新疆兵团的工作报告》（1964 年 1 月 28 日），上海市档案馆藏。

年，已有1028人担任班长、排长。[①]1964年4月、10月，王震先后两次到塔里木垦区视察，并接见了上海知识青年代表，肯定了他们的选择。[②]新疆兵团的老战士也高兴地跷起大拇指说："上海青年亚克西（好）！"数万青年下乡上山、支援边疆的革命壮举，有力地冲击了数千年遗传下来的轻视农业、轻视体力劳动的旧观念、旧风尚，大大发扬了以农为乐、以农为荣的新风尚。[③]这一点最直接的反映就是新疆兵团吸收了上海大量剥削阶级家庭出身的子女。在上海的社会青年中，资产阶级和其他剥削阶级家庭出身的约占20%。1963—1965年间新疆兵团先后共吸收剥削阶级家庭出身子女1万余人，其中包括了少数大资本家和上层人士的子女。[④]1965年7月5日，周恩来、陈毅出国访问返回时在新疆石河子专门接见了上海青年，周恩来就资产阶级家庭子女问题做了重要谈话："一个人的出身不能选择，但前途是可以选择的。"[⑤]同时，周恩来还肯定了兵团的成绩，要兵团继续做好安置工作，要求兵团今后每年补充7万—10万人，即复员军人2万人、上海城市青年3万人、天津城市青年1万人（照顾河北1000—2000人）、武汉城市青年1万人（照顾湖南1000—2000人）。[⑥]

带着巨大的成功，上海动员青年支援新疆兵团持续高歌猛进，1966年还将继续推行此政策，但由于"文化大革命"爆发，原本的进路被打断。当年10月8日，上海市委同意市劳动工资委员会关于当年下半年不

---

① 共青团上海市委办公室：《支援外地的上海知识青年和本市农村知识青年的一些情况反映》（1964年4月14日），上海市档案馆藏。

② 《兵团建设》编辑部：《王震十五次到新疆》，《兵团建设》2008年第4期。

③ 《突出政治，做好今年的新疆动员工作》（1966年），杨浦区档案馆藏。

④ 共青团上海市委统战部：《关于剥削阶级家庭出身的青年对支援新疆建设的一些思想动向的报告》（1966年），上海市档案馆藏。

⑤ 中共中央文献研究室编：《周恩来年谱（1949—1976）》（中），中央文献出版社2007年版，第741—742页。

⑥ 《新疆兵团党委关于坚决贯彻执行周总理、陈毅副总理对兵团重要指示的报告》（1965年7月11日），载农垦部政策研究室、农垦部国营农业经济研究所、中国社会科学院农经所农场研究室编《农垦工作文件资料选编》，农业出版社1983年版，第744—745页。

再批准青年学生去新疆的决定。[①]1963—1966 年，上海市计划输送新疆兵团 10 万城市青年，如此巨大的安置计划确实能有效地解决上海城市人口问题，同时也能为新疆兵团的发展注入新的活力。

表 1　1963—1966 年新疆兵团计划安置上海青年人数

单位：万人

时间	1963 年	1964 年	1965 年	1966 年	合计
人数	2	3.5	1.5	3	10

资料来源：《关于上海市社会青年参加新疆生产建设情况的汇报》（1963 年 8 月 21 日），上海市档案馆藏；市委精简小组：《上海市 1964 年减少城镇人口工作方案》（1964 年 3 月 7 日），上海市档案馆藏；《对 1965 动员工作的排队摸底（原件无标题，标题为引者所加）》（1965 年 2 月 13 日），上海市档案馆藏；《1966 年动员青年参加新疆军垦的工作方案》（1966 年 2 月），上海市档案馆藏。

事实上，从学校、学生家长到学生，都希望有关部门能为学生安排一个好的出路，只不过彼此的目标各不相同。当时负责学生毕业工作的学校主要贯彻上级指示，既然要求不能升学的学生要从学校奔赴农村，学校因此也希望上级能及早做好安排，以便学生毕业就能有去处。1964 年，武汉不少学校的毕业生在毕业后好几个月都找不到务农的去处，因此，学校希望上级部门在 1965 年要及早安排，避免打击学生立志务农的热情，给今后动员学生下乡的工作造成困难。[②]这也说明并非所有地方都能像上海这样很容易就找到一个合适的安置去处。当然，这并不意味着其他地方就没有看到新疆兵团的巨大安置潜力。

1963 年年底，天津市先后动员社会知识青年 415 人支援新疆建设。为护送这批青年，同时也是为了给天津城市青年寻找就业门路，天津市从劳动、教育、团委等部门抽调了 5 名干部分批护送青年进疆。1964 年元旦前后护送小组先后抵达新疆乌鲁木齐。在乌鲁木齐，天津护送干部

① 中共上海市委劳动工资委员会：《关于动员青年去新疆和应届毕业生、在校学生去新疆、社会青年安排问题向市委的报告以及本市关于本市农场今年安置青年的批复》（1966 年 6 月 14 日—10 月 8 日），上海市档案馆藏。

② 张碾：《武汉部分中学要求及早做好安排毕业生下乡的准备工作》，《内部参考》1964 年 5 月 26 日。

先后拜访了新疆维吾尔自治区以及新疆兵团的各个部门，并初步确定1964年新疆可安置天津城市知识青年8000—9000人，其中，新疆兵团安置6000—7000人。为进一步落实安置任务，天津护送小组还于1964年1月13日专门拜访了新疆兵团政委张仲瀚。对于安置天津青年，张仲瀚首先表示了极大欢迎，但同时也指出当年农垦部给新疆兵团的安置指标共计5.5万人，除去上海青年3.5万、复转军人1.5万，只剩下0.5万人的安置空间，对此，农垦部仍叫上海补充，因此天津的安置任务有一定困难。事实上，这还牵涉安置经费问题，从整个新疆安置天津青年来看，均表示安置经费无法解决。对此，张仲瀚也指出，既然天津城市人口发展遇到困难，因此新疆兵团还是要安置一些，只是安置经费要和上海一样，[①] 只要经费没问题，新疆兵团可以不经过农垦部批准便安置一些天津青年。与此同时，张仲瀚还建议天津护送干部到河西走廊去拜访新成立的农建十一师，因为该师当时刚成立，今后四五年内每年可安置2万名劳动力，张仲瀚希望天津能让河西走廊成为其安置城市青年的基地。1月24日，天津护送小组在拜访张仲瀚后的第11天，到河西走廊拜访了农建十一师，该师师长李正肃接见了他们。得知天津护送小组一行的目的之后，李正肃告诉天津护送小组，当年该师的8000名青年的安置计划已有安排，好在兰州、西安两市在该师的安置计划有变，因此当前可再安置2000人，但这2000人的安置计划需要与甘肃省委商议，因为甘肃省委希望优先解决甘肃多余劳动力的安置问题，也正因此，甘肃省委未同意此前北京市到该师联系将该师作为北京城市青年的安置基地一事。不过，因为天津护送小组带有张仲瀚的书信，所以李正肃表示这2000人的安置任务留给天津的青年问题不大，并希望天津在当年7月将城市青年送过来，以免西安市再提他们那里的青年安置问题。因此，农建十一师最终确定当年安置天津城市青年1000—2000人，经费由中央

① 1963—1966年新疆兵团安置上海青年上海提供了绝大部分安置经费，解决了新疆兵团安置上海青年的经费问题，也正因如此，才保证了新疆兵团安置上海青年的任务顺利完成。关于安置经费，详见易海涛《1963—1966年新疆兵团安置上海知识青年经费初探》，《当代中国史研究》2018年第6期。

划拨。[①]

护送干部回到天津后，将他们在新疆、河西走廊所看、所谈向天津市委做了汇报，既讲了新疆、河西走廊安置城市青年的大好前景，同时也建议天津市委支援新疆一些小厂（印染、针织、农药、化肥、聚乙烯、造纸等），如果设备无法支援，技术力量也可支援一些，这样既有助于新疆搞好建设，也能调整天津的工业结构。事实上，当天津护送小组拜访张仲瀚时，在安置工作谈话结束后，张仲瀚紧接着就谈到让天津搬迁一些工厂到新疆兵团来，主要希望搬迁一些在天津原料不足、劳动效率低，而新疆又有原料的厂子到新疆，其次是希望天津能支援一些干部（这部分人可不必经农垦部先定下来）。1964 年 3 月 8 日，新疆兵团便派人到天津谈具体支援项目和人员，天津也开会决定同意给新疆兵团以支援，并将这项工作同天津青年的上山下乡工作统一起来。[②] 其后，新疆兵团方面确实多次找到天津，要求支援相关设备、技术和劳动力，而且，天津也给予了极大的支持。如此看来，安置城市青年并非简单的城市闲散劳动力安置工作，同时也能给安置地区带来一定的物质资源，有助于安置地区开展相关建设。[③]

甘肃农建十一师没有同意安置北京城市青年，但北京城市青年又不得不寻找合适的安置地。根据当时中央的指示，安置的方向主要是插队，其次才是到国营农林渔场。但同时又指出要成组成队地安置，这样更有助于管理、巩固，也更有利于发挥知识青年的作用。这样，在 1964 年 2 月 1—4 日召开的华北局大中城市安置工作会议上，确定了当年北京城市

---

① 天津市劳动局等：《关于去新疆为我市社会青年找安置问路和护送支边青年工作报告》（1964 年 2 月 10 日），天津市档案馆藏。

② 《援新疆技术力量和工厂企业的初步意见》（1964 年 3 月 17 日），天津市档案馆藏。

③ 韩启澜（Emily Honig）、赵小建教授认为，在知青上山下乡之后，通过知青及家长为安置地争取了资源。（Emily Honig, Xiaojian Zhao, "Sent—down Youth and Rural Economic Development in Maoist China," *The China Quarterly*, No.222,2015,p.499—521.）实际上，在动员知识青年上山下乡之初就有这方面的考虑，这一点在跨大区的安置活动中，尤其是国营农场跨区安置知青的过程中有很明显的体现。当然，关于这一话题，还需要有更深入的讨论，包括对安置地和输出地之间的后续发展，也值得进行相关专题研究。而在这个过程中，自 1964 年开始的支援三线建设也是一个重要的因素。

知识青年的安置地主要是到晋南，因为当地当年要建立基本田，需要大批劳动力；[①] 此前，东北计划安置北京知识青年1万人，但由于当年东北农场要进行精简调整，故有此改变。但在北京看来，由于1963年已经组织了1000多人到东北国营农场去，发现东北的潜力巨大，因此今后还是要将东北作为长期安置基地。[②] 这也不难发现在安置城市青年时，输出地与安置地之间的多边互动关系。对这一点，1965年、1966年的中央安置计划或许更能说明问题。1965年全国预计安置城市青年54.33万人，其中安排到国营农林牧渔场10.33万人。在这10.33万人中，前往边远地区参加农垦建设的6.95万人（其中，新疆兵团安置上海1.5万、武汉0.4万、天津0.4万；新疆维吾尔自治区安置江苏1万；甘肃农十一师安置天津0.6万、山东0.25万；宁夏回族自治区安置北京0.45万、天津0.05万；东北安置北京0.3万）。[③]1966年全国预计安置城市青年67.46万人，其中安置到国营农林牧渔场的10.37万人（其中，新疆兵团安置上海3万、武汉0.7万、天津0.7万、唐山和保定各0.05万、浙江0.5万；东北安置北京0.2万；宁夏回族自治区安置北京0.6万、天津0.1万、杭州0.1万；安徽安置上海0.7万；青海安置山东1.5万；新疆维吾尔自治区安置江苏1万；云南安置四川0.2万；西藏自治区安置山东0.1万）。[④] 如果仅从这两份数据看不出太大的端倪，但结合前后材料，则可以看出在安置知识青年的过程中的行政安排。1966年8月，新疆维吾尔自治区计划从上海郊区招收0.34万人前往地方农场参加劳动。[⑤] 而在这之前，新疆维吾尔自治区并没有安置上海青年。当时从上海动员到新疆维吾尔自

① 就此，北京市人委会同教育局、劳动局等有关部门去晋南地区做了调查，并就学生下乡插队的衣食住行等问题做出具体安排。（《北京市从今年起将陆续动员20万初高中毕业生下乡插队》，《内部参考》1964年5月5日。）

② 北京市安置办公室：《1964年参加华北局大中城市安置工作会议情况和我市对学生、无业人员安置的意见及组织知青去东北农场的问题》（1964年2月4日），北京市档案馆藏。

③ 中央安置城市下乡青年领导小组：《1965年安置计划的几点说明》（1965年4月20日），北京市档案馆藏。

④ 中央安置城市下乡青年领导小组：《1966年安置计划》（1965年12月15日），北京市档案馆藏。

⑤ 《上海市劳动局关于动员郊区城镇知青参加新疆农林牧场生产建设的意见及宣传提纲》（1966年8月），上海市档案馆藏。

治区地方农场的青年中计划给阿克苏地区 2000 名，到 10 月 6 日全部出发，由于彼时种种原因，其间几次改变招生区县，才最终招到 1131 名社会青年。[①] 为什么新疆维吾尔自治区会有这样的改变？目前没有直接材料能说明什么问题，但 1965 年新疆维吾尔自治区在江苏的招生工作组遇到了一件令其非常被动的事情，这或许能解释该地要到上海招收知识青年的重要原因。当年 6 月 2 日，阿克苏地委收到在常州负责招生的干部闫泽民发给阿克苏地委的信，信中提到要在常州给阿克苏建筑公司招收一批木瓦工，但这项计划落空了，主要原因是常州有支援西南的任务，大量建筑工人去了云南、安徽等地，全市青年学生中也没有这方面的技术工人。[②] 而对比上海、天津给新疆兵团的帮助，这就值得深思了。可以说，安置知识青年既是一项沉重的负担，但同时也能转化成一种丰富的资源，这种资源既是知识青年本身，同时也是知识青年输出地地方政府所带来的。

五、安置前史：1951—1962 年上海与新疆的经济互动

1963 年 6 月 24 日，王震在上海社会青年活动分子第二次会议上的讲话中指出，新疆将逐步建成现代农业和现代工业，需要上海文化科学、政治以及技术设备等方面的支援。[③] 其实，尽管这句话是当时做动员所讲，但如果认真研读这句话不难发现王震对新疆建设远景的憧憬，以及对上海能对新疆提供强有力支援的期待。对于新疆的建设远景，王震一直抱有很大的期望，他认为新疆有丰富的资源和大片沃土，还有天然的草原牧场，因此新疆必将建设成为一个现代化的工业基地。[④] 而对于上海强有力的支援力度，王震也是早有体会，因为当他主政新疆时就主导了上海

① 阿克苏专区工作组：《关于接运上海市支边青年的工作总结》（1966 年 10 月 9 日），阿克苏地区档案馆藏。

② 阿克苏地委：《转发闫泽民关于接支边青年的来信》（1965 年 6 月），阿克苏地区档案馆藏。

③ 《王震将军在上海社会青年活动分子第二次会议上的讲话（记采稿，未经本人审阅，仅供口头宣传参考，不得翻印）》（1963 年 6 月 24 日），上海市档案馆藏。

④ 《新疆军队生产建设工作的方针与任务（摘要）——王震司令员 1950 年 1 月 16 日在新疆省财政经济委员会上的报告》，《农垦工作文件资料选编》，第 36—37 页。

的几项大型项目支援新疆，从而奠定了新疆的现代工业体系。显然，这也是王震到上海商谈要上海青年支援新疆兵团的另一个原因。

钢铁是工业的重要原料，因此新中国成立后新疆也急于建立现代钢铁工业。在新疆钢铁工业的建成的过程中，上海提供了大量帮助。1951年，经华东军政委员会同意，新疆军区以100亿元（旧人民币）的低价购进上海益华钢铁厂全部设备2100多吨。同时从上海新慎昌机器厂、范元记模型厂、炼成机器厂、美新工具厂购进有关设备，从而保证了新疆八一钢铁厂的顺利建成。其中，上海益华钢铁厂连人带设备整体搬迁，更是起到了直接作用。在王震的邀请下，益华钢铁厂的总工程师余名钰也到新疆指导钢铁工业建设，后来，余名钰担任新疆八一钢铁厂总工程师。1952年新疆八一钢铁厂建成投产，告别新疆无新型钢铁厂的时代。①

紧随益华钢铁厂之后，1951年11月3日，上海炼成机器厂也与新疆军区签订协议，同意将该厂机器设备全部迁至新疆建设新厂，改为公私合营，并定名为新疆机器制造厂。②益华、炼成二厂的搬迁，不仅从机器设备上为新疆工业建设提供了帮助，而且从技术人才方面促进了新疆工业的发展。此后，在上海疏散工业和人员支援外地建设的过程中，上海也持续为新疆提供了支援。

一方面是新疆求贤若渴，另一方面是上海也有责任和义务帮助兄弟省市搞好建设。对此，1955年2月14日，中共中央指出应该有组织有计划地从上海、天津等城市抽调并培养相当的技术干部支援其他城市建设。③上海援助新疆的面更大。同年4月15日，上海交通运输管理局决定帮助新疆交通厅训练307名汽车驾驶员，这批人员是从原来的上海三轮车工人中挑选出来的；到5月14日，第一期结业的58名工人出发前

---

① 新疆军区后勤部：《中国人民解放军新疆军区生产经营大事记（1939—1944；1949.10—1995.12）》，内部出版，1996年4月，第58—59页。

② 《炼成机器厂、中国人民解放军西北军区后勤部上海办事处关于合资经营新疆机器厂的协议书》（1951年11月3日），上海市档案馆藏。

③ 《中共中央关于有计划地抽调技术员工支援重点城市建设的建议给上海市委的批复》（1955年2月14日），载中央档案馆、中共中央文献研究室编《中共中央文件选集》第18册，人民出版社2013年版，第164—168页。

往新疆。[①]7 月 22 日，在卫生部的指示下，上海第一医学院抽调了一批高级医师奔赴新疆，帮助新疆建设新疆医学院。[②]7 月 30 日，国务院指示上海支援新疆花纱布公司轧花技术人员 15 名。[③]随着上海私营饮食服务业渐入困境，因此上海决定动员若干服务性行业，如酒菜、糕团点心、理发、沐浴、洗染、照相、机制缝纫、时装等到内地，其中主要就是到西北地区。因此，1955 年 8 月 18 日，新疆省商业厅接到上海第二商业局函件，提出双方要商谈如何由上海向新疆输送生活服务业的问题。[④]10 月 24 日，新疆维吾尔自治区致函上海第二商业局，要求上海输送以下服务性行业到新疆。

表 2　1955 年新疆维吾尔自治区要求上海输送服务业概况

序号	数量	行业	要求
1	15 人	中药材	能鉴别药材等级，熟悉业务，掌握中药材采购业务及指导生产
2	27 人	理发师	——
3	3 人	缝纫技师	能涉及童装式样及能裁制西装、呢料制服的高级技术人员
4	16 人	照相机师	（自带家具设备两套），要能摄制美术照相，冲洗及修整等业务
5	9 人	炊事员	——
6	3—5 人	旅社业一户	投资金额最少是 3—4 万元，如投资设备时以新式单人铁床为宜，其人员要具有一定企业管理经验
7	盆塘 20—25 个	澡塘业	池塘每次能容纳 50—60 人的可来一户，服务人员不宜太多（家具自带，有条件可以公私合营）
8	8 人	干鲜菜人员	包括能懂得干鲜菜保管及能制作各种酱菜的技术人员及工人
9	7 人	发面技术人员	懂得金属发面
10	3 人	做点心的技师	——

资料来源：《关于输送服务型行业到新疆维吾尔自治区工作的函》（1955 年 10 月 24 日），上海市档案馆藏。

---

① 当代中国研究所编：《中华人民共和国国史编年（1955 年卷）》，当代中国出版社 2009 年版，第 332 页。

② 《帮助少数民族建立新疆医学院，本市一批高级医师今天去新疆》，《新民晚报》1955 年 7 月 22 日。

③ 《上海市人民委员会人事处关于洽商轧花机方面技术人员去新疆花纱布公司工作的函》（1955 年 7 月 30 日），上海市档案馆藏；《上海市第一商业局关于调棉布方面技术人员去新疆工作的复函》（1956 年 1 月 11 日），上海市档案馆藏。

④ 《新疆维吾尔自治区（引注：应为新疆省，当年 10 月 1 日新疆维吾尔自治区才正式成立）商业厅关于援助生活服务业工作的函》（1955 年 8 月 18 日），上海市档案馆藏。

显然，这些都是典型的衣食住行业，而且新疆所要的一般都要能携带相关设备，或具有很好的技术经验的生活服务业，这对新疆发展服务行业有不小帮助。

1956年4月25日，毛泽东在中央政治局扩大会议上发表《论十大关系》的讲话，其中讲到妥善处理沿海工业与内地工业的关系，合理布局工业；同时也提到要诚心诚意地积极帮助少数民族发展经济建设和文化建设。[①]事实上，在此之后，上海的工业发展方针有一定转变，要求适当发展上海的工业，但上海对新疆的支援还是延续了下来。而且，随着内地动员工人支援边疆的问题持续出现，引起了中共中央对这一做法的思考，因此，当年8月24日，中共中央决定，今后除将沿海失业人员调到缺乏劳动力的西北、内蒙古参加工作外，一般不要调配在业的普通工人及壮工。[②]即便如此，上海仍旧持续调配工人前往新疆参加建设。9月，上海市支援新疆粮食厅130人，[③]10月，中国食品公司上海分公司派人支援新疆分公司，[④]11月，上海到新疆维吾尔自治区交电公司工作16人。[⑤]当然，这种调配与上述大规模集体调配不同，更有助于工作开展，实现上海对新疆的点对点支援，同时这也说明上海对新疆的援助还不完全同于上海对西北其他地区的援助。

1957年7月31日，商业部办公厅在对新疆垦荒植棉的考察报告中明确指出，"二五"计划期间将在新疆开荒植棉，计划从上海、天津迁建小型轧花机件修配厂两座。[⑥]因此，新疆需要更多的工厂、技术和人员。随

---

① 毛泽东:《论十大关系》(1956年4月25日)，载中共中央文献研究室编《建国以来重要文献选编》第8册，中央文献出版社1994年版，第245—246、254—255页。

② 《中共中央批转上海市委关于外调职工工作的检查报告的指示》(1956年8月24日)，载《中共中央文献选集》第23册，人民出版社2013年版，第468—469页。

③ 《上海市人事局关于全市各区支援新疆粮食厅的工作人员名册》(1956年9月)，上海市档案馆藏。

④ 这批人员到新疆后发给安家费，即本人以一个月工资的40%—80%，每一家属（不分大人小孩）按职工本人一个月工资的20%—30%发给。[《中国食品公司上海市分公司、中国食品公司新疆维吾尔自治区公司关于调用商业人员的协议书》(1956年10月)，上海市档案馆藏。]

⑤ 《新疆维吾尔自治区商业厅关于从上海调来干部工资计发问题的说明》(1956年11月26日)，上海市档案馆藏。

⑥ 《商业部办公厅关于考察新疆垦荒植棉问题的报告》(1957年7月31日)，上海市档案馆藏。

着 1958 年 5 月之后“大跃进”的到来，新疆与上海的互动更加频繁。

1958 年 8 月，新疆维吾尔自治区决定新建一座药品制剂厂（年产针剂 500 万支、片剂 3 亿片），关键问题是缺乏设备和技术力量，于是，8 月 11 日，化学工业部通知上海计委对新疆予以支援。① 同年 11 月 8 日，新疆兵团司令部也向纺织工业部提交申请，请求帮助新疆兵团培训新建帆布厂的工人。纺织工业部随即批复：人员培训尽量就地解决，如确有困难则与上海市联系，委托上海协助培训。② 由此也不难发现，尽管此时各地都在搞建设，但在中央协调下，在保证支持新疆发展的问题上，作为工业中心的上海还是成为承担支援任务的重要城市。

1958 年 10 月，新疆维吾尔自治区要求上海支援织新疆布的工人。当时上海只有徐汇区的汇新、汇群两家织布厂织新疆布，若将工人支援新疆，上海的任务便无法完成，因此，上海染织公司决定将生产任务及 67 台设备、80 个工人一并转给新疆。因为工人反对，以及当时各地到上海来挖人、迁厂的现象实在太多，造成上海出现混乱局面，因此上海纺织工业局批评下属上海染织公司工作简单化，并决定先从工人中挑选 20 名年纪轻、积极、真心愿意去的先行进疆，以解新疆燃眉之急。最终，1960 年 8 月 20 日，上海市计委批准将汇新等 5 个厂、职工 384 人迁给新疆维吾尔自治区。③ 尽管迁厂工作迁延两年后才真正结束，但上海纺织工业局立刻着手解决新疆所急需解决的问题的态度，也显示出新疆与上海的特殊关系。

上海工厂顺利迁走，主要是因上海支持，同时也与“大跃进”末期的政策调整有一定关系，但更受到新疆的影响。在 1959 年 10 月 5 日至 1961 年 10 月 17 日期间，因为上海也面临物资匮乏的困局，于是陆续与华北、西北等地签订了协作协议书，要求互换资源，相互支持。一方面，

---

① 《上海市计划委员会办公室关于介绍新疆维吾尔自治区卫生厅梅玉华同志前来支援针、片剂厂问题请洽谈的函》（1958 年 8 月 19 日），上海市档案馆藏。

② 《纺织工业部关于新疆建设兵团司令部新建帆布厂工人培训问题的意见》（1958 年 12 月 11 日），上海市档案馆藏。

③ 《上海市纺织工业局党组呈曹书记并市经委关于汇新、汇群织布厂支援新疆工人问题的请示》（1959 年 1 月 12 日），上海市档案馆藏；《上海市经济计划委员会关于汇新织布厂等 5 个外迁给新疆维吾尔自治区的通知》（1960 年 8 月 20 日），上海市档案馆藏。

整个1959年，上海从新疆进货17万元，包括肠衣、羽绒、水果、土产、丝绸等。

表3 1959年上海对外贸易向新疆进货统计年报

种类	肠衣类	羽绒毛类	水果类	土产	丝绸	合计
品种	山羊肠衣	绵羊毛	哈密瓜	成药	桑蚕废丝	171180元
数量	5000根	80127市斤	105920吨	—	2172公担	
价格（元）	4920	85402	74144	2820	3894	

资料来源：《1959年上海对外贸易向新疆省进货统计年报——上海市对外贸易局编印的1959年度上海市对外贸易商品流转统计年报（下册）》（1960年），上海市档案馆藏。

另一方面，新疆也主动要求用一些原料与上海交换设备，以促进新疆工业的发展。1960年4月12日，新疆维吾尔自治区区委书记处候补书记祁果致信上海市委工业生产委员会主任，提出新疆支援上海一部分金属原料和云母等资源，上海帮助新疆改造钢铁小土群和小洋群，支援一些设备。6月8日，经过协商确定，新疆支援上海生铁3000吨、杂铜50吨、云母200吨，上海支援新疆轧铜机2套、鼓风机8台、水泵20台、机床15台、特殊电动机10台、一般交流发电机60台、直流发电机1组、变压器15600kVA。①

从这一时期上海与外地的互动关系来看，总体来说还是上海支援外地多，但外地向上海所提供的物资也是上海的必需品。"大跃进"结束后，上海副食品供应困难，不得不向全国各地寻求支持。新疆作为重要的棉花产区、畜牧区，为内地提供了大力支持。1961年，新疆向内地运输了大量棉花、药材、肉食品、杂骨、土碱和鲜瓜果。②1961年春节，上海要求新疆供应羊120吨（约1万头）、肉21万斤、牛羊下水18万斤、葡萄干7万斤、杏干7万斤、酥油4万斤。③同时，上海也向新疆提供物资支

① 《新疆维吾尔自治区、上海市协作协议书》（1960年6月8日），上海市档案馆藏。

② 新华社：《新疆调集农牧土特产品支援内地》，《人民日报》1961年12月13日。

③ 《上海市第二商业局对新疆、江苏、四川、浙江、湖南、广西等六省要求支持上海春节副食品供应的要货清单和分赴各省联系的情况汇报》（1961年1月14日），上海市档案馆藏。

援，实现物资交流，共渡难关。

表 4　1961 年上海与相关省份互相支援概况

单位：万元

<table>
<tr><th>地区</th><th colspan="2">上海支援各省物资</th><th colspan="2">各省支援上海</th></tr>
<tr><td>陕西</td><td colspan="2">163</td><td colspan="2">39</td></tr>
<tr><td rowspan="2">新疆</td><td colspan="2">236</td><td colspan="2">74</td></tr>
<tr><td>128（区商业厅）</td><td>108（兵团）</td><td>15（区商业厅）</td><td>59（兵团）</td></tr>
<tr><td>福建</td><td colspan="2">42.84</td><td colspan="2">26</td></tr>
<tr><td>安徽</td><td colspan="2">49.63</td><td colspan="2">5.02</td></tr>
<tr><td rowspan="2">山东</td><td colspan="2">313.9</td><td colspan="2">147.59</td></tr>
<tr><td>268.59（省商业厅）</td><td>104.52（青岛）</td><td>45.33（省商业厅）</td><td>43.07（青岛）</td></tr>
</table>

资料来源：《上海市第二商业局蔡东园局长的率领的上海市赴川协作代表团去四川、成都、重庆、云南、贵州、新疆等地商谈经济协作工作报告》（1961 年 8 月 26 日），上海市档案馆藏。

1961 年 8 月 26 日，上海第二商业局派出一些干部在新疆与新疆维吾尔自治区商业厅、新疆兵团商业处座谈，对新疆提出需要支援一部分商业技术人员问题，上海表示有两个办法：一是由上海派工作组到新疆传授技术、交流经验；二是由上海代表新疆在沪招收人员代为培训。① 此行也确定了新疆对上海所提供的农副产品。

表 5　1961 年 8 月上海与新疆商定新疆支援上海情况

自治区商业厅供		兵团商业处提供	
葡萄干	10000 市斤	等外废胶（代卡法司碎胶）	40000 市斤
杏干	12000 市斤	破布鞋	200000 市斤
甜杏干	2000 市斤	碎布	100000 市斤
核桃	10000 市斤	废什毛（包括粪蛋毛）	80000 市斤
桑干	6000 市斤	什骨	100000 市斤
蜂蜜	4000 市斤	马尾	10 市斤
奶粉	6000 市斤	云母片	20000 市斤

① 《上海市第二商业局蔡东园局长的率领的上海市赴川协作代表团去四川、成都、重庆、云南、贵州、新疆等地商谈经济协作工作报告》（1961 年 8 月 26 日），上海市档案馆藏。

续表

自治区商业厅供		兵团商业处提供	
奶油	4000 市斤	甘草膏	10000 市斤
废胶（代卡法司碎胶）	60000 市斤	飞棉	100000 市斤
飞棉	200000 市斤	剥桃棉	100 吨
破布鞋	200000 市斤	芒硝	1000 吨
		奶粉	10000 市斤
		哈密瓜干	5000 吨
		灯用煤油	500 吨
		哈密瓜	2 吨

资料来源：《上海市第二商业局蔡东园局长的率领的上海市赴川协作代表团去四川、成都、重庆、云南、贵州、新疆等地商谈经济协作工作报告》（1961 年 8 月 26 日），上海市档案馆藏。

在这种你来我往的交流过程中，上海对新疆的支援持续进行，进一步加强了两地关系。1961 年 11 月 14 日，上海市计委接到新疆维吾尔自治区计委的函件，请求上海搬迁一个小型纺织厂给新疆巴音郭楞蒙古自治州，经上海市计委与上海纺织工业局研究，于 1962 年 1 月 4 日同意将同德盛布厂（职工人数约 100 人）迁出。[①]4 月 8 日，上海市针织工业公司和虹口区纺织工业局决定将上海富华织造厂迁往新疆奎屯地区（农七师）。[②]这些厂迁到新疆后，员工很快就适应了新的环境，工厂也立即开工，取得了不错的成绩。[③]11 月 3 日，纺织工业部也要求上海纺织工业局从关停的设备中拆迁 5000 锭配套设备支援新疆兵团农一师建立一个小型纺织厂。[④]从时间和地点上来看，这或许与紧随其后动员上海青年进疆有直接关系。

① 《上海市经济计划委员会关于同意迁出同德盛布厂给新疆的通知》（1962 年 1 月 4 日），上海市档案馆藏。

② 《上海公私合营富华织造厂迁厂工作方案（草案）》（1962 年 4 月 8 日）。《上海市纺织工业局关于富华织造厂、汇新、汇成、汇建、汇群、同德织布厂、鸿纶染织厂迁往新疆的协议书》（1960 年 9 月—1962 年 6 月），上海市档案馆藏。

③ 《新疆七一针织厂反映高［富］华厂迁新疆后的情况》（1962 年 11 月），上海市档案馆藏。

④ 《上海市纺织工业局关于从停关设备中抽调 5000 锭配套支援新疆的报告》（1962 年 11 月 3 日），上海市档案馆藏。

六、结语

综上不难发现，在上海青年支援新疆兵团的过程中，随着一年年中小学生升学就业难题的积累，大量未升学就业的中小学毕业生在城市安置发生困难，从而直接促使中小学毕业生上山下乡参加农业生产。当然，其背后既有持续走高的人口自然增长率的影响，更是受到当时优先保证重工业、高度集中的计划经济体制的制约。[①]总而言之，知识青年上山下乡终究是一种必然选择。笔者以为，现实客观因素确是上海知识青年上山下乡的根本原因，但上海知青上山下乡又不是单纯的经济策略，随着人口问题的累积，以及政治因素的不断叠加，上山下乡变得更加复杂起来。因此，在分析这一问题是需要把握其时间性，针对具体时间做具体分析。

通过本文从社会经济结构对上海青年支援新疆缘起的考察可以发现，上海青年面向农村、面向外地安置既是必然，其安置地的选择也成为中央和地方政府贯彻这一政策中的关键一环。一开始，家在农村的可以直接动员回乡，但对于北京、上海、天津这样的特大城市而言，将城市知青回乡、城郊安置都有很大困难，因此需要在跨区安置中作出选择。上海之所以在“文化大革命”前将其跨区安置地选择在新疆兵团：首先，确实是因为上海本地安置工作困难重重，郊区和邻近省份都难以安置。其次，与新疆兵团的巨大安置空间有直接关系。经过近 10 年的经营，新疆兵团集工农商学兵于一体，有着丰富的安置经验和安置潜力。再次，与当时的西北边疆局势有直接关系。尤其是 1962 年“伊塔事件”以及中印边境冲突，成为输送青年到新疆兵团的又一因素。最后，安置前史也影响着上海青年支援新疆兵团。新中国成立后，上海为新疆的建设提供了大量支援，加强了彼此的联系。而决策者的协商，更是最终保证了安置地的落实。若没有王震 1962 年夏天到上海与柯庆施商量，上海青年支援新疆的历史如何走向也未可知。而在当时的安置过程中，除了上海与

---

① 肖冬连：《中国二元社会结构形成的历史考察》，《中共党史研究》2005 年第 1 期。

新疆兵团之间构成了一个安置移民系统外，天津、北京等地也加入了这个系统里面，各方有竞争更有协作，这应与“大跃进”之后中央更强调集中统一有关系。相对而言，在城市无法安置的知识青年对城市而言无疑是一种人口“负担”，城市安置时自然想要将这项“负担”最快、最好地解决掉，因此也促使知识青年上山下乡不单单是输送青年出去，更要给安置地提供一些资源，要求知识青年输出地配合做好安置工作。[①]因此，不难发现，跨区知识青年的安置过程中，在多方协作博弈之间，虽然最终经中央敲定安置地，但其最终目的都在于在安置这项城市“负担”的过程中实现其效益最大化，以便变城市剩余人口为创造剩余劳动价值的劳动力。当然，在政策的具体执行过程中效果究竟如何，这又是另一个值得讨论的话题。

［原载《中国经济史研究》2019 年第 3 期］

① 《中共上海市委精简小组办公室会议和 17 级以上干部会议记录》（1964 年 6 月 23 日），上海市档案馆藏。

北京城市人口的变化与压力

周　进

城市人口是衡量城市规模的首要指标，历来是城市发展研究的重要内容。中华人民共和国成立后，北京作为首都，人口总量、结构、质量均发生了深刻而复杂的变化。人口问题成为当前北京发展最突出的问题之一。

一、城市人口规模经历多次阶梯式增长，目前处于有史以来增长最快的时期

新中国成立以来北京市常住人口发展经历了五个阶段：

（一）1949—1960 年，高出生、低死亡、高自然增长、高机械增长

北京市常住人口从 1949 年的 420.1 万增长到 1960 年的 739.6 万人，年均增长 29 万人，年均增长率为 52.8‰。主要因素有三：一是人民政权的建立和巩固，生活和健康卫生条件显著改善；二是实行鼓励生育的人口政策；三是大规模兴建各类机关、学校、城市基础设施等。

（二）1961—1970 年，增长缓慢，波动较大

1970 年为 784.3 万人，年均增长 6.1 万人，年均增长率仅为 8‰。而

且1961年、1968年、1969年出现罕见的人口负增长。其成因主要有二：一是20世纪60年代初国家发生经济困难，北京大量压缩基本建设规模，导致大批人口外迁、农民返乡、自然增长减少；二是“文化大革命”期间，大批干部和工人被送往农村、城市知识青年上山下乡。

（三）1971—1990年，自然增长平缓，回返迁移、流动人口增多

1990年北京人口达1086万，年均增长15万人，年均增长率16.4‰。主要因素有三：一是开始实行计划生育政策，北京市人口自然增长进入一个新的阶段，自然增长率明显下降，均在10‰以下，步入平稳缓慢增长阶段；二是随着“文化大革命”的结束，国家社会逐步走向安定，从农村返城的知识青年和一些被错划为右派的知识分子等陆续返京；三是受改革开放影响，外来人口规模逐步增大，但是比重依然很低，不到总人口的6%。

（四）1991—1999年，自然增长持续下降，人口规模再次波动性增长

1999年北京人口为1257.2万人，年均增长20万人，年均增长率为17.5‰。增长特点主要有三：一是人口自然增长率持续走低，出现了第二次生育低谷，从1990年的7.3‰下降到1999年的0.9‰；二是北京市经济发展进入快车道，大量流动人口涌入，到1995年，外来人口达181万人，占总人口比重为14.5%；三是从1995年底开始，北京市采取严格控制手段，流动人口有所减少。1997年外来人口较上年减少了27万人，这是改革开放时期北京市唯一的一次人口负增长。

（五）2000年至今，急速膨胀，外来人口增长是主因

北京市2013年人口达2114.8万人，年均增长57.8万人，年均增长率为34.3‰。北京市常住外来人口由2000年的256万人增加到2013年的802.7万人，占北京市总人口的比重由18.8%增长到38%。究其原因主要有三：一是全国逐步打破了城乡分割的户籍管理体系，进一步消除

了城乡人口流动的制度障碍；二是北京市从 2001 年开始取消了外来人员来京从业的限制，2003 年又取消了 7 项外来人口行政管理性收费，加大了政府公共服务力度；三是以 2008 年奥运会为契机，北京市加速了投资、产业和人口的集聚。

二、改革开放新时期北京人口的结构特点

（一）外来人口增长逐步成为北京市人口增长的主力

在 1978 年以前，由于人口迁移流动受户籍制度限制，以及北京市多次外迁人口，因而北京市的外来人口增长规模较小，常住人口增长一直以自然增长为主。但是，改革开放后，北京市人口自然增长进入低增长阶段，北京经济加速发展和外来人口政策日渐宽松，外来人口增长成为北京市人口增长的主力。2010 年，外来人口新增量占北京市常住人口总增量的 94.5%。

（二）人口密度越来越大，空间区域上由内到外依次降低

北京市人口密度 1978 年为 531 人 / 平方公里，2013 年为 1261 人 / 平方公里，增大了 2.37 倍。按区域由内向外，人口密度依次降低。首都功能核心区人口密度为 24084 人 / 平方公里，城市功能拓展区人口密度为 8088 人 / 平方公里，城市发展新区为 1063 人 / 平方公里，生态涵养发展区为 218 人 / 平方公里。区县之间的人口密度差异巨大。其中，西城区最高，为 24605 人 / 平方公里；延庆县最低，为 159 人 / 平方公里。

（三）人口性别比波动变化，近年性别结构严重失衡

由于外来人口的性别比偏高，导致北京市总人口性别比长期高于世界经验值的范围（95—102）。1979—1986 年，北京市人口性别比从 102.73 逐步上升到 103.97，1987 年后开始回落至正常范围。但是 1995 年后又不断攀升，至 2003 年时一度冲高至 109.49。此后虽有所回落，但仍高于世界经验值，2010 年为 106.75。

（四）劳动年龄人口和老年人口比重持续增加，少年儿童人口比重不断下降，北京市开始步入老龄化社会

北京市少年儿童（0—14 岁）人口比重逐渐降低。从 1982 年的 22.38% 下降到 2010 年的 8.61%，明显低于其他国际大都市（伦敦 19.26%、纽约 18.30%、香港 12.40%、东京 11.31%）。劳动年龄（15—64 岁）人口比重，1982 年为 71.97%，2010 年达 82.68%，高于其他国际大都市（香港 74.8%，纽约、伦敦、东京均低于 70%）。老年（65 岁以上）人口比重逐年增高，2000 年为 8.42%，2005 年一度高达 10.81%。近年虽有所回落，但仍高于 8%，2012 年为 9.2%，达到了国际上老龄化社会认定标准（即 65 岁以上人口比重超过 7%）。

（五）劳动力人口主要集中于第三产业，但第一和第二产业人口比重依然较高

北京市人口在第一产业就业的比重持续下降，从 1978 年的 28.3% 下降到 2010 年的 5.8%；第二产业就业比重缓慢降低，从 1978 年 40.1% 下降到 2010 年的 23.3%；而第三产业就业比重稳步上升，从 1978 年 31.6% 上升到 2010 年 70.9%。这反映了产业升级和结构转型的基本态势。但第一、第二产业就业比重仍高于国际其他大都市不到 1%、10% 的比重。

（六）城镇化水平较高，但农村人口比重仍有降低的空间

北京市城镇人口比重在全国一直处于领先地位。北京市的城镇人口比重从 1978 年开始就超过 50%，为 54.96%。截至 2010 年底，达到 85.96%，城镇化水平较高，仅次于上海的 89.3%。但是，与国际其他大都市相比，北京市的农村人口比重仍较高。

（七）健康素质和文化素质均显著提高

由于经济的发展、医疗保健条件的改善，北京市的人口健康素质明显提高，死亡率从 1978 年的 6.12‰下降到 2010 年的 4.4‰。男、女平均

预期寿命分别从1980年的70.7岁、73.4岁增长到2010年的76岁、80.4岁。人口文化素质普遍提高，平均受教育年限由1982年的5.2年上升到2010年的11.5年，接受高等教育人口比重由6.3%上升到33.5%。但是，北京市人口受教育平均水平仍处于高中阶段，与发达国家大都市还有很大差距。

三、几点建议

综合北京市人口变化的历程，若不对人口及时严加调控，人口规模一段时期内还将继续扩大，2020年可能突破2500万人，势必造成自然资源、基础设施、社会经济发展和环境严重“超载”的局面，加重交通拥挤、住房昂贵、环境污染、上学难、就医难等“大城市病”。因此，北京市必须从首都大局出发，以控制外来人口过快增长和保持人口适度自然增长为重点，形成科学、合理、有序、有效的人口调控政策。

一要坚持正确的首都战略定位。由于特定的历史局限和根深蒂固的工业化思路影响，在新中国成立初期提出对北京“政治、经济、文化的中心”“强大的工业基地和科学技术的中心”的战略定位。此后不断调整这个战略定位，使北京既是政治中心、文化中心，又是经济中心、金融中心、科研中心、教育中心，这势必集聚大量人口于北京，不断突破人口规划上限，使北京城市功能、人口规模与资源环境承载力的矛盾日益尖锐。因此，应对北京制定并坚持正确战略定位，制定科学、可控的人口发展规划。

二要建立与首都功能相适应的经济结构。地区经济发展对资源、人口具有“虹吸”效应。因此，要利用京津冀协同发展的战略机遇，依据首都战略定位，疏解与城市功能不相匹配的产业，加快产业结构转型、升级，“以业控人”，合理引导、配置人力资源，化解因区域发展不平衡造成的人口增长外来推力和大量高校毕业生就业造成的内部张力，形成科学、有序的人口流动和增长机制。

三要调整城市功能空间布局。由于城市资源在首都功能核心区和城市功能发展区的过度集中，导致人口空间分布严重失衡。因此，需要加强城市功能的规划和调整，实施产业的空间转移，向城市外围卫星城镇疏散人口，合理调整人口空间分布，增强北京市的实际人口承载能力。

四要完善人口计划生育政策。北京人口自然增长长期处于低出生率、低死亡率、低自然增长率的阶段，虽然减轻了经济社会和环境资源的负担，但是北京市已步入老龄化社会，而且，5—10年内北京市劳动力人口比重将会出现下降的拐点，人口红利势必出现透支现象。因此，需要不断完善计划生育政策，合理促进人口自然增长，消释老龄化、少子化带来的负面效应。

五要创新社会治理与公共服务。在坚持"以房管人、以业控人"的管理模式基础上，创新社会化、社区化管理，不断提高人口管理和社会治理的科学化水平。同时，要加强教育和技能培训，加强对国际高端人才的吸纳，不断提升北京市人口素质，更好地服务于"人文北京、科技北京、绿色北京"战略和国际一流和谐宜居之都建设。

［原载《北京党史》2014年第4期］

海淀田村路：以公共文化服务促进社区改造治理

周　进

党的十九大报告指出："文化是一个国家、一个民族的灵魂。文化兴国运兴，文化强民族强。"全面建成小康社会，实现中华民族伟大复兴，必须提高国家文化软实力，发挥文化引领风尚、教育人民、服务社会、推动发展的作用。文化具有的思想规范作用，可使之有效地承担起社区元治理的功能。为了有效地将公共文化服务融入社区治理、提高社区治理能力，北京市海淀区田村路街道紧紧抓住北京市"疏解整治促提升"和海淀区"创建国家公共文化服务体系示范区"的契机，坚持以社会主义核心价值观为引领，积极探索以"文化介入"方式创新社区改造治理新模式，整合社区治理的文化资源，共建、共治、共享，为实现社区治理的自治、善治、德治奠定了良好基础，也为特大城市社区、城乡接合部社区改造治理打造了新模式。

一、田村路街道公共文化服务的积极探索

（一）以政府为主导，以空间腾退改造为主要手段，推进公共文化基础设施建设

田村路街道位于北京西四环与西五环之间，是典型的城乡接合部，辖区面积 7.77 平方公里，以居住功能为主，且是以国有企业和部队配套

住宅演变为主，分为31个社区。面对老旧社区基础条件差、业态发展不均衡、沉淀资本激活难等问题，田村路街道党工委主动以城市空间腾退改造带动文化提升，闯出了一条基层疏解整治促提升的新路子，成为中国城市社区治理四大模式之一的政府主导模式的样板。田村路街道党工委提出了“谨慎增量、盘活存量；因地制宜、以点带面；分类诊断、批次盘活；民生为本、文化优先；共建共享、协调发展”的工作原则以及政府拉动型、军民共建型、企业主导型的工作模式，将社区边角地、废旧车棚、老旧体育场、垃圾场等闲置空间，用“螺蛳壳里做道场”的精细化管理理念，一方面及时引入文化元素，重视文化、体育等软环境的应用，让“软办法”发挥“硬效果”，因地制宜打造成西木学堂、“百微花园”、文化小院、足球场、“空中草原”等绿色人文空间；另一方面利用拓展的文化空间提升社区凝聚力，引导居民回归和融入社区，激发社区内在活力，降低治理成本，将“生人社区”成功转换为充满邻里情的“熟人社区”，用有限资源做活公共文化服务设施升级的大文章。

1. 腾笼换鸟，自行车棚里走出来的文化小院

田村路街道阜四社区文化中心占地近800平方米，原是一处自行车棚，因年久失修，堆砌的杂物越来越多，不仅给社区管理带来安全隐患，而且导致邻里关系日益紧张。田村路街道与北京橡胶工业设计研究院联手对该地进行了维修改造。改造后的小院内设8个小馆，分别是悦读馆、国学馆、棋艺馆、议事馆、康复馆、儿童馆、友邻馆和展览馆，集学习阅读、休闲娱乐、沟通交流、邻里互助于一体。田村路街道还专门聘请了一批专业社工，设置了“社区文化经理人”岗位，统筹社区及小院各项文体活动。日渐疏离的邻里关系得到有效改善。国家公共文化服务体系示范区创建督导组对阜四社区文化小院的建设给予了高度评价。

2. 见缝插绿，边角地里挤出来的“百微花园”

绿化一直是制约田村地区打造“生态宜居地区”的短板。面对绿化面积小、层次标准低、管理维护水平差等问题，田村路街道将散落在不同区域里不起眼的边角地、疏解关停和拆违腾退后的闲置地等“低小散”资源进行系统梳理，统筹规划，以见缝插绿的方式，打造城市微型花园。

花园内的植物搭配做到绿化层次分明，实现“三季有花、四季常绿”。为便于精细化管理，田村路街道还对微型花园统一设置了标牌和编号，整理出版了《田村路地区“百微花园”图册》。截至2017年8月底，田村路地区微型花园数量已达200余处，面积最小的不到2平方米。城市微型花园不仅巩固了拆违整治成果、解决了安全隐患、扫除了绿化盲点，根治了多年形成的脏乱点，而且提升了小区环境品质及区内和谐宜居水平。百座微型花园已成为田村路街道的环境名片。

3. 因地制宜，废旧高尔夫球场变出来的足球村

田村地区的体育文化有着深厚的历史积淀。早在民国时期，这里就建成了全市首座高尔夫球场。如何将这一废弃的体育场地转化为群众喜爱的体育运动用地？田村路街道利用开荒、拆除违章建筑、回收低效用地等方式腾出的大片土地，建成了1个标准化的人工草皮灯光足球场和9个笼式足球场。社区体育兴趣团队“田村路足球超级大联盟”应运而生。目前，该联盟已经汇聚了“田村雄鹰俱乐部”“301闪亮队”等多家会员球队，承办了多场精彩赛事。

4. 改造升级，社区教育中心长出来的大学堂

建于20世纪80年代的海淀区田村路街道社区教育中心，位于西木社区（原北京西郊木材厂属地），占地面积2133平方米，房屋建筑面积1749平方米，设施陈旧破烂，空间划分不科学。2017年6月，田村路街道办事处对该处房屋进行了维修改造，建设为西木学堂。西木学堂是田村路街道委托第三方机构带动更多优质社会资源及资金进行运维的有益尝试。西木学堂秉持“学思践悟，启智育德”，以文化为主线，采取政府主导、公益优先、市场支撑、公众参与的共建共享模式提供社区相关优质服务，分为1个国学堂及15个深度内容空间，涵盖社区党建、红色教育、亲子活动、中医养生、国学国粹和公益创享等多个方面，服务范围覆盖田村路街道14万居民和周边企事业单位，成为社区居民的悦读书香地、心灵栖息地、学习成长地、团结互助地、绿色健康地、创意汇集地、思想交流地、文化提升地、幸福人生地，不断增强居民获得感及满足居民过上美好生活的愿望，已经打造成为海淀区优秀社区文化地标。

5. 疏解突围，城中村里造出来的文体公园

田村路街道面积小，资源有限，突出的“五小”企业[①]更是给社会治理工作带来了难题。破解这个困局，第一就是要做减法进行疏解。由于交叉管理、开发滞后等原因，导致闲置地块为废品收购行业的生存留下了空间。截至2014年，辖区内大型废品收购站有7家之多，累计占地面积达56620平方米。2014年以来，利用海淀区创建全国文明城区契机，街道把废品收购站整治作为地区重点工作之一。截至2015年5月，7家废品收购站全部实现了关停。为了防止这些废品收购站死灰复燃，街道办事处多次协调土地的产权方，共同对废品收购站进行环境整治。关停的废品收购站用地，被纳入“绿色家园计划”中，成为建设“口袋花园”最好的场地。半壁店地区还建成了一个5000平方米的花园停车场和一个文体公园。

田村路街道面对各社区内部空间有限、无法充分满足居民更多更高文化需求的问题，一方面依托公园绿地资源，紧紧围绕“一山（田村山）、一湖（沁湖）、一河（永定河引水渠）”，打造三个公共开放空间，将社区与周边绿地公园、文化产业相结合，改造升级公共设施，建成“田村山城市空中草原”“京西古道艺径健身步道”以及“龙徽”“王致和”等文化产业园，将居民从社区内部局促的公共活动空间吸引到社区周边的开放空间之中；另一方面借助棚户区改造、低效用地腾退置换改造等方式，优化社区文化中心布局，建设室内健身场馆、公共阅读空间、亲子空间、辅导培训、展览展示、多功能影视厅等文化娱乐和公共交往空间。田村路街道电影院、文化活动室、图书馆等较为均匀地分布于整个地区，现有电影院3个、社区文化活动室31个、街道级文化中心1个、图书馆1个（海淀区图书馆建西苑分馆），文化广场2.6万平方米，初步确立了社区文化中心—社区文化活动室两级公共文化服务体系。

（二）以都市田园为核心内涵，塑造文化建设新品牌，探索社区治理新路径

社区文化活动是社区居民主要的休闲娱乐方式，其内容、形式以及

① 指小化工、小木器、小服装、小加工、小作坊。

居民的参与程度都是社区文化建设的重要内容。田村路街道面对区域文化特征不明显、历史文化遗存匮乏、文化场所空间不足、文化社团发展乏力、高雅文艺活动较少、文创产业尚不成熟、文化消费水平偏低等现状，始终坚持建设中国特色社会主义先进文化的前进方向，在吸收传统与现代、本土与外来文化精华的基础上，充分利用社区文化基础设施，构建了以“都市田园”为核心内涵，以理念传播体系、骨干建设体系和支撑服务体系为主要内容的文化品牌建设体系。通过文化活动来陶冶、教育社区居民，塑造共同的价值观念，引导居民秉持共有的行为规范，提高自身的精神境界，达到社区善治。

1. 构建理念传播体系

田村路街道理念传播体系指的是“都市田园”文化的三项核心内涵，即美家风、爱园艺、善养老。美家风。习近平总书记说：“不论时代发生多大变化，不论生活格局发生多大变化，我们都要重视家庭建设，注重家庭、注重家教、注重家风。”爱园艺。重在对社区人生活方式的熏陶培养，充分发挥园艺在陶冶身心、培育审美、启发灵感、升华品格中的作用。善养老。重在培育和打造养老文化氛围，切实保障本地区离退休人员老有所养、老有所依、老有所乐，推动辖区内养老产业的发展。三项核心内涵构成了田村路“都市田园”文化品牌定位的基础。

2. 构建骨干建设体系

田村路街道基于现有的设施和条件，重点打造以十大品牌文化活动、十大品牌人物推选和十大品牌公益空间等为主体的骨干建设体系。十大品牌活动主要有：田村路社区文化节，孵化和培育社区各文化团队和文艺骨干队伍，打造“田村山”艺术集市，为各社区各单位提供一个交流展示平台；田村山老年文化节，包括“田村山快乐老来汇”金色年华中心舞台、“尊老汇文化”老年文化活动展示、“爱老汇公益”公益服务、“敬老汇健康”老年体育互动和“助老汇政策”养老文化宣传五个主题板块；田村山地足球联盟，聘请著名足球运动员为地区“足球大使”，连续多次举办联赛；王致和饮食文化节，传播企业文化，提升品牌价值，鼓励企业与社区融合，活跃地区文化氛围，增加区域文化内涵；龙徽葡萄酒文化节，建设龙徽国际酒文化产业园，举办红酒企业文化节；全民健身展演活动，组织地区八段锦、柔力球、功夫扇等系列活动，培训体育活动项目骨干，带领社区群众进行锻炼；田村山亲子运动会；仪仗队军营开放日，以绿色军营文化为主题，开展展示军营文化——绿色军营、仪仗文化、警营国防教育文化主题活动等，开展国防教育；社区公益文化讲堂，以社区文化大使为基础力量，动员整合社会资源，通过举办讲座、开展咨询、指导活动、提供服务等形式参与社区文化建设；这里举办的田村思想文化沙龙，邀请社区“新乡贤”定期开展探讨、传播和交流思想活动，成为在社区治理中充分发挥文化影响力的重要尝试。

推选先进人物，发挥榜样的正能量引领作用，是推动社区文化建设的重要手段。田村路重点推选以下十大品牌人物：敬老之星、睦邻之星、道德之星、劳模之星、志愿之星、自强之星、创业之星、文艺之星、体育之星、园艺之星。品牌人物每年评选一次，颁发给获奖者带有田村路标识的纪念章。

公益性文化空间是现代公共文化服务体系和文化传播体系的重要环节，是传承先进文化、纯化社会风气、促进社会和谐的重要场所。田村路街道充分挖掘场所空间设施潜力，着力打造十大社区公益文化空间。这十大文化空间为：阜四文化小院、阜一公益空间、西木红色学堂、皮卡儿童书屋、田村温馨家园、景宜关庙书院、酒文化艺术馆、五孔桥体育园、中天飞机酒吧、老山健身航母。

3. 构建支撑服务体系

田村路街道支撑服务体系由品牌载体建设、品牌教育培训和品牌文创发展构成。其中，品牌载体建设包括四个方面：互动性的传统媒体建设、多元化的新媒体平台建设、多层次的文化设施建设、统筹性的内外资源整合。推出国学和园艺两大高端品牌课程，同时完善各类群众艺术培训班，形成全方位社区教育培训体系。田村路街道品牌文创产业发展包括生态休闲旅游业、休闲餐饮业、工业旅游业、创意农业，龙徽红酒文化创意园区、王致和腐乳文化科普馆等一系列文化品牌企业为整个区域文化品牌提升发挥了重要作用。

二、田村路街道社区公共文化服务的治理效应

田村路街道以社区居民为中心，将居民作为社区文化建设的主体力量，将文化建设作为社区治理的路径选择，充分发挥社区“文化介入”的“软治理”优势。田村路已经形成了治安秩序良好、人际关系和谐、人民安居乐业、社会风尚文明的发展格局。2016 年，海淀区委、区政府确定田村路街道为“全国社区治理和服务创新实验区”，田村路街道通过对社区进行空间改造，盘活社区存量空间，以文化建设为主线带动社区治理模式创新，有效解决了社区居民文化需求“最后一公里”的问题，为试验区的试点工作起到了示范作用，形成了从阜四社区向各社区扩散的以点带面、以文化建设带动社区治理的新局面，变人们心目中的“城乡接合部”为“城乡一体化”的“都市田园”。

（一）提升社区文化认同，增进社区团结

田村路街道积极打造良好宜居、赏心悦目的社区公共环境和公益性文化空间，营造都市田园风貌，塑造都市田园文化品牌，引导居民从文化艺术活动的讨论策划到组织实施全过程深度参与文化建设，让居民成为活动的参与者、享受者、组织者、领导者。田村路具有开放性与包容性的文化活动，吸引了社区内不同身份、职业、爱好的居民广泛参与，最大程度促进了社区居民之间的交往互动和情感联系，从而达到对居民的社区整合，打破了社区的“陌生人”隔阂，将社区建设成以亲属为基础的血缘共同体、以邻里为基础的地缘共同体和以友谊为基础的精神共同体，从而为社区治理奠定了良好基础。

（二）促进社会资源整合，规范社区秩序

田村路街道建立健全社区公共文化基础设施，建构出更多的社区公共领域，将分散的“原子化”居民聚集起来，增强居民之间的互动性、组织性和资源共享性，构建积极的社会关系网络，优化社区的社会资源结构。田村路街道还广泛开展表现形式多样、内容丰富多彩的文化活动，

积极推进公共文化服务均等化，构建惠及每个人的公共文化服务体系。社区居民在参与文化活动的过程中，建立了普遍性信任和互惠性规范，突破了社区集体行动的困境，形成了常态化的联系与合作关系，进而积极构建相互信任、守望相助、休戚与共的社区安全网，达成了集体意识、理想信念与价值准则的共识，提高了对社区的认同感和归属感，修补、修复了失序的人际关系，形成了社区的良好秩序。

（三）构建核心价值体系，强化社区共识

田村路街道注重继承和弘扬中华优秀传统文化，将传统的孝道文化、家文化、红色文化、军营文化、公益文化等主题广泛应用到社区公共文化活动中，促进多元文化融合发展，创建了具有“田村路特色”的文化活动。这些品牌活动、品牌人物推选连续定期举办，得到了社区居民的高度认同和广泛参与，已经发展成为展示社区文明风貌、塑造社区核心价值体系、维护社区良好秩序、促进社区团结的标志性仪式活动。居民在参与中感受到了榜样的力量和道德的作用，形成了价值层面的凝聚力，进而积极践行社会主义核心价值观，将自身塑造为具有良好道德素质和健全人格的社会主义公民，提升了社区文明，推动了社区共同体建设。

（四）营造民主协商氛围，推动社区治理可持续

田村路街道充分发挥好基层党组织的战斗堡垒作用，在对接辖区资源，完善服务支撑体系中起关键作用。街道党工委主动搭建政策对接平台，为地区园区建设和文化产业发展提供支持和服务。重点是做好周边环境整治、交通疏导、基础设施改造升级、园区秩序维护以及周边配套设施建设；发挥党建引领作用，加强基层文化建设，健全社区组织，不断完善社区公共文化服务体系；构建多元沟通渠道，创新模式，共建共享，有效引导各方力量参与文化项目、活动的承办与管理；加强新项目与属地的互动，使之融入社区，惠及民生，解决实际困难，同时对接区属资源，做好后期运维协调工作，实现资源运转平衡、活动健康发展。

田村路街道还注重维护居民在社区文化建设中的主体地位，广泛挖掘动员社区中的文艺爱好者，并通过培养使其转变为社区文化建设的骨

干和领袖，负责组织各种社区文化活动。田村路街道的社区管理人员、社区居民代表、社会组织就社区文化建设工作展开对话交流与沟通协商，举办田村思想文化沙龙，鼓励支持和引导居民与社会组织全过程深度参与社区文化建设，形成共驻共建的工作合力。田村路街道以这种“让权”与“赋权”方式，营造了社区的民主氛围，增强了各方代表参与社区建设的话语权与责任感，提高了多元参与主体的批判反思能力与民主协商能力，进而拓展社区自治的发展空间，使自我服务、自我教育、自我管理成为社区治理的常态，推动社区治理可持续发展。

三、经验与启示：公共文化服务是现代城市社区建设的元治理

城市社区文化服务和建设，不仅是文化建设落地生根、产生文化力的过程，也是考验国家治理能力现代化的试金石。高效的文化治理方式是政府治理能力和水平的集中体现，是国家治理体系和治理能力现代化的重要方面。田村路街道将文化建设作为社区治理的路径选择，取得了良好的社区治理效果，真正实现对居民“田村，田园中的家”“都市田园宜居田村”的人文关怀和社区承诺。

首先，因地制宜，广泛动员居民尤其是青年居民参与社区文化建设，充实、壮大社区文化工作队伍。文化是社区的灵魂与核心，人才是社区文化建设的智力来源。因此，田村路街道动员、组织具有良好的文化艺术素养以及现代艺术管理能力，掌握经济、文化政策法规的理论知识及文化艺术创意产业策划与执行方式，具备群众文化创作、社区活动组织运作与推广能力的人才，尤其是年轻人投身于社区文化建设工作。用高水平的文化工作队伍促进社区文化建设，突出社区文化建设的鲜明特色，更好地为社区治理服务。

其次，就地取材，整合资源，丰富社区文化培育形式，建立健全社区文化建设体系。文化包括物质文化、行为文化、制度文化和精神文化四个方面。社区物质文化通过社区文化基础设施来体现，是一种表面化的浅层次文化形式；行为文化集中表现为社区居民的行为模式和生活方

式，往往通过丰富多彩的文化活动潜移默化地促进居民改变自身的言行举止；制度文化是在社区文化建设过程中形成的普遍认可的组织结构、规章制度等，是社区动员多方主体共同参与社区文化建设的重要保障；精神文化既是社区文化的核心，也是社区文化建设的目标，是社区治理的重要支撑。社区文化建设是一项系统、复杂的工程，要立足于社区实际情况，统筹兼顾社区文化的四个方面，根据现状，整合资源，大力推进社区精神文明建设，不断丰富社区文化建设内容，构建系统的社区文化建设体系，全面激发文化的治理功能。

最后，牢记宗旨，加强基层党组织的领导和“底层设计”作用，突出社区文化特色，提升社区文化品位。社区治理的根本在于加强基层党组织的领导，牢记为人民服务的根本宗旨，加大社区党群工作者队伍建设，发挥基层党组织的领导核心作用、战斗堡垒作用、统筹协调作用、基础基石作用。解决城市社区治理问题的关键在于做好底层设计，因地制宜，和顶层设计相衔接，进行总体规划设计。田村路街道作为北京市海淀区南部重要区域和重要发展新城，坚持有田园梦想、有人文情怀、有文化品位、有创新手段的鲜明特色，实现街道工作的净化、绿化、美化、优化和文化，方能相辅相成，相得益彰。

在当前社区治理体系和治理能力现代化的探索时期，田村路街道社区公共文化服务和建设对社区治理发挥作用的模式，对我国其他城市社区的改造治理具有重要的借鉴意义。

［原载《中国文化报》2018 年 5 月 31 日］

后 记

在庆祝当代中国研究所成立30周年之际，我们感谢当代中国研究所给我们提供这样一个展示自己耕耘收获的机会；感谢当代中国研究所副所长、《当代中国史研究》主编李正华同志对文章的挑选和栏目的设置给予的具体指导；感谢当代中国出版社对文集的出版提供的大力支持。

文集收录的文章，是《当代中国史研究》的编辑们多年来笔耕不辍的果实。由于本书的容量有限，还有很多成果没有被纳入其中。本书中的文章虽然都是已经公开发表过的，但这次收录文集时，大家又都进行了一些修改和润色，并按照出版社的要求统一了体例格式。

作为向当代中国研究所成立30周年献礼的成果，我们在编选过程中千挑万选，力求拿出自己最好的成果。但由于水平有限，难免有疏漏之处，敬请读者斧正。

《当代中国史研究》编辑部